西方心理学大师经典译丛

主编　郭本禹

社会学习理论

Social Learning Theory

[美] 阿尔伯特·班杜拉　著
　　　Albert Bandura

陈欣银　李伯黍　译

中国人民大学出版社
·北京·

总译序
感悟大师无穷魅力　品味经典隽永意蕴

美国心理学家查普林与克拉威克在其名著《心理学的体系和理论》中开宗明义地写道："科学的历史是男女科学家及其思想、贡献的故事和留给后世的记录。"这句话明确地指出了推动科学发展的两大动力源头：大师与经典。

一

何谓"大师"？大师乃是"有巨大成就而为人所宗仰的学者"[①]。大师能够担当大师范、大导师的角色，大师总是导时代之潮流、开风气之先河、奠学科之始基、创一派之学说，大师必须具有伟大的创造、伟大的主张、伟大的思想及至伟大的情怀。同时，作为卓越的大家，他们的成就和命运通常都与其时代相互激荡。

作为心理学大师还须具备两个特质。首先，心理学大师是"心理世界"的立法者。心理学大师之所以成为大师，在于他们对心理现象背后规律的系统思考与科学论证。诚然，人类是理性的存在，是具有思维能力的高等动物，千百年来无论是习以为常的简单生理心理现象，还是诡谲多变的复杂社会心理现象，都会引发一般大众的思考。但心理学大师与一般人不同，他们的思考关涉到心理现象背后深层次的、普遍性的与高度抽象的规律。这些思考成果或试图揭示出寓于自

---

① 《辞海（缩印本）》，275页，上海，上海辞书出版社，2002。

然与社会情境中的心理现象的本质内涵与发生方式；或企图诠释某一心理现象对人类自身发展与未来命运的意义和影响；抑或旨在剥离出心理现象背后的特殊运作机制，并将其有意识地推广应用到日常生活的方方面面。他们把普通人对心理现象的认识与反思进行提炼和升华，形成高度凝练且具有内在逻辑联系的思想体系。因此，他们的真知灼见和理论观点，不仅深深地影响了心理科学发展的命运，而且更是影响到人类对自身的认识。当然，心理学大师的思考又是具有独特性与创造性的。大师在面对各种复杂心理现象时，他们的脑海里肯定存在"某种东西"。他们显然不能在心智"白板"状态下去观察或发现心理现象背后蕴藏的规律。我们不得不承认，所谓的心理学规律其实就是心理学大师作为观察主体而"建构"的结果。比如，对于同一种心理现象，心理学大师们往往会做出不同的甚至截然相反的解释与论证。这绝不是纯粹认识论与方法论的分歧，而是对心灵本体论的承诺与信仰的不同，是他们所理解的心理世界本质的不同。我们在此借用康德的名言"人的理性为自然立法"，同样，心理学大师是用理性为心理世界立法。

其次，心理学大师是"在世之在"的思想家。在许多人看来，心理学大师可能是冷傲、孤僻、神秘、不合流俗、远离尘世的代名词，他们仿佛背负着真理的十字架，与现实格格不入，不食人间烟火。的确，大师们志趣不俗，能够在一定程度上超脱日常柴米油盐的束缚，远离俗世功名利禄的诱惑，在以宏伟博大的人文情怀与永不枯竭的精神力量投身于实现古希腊德尔菲神庙上"认识你自己"之伟大箴言的同时，也凸显出其不拘一格的真性情、真风骨与真人格。大凡心理学大师，其身心往往有过独特的经历和感受，使之处于一种特别的精神状态之中，由此而产生的灵感和顿悟，往往成为其心理学理论与实践的源头活水。然而，心理学大师毕竟不是超人，也不是神人。他们无不成长于特定历史的社会与文化背景之下,生活在人群之中,并感受着平常人的喜怒哀乐,体验着人间的世态炎凉。他们中的大多数人或许就像牛顿描绘的那般:"我不知道世上的人对我怎样评价。我却这样认为:我好像是在海上玩耍,时而发现了一个光滑的石子儿,时而发现一个美丽的贝壳而为之高兴的孩子。尽管如此,那真理的海洋还神秘地展现在我们面前。"因此,心理学大师虽然是一群在日常生活中特立独行的思想家,但套用哲学家海德格尔的话,他们依旧都是"活生生"的"在世之在"。

二

那么,又何谓"经典"呢?经典乃指古今中外各个知识领域中"最重要的、有指导作用的权威著作"[①]。经典是具有原创性和典范性的经久不衰的传世之作,是经过历史筛选出来的最有价值性、最具代表性和最富完美性的作品。经典通常经历了时间的考验,超越了时代的界限,具有永恒的魅力,其价值历久而弥新。对经典的传承,是一个民族、一种文化、一门学科长盛不衰、继往开来之根本,是其推陈出新、开拓创新之源头。只有在经典的引领下,一个民族、一种文化、一门学科才能焕发出无限活力,不断发展壮大。

心理学经典在学术性与思想性上还应具有如下三个特征。首先,从本体特征上看,心理学经典是原创性文本与独特性阐释的结合。经典通过个人独特的世界观和不可重复的创造,凸显出深厚的文化积淀和理论内涵,提出一些心理与行为的根本性问题。它们与特定历史时期鲜活的时代感以及当下意识交融在一起,富有原创性和持久的震撼力,从而形成重要的思想文化传统。同时,心理学经典是心理学大师与他们所阐释的文本之间互动的产物。其次,从存在形态上看,心理

[①] 《辞海(缩印本)》,852页。

学经典具有开放性、超越性和多元性的特征。经典作为心理学大师的精神个体和学术原创世界的结晶，诉诸心理学大师主体性的发挥，是公众话语与个人言说、理性与感性、意识与无意识相结合的产物。最后，从价值定位上看，心理学经典一定是某个心理学流派、分支学科或研究取向的象征符号。诸如冯特之于实验心理学，布伦塔诺之于意动心理学，弗洛伊德之于精神分析，杜威之于机能主义，华生之于行为主义，苛勒之于格式塔心理学，马斯洛之于人本主义，桑代克之于教育心理学，乔姆斯基之于语言心理学，奥尔波特之于人格心理学，吉布森之于生态心理学，等等，他们的经典作品都远远超越了其个人意义，上升成为一个学派、分支或取向，甚至是整个心理科学的共同经典。

三

这套"西方心理学大师经典译丛"遵循如下选书原则：第一，选择每位心理学大师的原创之作；第二，选择每位心理学大师的奠基、成熟或最具代表性之作；第三，选择在心理学史上产生过重要影响的一派、一说、一家之作；第四，兼顾选择心理学大师的理论研究和应用研究之作。我们策划这套"西方心理学大师经典译丛"，旨在推动学科自身发展和促进个人成长。

1879年，冯特在德国莱比锡大学创立了世界上第一个心理学实验室，标志着心理学成为一门独立的学科。在此后的130多年中，心理学得到迅速发展和广泛传播。我国心理学从西方移植而来，这种移植过程延续已达百年之久[①]，至今仍未结束。尽管我国心理学近年取得了长足发展，但一个不争的事实是，我国心理学在总体上还是西方取向的，尚未取得突破性的创新成果，还不能解决社会发展中遇到的

---

① 在20世纪五六十年代，我国心理学曾一度移植苏联心理学。

重大问题，还未形成系统化的中国本土心理学体系。我国心理学在这个方面远没有赶上苏联心理学，苏联心理学家曾创建了不同于西方国家的心理学体系，至今仍有一定的影响。我国心理学的发展究竟何去何从？如何结合中国文化推进心理学本土化的进程？又该如何进行具体研究？当然，这些问题的解决绝非一朝一夕能够做到。但我们可以重读西方心理学大师们的经典作品，以强化我国心理学研究的理论自觉。"他山之石，可以攻玉。"大师们的经典作品都是对一个时代学科成果的系统总结，是创立思想学派或提出理论学说的扛鼎之作，我们可以从中汲取大师们的学术智慧和创新精神，做到冯友兰先生所说的，在"照着讲"的基础上"接着讲"。

心理学是研究人自身的科学，可以提供帮助人们合理调节身心的科学知识。在日常生活中，即使最坚强的人也会遇到难以解决的心理问题。用存在主义的话来说，我们每个人都存在本体论焦虑。"我是谁，我从哪里来，我将向何处去？"这一哈姆雷特式的命题无时无刻不在困扰着人们。特别是在社会飞速发展的今天，生活节奏日益加快，新的人生观与价值观不断涌现，各种压力和冲突持续而严重地撞击着人们脆弱的心灵，人们比以往任何时候都更迫切地需要心理学知识。可幸的是，心理学大师们在其经典著作中直接或间接地给出了对这些生存困境的回答。古人云："读万卷书，行万里路。"通过对话大师与解读经典，我们可以参悟大师们的人生智慧，激扬自己的思绪，逐步找寻到自我的人生价值。这套"西方心理学大师经典译丛"可以让我们获得两方面的心理成长：一是调适性成长，即学会如何正确看待周围世界，悦纳自己，化解情绪冲突，减轻沉重的心理负荷，实现内心世界的和谐；二是发展性成长，即能够客观认识自己的能力和特长，确立明确的生活目标，发挥主动性和创造性，快乐而有效地学习、工作和生活。

我们相信，通过阅读大师经典，广大读者能够与心理学大师进行亲密接触和直接对话，体验大师的心路历程，领会大师的创新精神，与大师的成长并肩同行！

郭本禹

2013 年 7 月 30 日

于南京师范大学

再版译序

20世纪前半叶是心理学各个理论学派蓬勃发展的时期，弗洛伊德的精神分析、华生的行为主义、维果斯基的社会文化理论等从不同的角度试图解释人类行为的起源、发生和发展的过程。这些理论体系庞大，特色鲜明，至20世纪六七十年代大多基本完备，同时各自的局限性也逐渐清晰。班杜拉的社会学习理论总体隶属于行为主义学派，但它将传统行为主义、新行为主义和其他理论，特别是认知理论，以及当时最新的一些研究成果进行了整合。这一理论强调在行为习得过程中各种认知活动与环境因素的交互作用和自我调节功能，从而成为一门相对完整而又独特的学说。班杜拉的社会学习理论对于当今心理学和其他学科的很多领域仍然具有一定的影响，对人类个体行为发展和变化的实证研究和应用起着重要的指导作用。

20多年前，我在上海师大学习，师从李伯黍先生攻读硕士学位。那时研究生少，三年期间，先生只带了我一个学生。除了上课外，大量时间是在他家的客厅或餐厅里或在校园里的林荫小道上"闲聊"。先生在儿童道德发展的领域独树一帜，成就斐然。此外，对心理学史和理论有着浓厚的兴趣，而且功底深厚。因此，除了在研究上对我加以指导外，也特别注重对我的理论素质的培养。我毕业后留校工作，担当他的助手，继续聆听他的教诲。有一段时间，先生和我谈到精神分析和行为主义学派后期的发展趋势，觉得班杜拉的理论代表这一时期心理学理论探索的顶峰，应该把他的著作《社会学习理论》介绍给国内的同僚和学生。这一著作涉及面广，很多专业术语那时没有对应的中文，需要我们理解后再寻找适当的方式加以表达。所以，我们的翻译工作前后花了两年多时间才完成，此后，我出国留学，专业上尽管有所扩展，但仍然属于儿童社会性、气质和道德发展这一大的领域，只是离开了对心理学理论的研究。

《社会学习理论》初版在1989年由辽宁人民出版社出版，后来未能继续印刷发行。去年9月份，中国人民大学出版社的编辑联系我出版此书，并将其纳入"西方心理学大师经典译丛"中，我欣然应许。希望这样的经典著作能够在中国继续流传下去。

值此再版之际，谨以此短序，纪念李伯黍先生。

陈欣银
2014年春于美国费城

译者前言

一

阿尔伯特·班杜拉是当代美国心理学家。1925年出生于加拿大阿尔伯特省一个名叫蒙台尔的小镇。早年毕业于温哥华英属哥伦比亚大学，旋即赴美在艾奥瓦大学从 K. W. 司宾斯学，1952年获博士学位。1953年到斯坦福大学随 R. R. 塞亚斯一起从事儿童研究。班杜拉是现代社会学习理论的奠基人。由于司宾斯是耶鲁大学 C. L. 赫尔的博士生，塞亚斯的一系列研究原本是在哈佛大学人类发展研究所进行的，因而班杜拉的理论是兼取了耶鲁和哈佛的发展研究的传统的。

早在20世纪50年代前后，一些早期的社会学习理论家如 J. 多拉德和 N. 米勒就已经陆续出版了如《挫折与攻击》（1939）、《社会学习与模仿》（1941）以及《人格与心理治疗》（1949）等一系列著作，与此同时，J. 罗特尔也出版了《社会学习与临床心理学》（1954）专著。这些著作标志着社会学习理论的发轫。社会学习理论是在行为主义的学习理论，特别是在刺激—反应的接近性原理和强化原理的基础上发展起来的一种行为理论。行为主义的学习原理本身都是从动物实验研究中获得的。一些早期社会学习理论家都具有行为主义理论的传统素养，因而他们就从动物行为研究的模式中去推论人的社会行为，企图使之成为可被实验所实证的客观性描述。但是，这样采用低级形式的行为规律来类比人的复杂的行为规律终究是无法摆脱传统行为主义学习理论的局限性的。

现代社会学习理论是20世纪60年代的产物。尽管它是从前人研究的基础上发展起来的，但是班杜拉却突破了传统的行为主义的理论框架，从认知和行为联合起作用的观点上去看待社会学习。在他看来，社会学习乃是一种信息加工理论和强化理论的综合过程。他认为这两种理论观点相结合，对解释行为过程是完全必要且缺一不可的。因为强化理论无法阐明行为获得过程中所产生的内部认知活动，而信息加工理论则把那些行为操作因素忽略掉了。应当指出，班杜拉的理论概括并不是凭空构成的，相反地，它是在大量实验材料的基础上建立起来的。在整个60年代，班杜拉潜心从事行为矫正技术的研究，出版了《行为矫正原理》（1969）这部专著，不仅为这一研究领域奠下了一块开创性的基石，而且正是以这些人们称之为"模仿学习的技术"构成了他的社会学习理论体系的核心的。

二

怎样估量一种心理学理论的解释能力？这是建立一种心理学理论必须考虑的问题。本书第一章首先就对近年来一些解释人的行为的理论作了详尽的剖析与评介。班杜拉认为，一种心理学理论的价值在于它必须能显示出预知的能力，它们必须要能正确地决定人的行为的因素以及行为变化的中介机制。

传统上享有盛誉和广泛影响的解释人的行为的理论，就是以需要、内驱力和冲动的形式表现出来的动机力量。这类理论把人的行为的主要原因归之于个体内部的力量。在班杜拉看来，这类理论在基本思想上和经验事实上都是不无争议的。他认为，那些内部的决定因素往往是从想象上由它们引起的行为中推论出来然后装扮成解释对行为加以描述。人们往往从粗暴行为中推论出潜在的敌对性冲动，然后又把它当作是这种粗暴行为的原因。从成就行为中推断出成就动机，然后它又被认为是这个人的成就行为的原因。从经验事实看，这类理论可以轻易地提供对过去事件的解释，但它们在预知未来事件上却并不是很成功的。比如那些测量行为所发生的实际变化的研究，很难证明接受过心理动力学定向疗法的人，比没有经过这种治疗的对比组在行为上有更大的变化。

相反地，一些心理学家从测定人的反应的外部影响的研究中却反复表明，通常被归因于内部原因的那些反应模式，能够被各种外界影响所诱发、消除和恢复。因此，很多心理学家就认为，决定行为的因素并不存在于机体内部，而是存在于环境力量。这一理论参照点的转变，引起研究者的广泛的注意和兴趣，但是由于这种观点指的只是一种单向的控制过程，强调环境控制着行为，行为一定随环境的变化而变化，因而也就没有得到公众的热情的接受。关于行为变化决定因素的古老的论争，最终在这样一个观点上得到了共同的默契，即行为产生于人与情境的相互作用，而不是产生于哪一个单独的因素。但遗憾的是，这两种影响究竟如何相互作用，这个问题仍然没有得到澄清。

现代社会学习理论是用行为、人的因素和环境因素相互联结着的不断交互作用来解释心理机能的，由这些相互依赖的因素所产生的相对影响，在不同的场合，对不同的行为，是各不相同的。有时候，环境因素对行为产生强大的强制作用，而在另一些时候，人的因素就成为环境事态发展的重要调节者。在这一理论中，班杜拉强调，那些替代的、符号的和自我调节的过程担负着一种重要的角色。人的思想、情感和行为都是从观察别人的行为及其结果在替代的基础上所发生的直接经验那里学得的。班杜拉认为，凭借观察学习以简化获得过程，对于发展和生存都是极其重要的。在语言、生活风格以及文化习俗等方面，一种社会传递过程不借助一些原型作为文化模式的范例，那是很难想象的。班杜拉又指出，人类具有应用符号去对付内部和外部各种事件的非凡能力，人们通过言语的和想象的符号，在表象形式中加工和保持所获得的经验；经过这些符号的中介，人们不必尝试所有可能的方法就可以解决问题，就能预见到不同的行动可能带来不同的结果，由此而改变他们的行为。现代社会学习理论的第三个特征是赋予自我调节能力以突出的地位，认为人并不单纯是对外部影响的反应者，个体本身就是他们自己改变中的主要动因。自我调节功能自然是来自外部，但是，自我调节部分地决定着一个人要从事什么行动，这是已经确证的事实。

人的行为是怎样发生的？这是本书的另一个论题。班杜拉把人的学习行为分为由行为结果所引起的学习和通过示范过程所引起的学习两类。他在"行为的起因"这一章中着重对后一类学习作了详尽的分析。班杜拉认为，在社会情境中，人的大多数行为都是通过示范过程而观察学会的，人们从观察别人中形成了有关新行为如何操作的观念，这一编码的信息在以后场合中就作为一个行为的向导。在这种班杜拉称之为"无尝试的学习"过程中，学习者在观察学习中无需直接作出反应，也不必亲自体验直接的强化，而只需通过观察他人接受一定的强化来进行学习，这种建立在替代性基础上的学习模式是人类学习的重要形式。这种学习模式无疑是认知性的，在班杜拉看来，学习理论必须包括内部认知过程的各种变量，因此他把观察学习分为四个组成部分：

（1）注意过程。注意过程决定了一个人在显示给他的大量范例中选择什么来进行观察以及在这些示范原型中把哪些东西抽取出来。在各种决定注意的因素中，最重要的是相关联的示范影响。它们限定着一个人的行为类型，因而也是学得最牢的。例如斗殴团伙成员学习攻击行为跟仪态文静的群体成员是明显不同的。不同原型显示的行为的功能价值也具有重要作用。例如具有迷人特征的原型往往被人猎取，缺乏可爱特征的原型通常被人忽视或摒弃。示范形式的奖赏功能会使各种年龄的人的注意力维持很长一段时间。例如电视的示范形式就是最好不过的证明。其他像示范行为本身的性质、观察者信息加工的能力和以往形成的知觉定势等都会影响观察学习的速度和水平。

（2）保持过程。观察学习主要是把示范经验转换成表象或言语符号保持在记忆中，这些记忆代码在以后就能指导操作。除了符号编码之外，演习也能作为一个重要的记忆支柱。有些通过观察而习得的行为，由于社会的禁令不能用外观的手段轻易地形成，因此，人们就把这种行为看在眼里，这种心理演习在示范行为中就更有意义了。

（3）运动再现过程。要把观察学习到的东西付诸行动，在行为水平上还会存在障碍。观念在第一次转化为行为时很少是正确无误的。所以仅仅通过观察，技能是不会完善的。在日常学习中，人们一般是通过示范一个非常近似的新行为，然后，从只是部分地习得的技能的演习和操作中进行信息反馈，经过自我矫正，把这一近似的行为加以精炼。

（4）动机过程。班杜拉把反应的获得和操作区分开来。人们通过观察因而获得新知识，但并不能保证在人们身上能自动操作与原型的行为相同的行为。操作是由动机变量控制的。如果一个原型反复显示所期望的反应，教导人们去再现这一行为，当他们失败时从客观上给以指点，当他们成功时就给予奖励，这个原型就能最终在大多数人身上引起匹配反应。

班杜拉认为，这四个成分不是完全分离的。在任何特定的情境中，一个观察者不能复演一个原型的行为很可能由于下列原因中的任何一个：没有注意有关活动，在记忆表象中示范动作的编码不适当，不能保持所学的东西，没有能力去操作，或者没有足够的动因。

关于强化在学习中的作用问题是一个有争议的问题。强化定向理论认为，为了学会匹配反应就必须予以强化。其程式为：示范刺激物引起一个外显的匹配反应，经强化刺激物多次强化，反应就被学会。

社会学习理论

但在社会学习理论看来,强化在观察学习中的作用,主要是作为居先的而不是继后的影响而发生作用的。这就是说,当观察者知道某个原型的行为将会产生有价值的结果时,他们就会增强对原型行为的注意,从而提高观察学习。而且,这种预期促动观察者对他们高度重视的示范行为加以编码和演习,从而加强对在观察中习得的行为的保持。班杜拉认为,事先告诉观察者仿效示范行为的好处,比等待他们碰巧模仿了一个原型的动作然后给予奖赏,能够更有效地获得观察学习。此外,在社会学习理论中,强化被看作是一个促进条件,而不是一个必要条件。例如人们在听悦耳的歌声或看迷人的展览品时就不一定需要强化,在这时增加强化诱因并不能增强观察学习。

如果认为示范作用只能产生行为的实际概貌,范例的影响就会十分有限。事实上,在示范过程中反应信息除了通过身体演示传递外,还可以通过言语的和符号的描述来传递。人们从这些抽象的示范模式中学得思维和行为的一般规则,这不论在语言学习和道德判断的学习中都起着十分重要的作用。而且,由于观察者各自吸取了不同原型的特点,形成不同的组合,示范作用就显示出无限的多样性,从而促使了行为的创新。这些方面的大量研究揭示了观察学习的广阔前景。

在第三和第四章中,班杜拉用大量的篇幅论述了行为的先行决定因素和后继决定因素。他认为,人们的行为既受信息众多的环境线索所支配,也受其行动的结果所影响。当人们认清了情境、行动和结果之间的关系以后,他们就能在这种预示性的先行事件和后继条件基础上来调节他们的行为。原来人们认为条件反应是从那些同时发生的事件自动地产生的,在社会学习的观点看来,它实际上受到了认知的中介影响。它是一种在偶然巧合的经验即偶联经验基础上建立的期待性学习。

在探讨决定行为的先行因素中,班杜拉着重分析了这种期待性学习的认知功能。构成期待性学习的一个因素是自我情绪触发功能,研究证实,情绪反应能在认知基础上指向原来的中性事件而发生。人们在想象令人作呕的经验时会很容易地使自己感到恶心,在恐惧降临的胡思乱想中会徒然恐吓自己;反复回味在无礼的攻击者手下的非人待遇会使自己进入一种愤怒状态。想象中的痛苦刺激所产生的内心骚动和生理反应与实际的痛苦刺激所诱发出来的情绪是相类似的。构成期待性学习的另一个因素就是偶联性再认的作用。人们所产生的各类认知,由于再认的作用决定期待性反应的强度和持久性。越是相信过去的偶联关系仍然有效的人,他们的预期性就越强烈。班杜拉认为,期待性行为受认知控制的程度各有不同。在实际痛苦经验中产生的惧怕不大容易受到认知手段的改变,相反地,思想诱导性恐惧在人们认识到惧怕不会再来时很快就消失了。班杜拉认为,期待性学习在内外刺激物的复杂联结中会有各种情绪反应,由于那些先行刺激物能够在与替代性基础上所产生的情绪触动相联结而获得激发能力,而且一旦刺激物具有了激发性,这种功能就能迁移到其他外形上类似的刺激物上,迁移至语义上有关的刺激物上,甚至迁移到在人的过去经验中偶尔相联的完全不同的刺激物上,因而,期待性学习比通常所理解的要复杂得多。尽管通过偶联经验的学习具有很大的适应性意义,但有时候正是由于这种偶然巧合的事件起了预示的作用,也能产生不必要的烦恼。举个功能失调的期待性学习的例子,一位年轻姑娘由于受了戴蝴蝶领结男人的骗,就把强烈的信不过他的反应泛化到蝴蝶领结上,所有戴蝴蝶领结的人都唤起她消极的对应反应,产生不愉快的情绪。在正常的情况下,人们也会把与厌恶经验有关的事件,过分地泛化到那些物理上或语义上类似的无害事件上。对白鼠的惧怕会广泛地类化到其他有毛的,如兔子、狗、绒毛、棉花,甚至人的头发等物体上。无害刺激物与那些最初同厌恶相联的刺激物越相似,类化的反应就越强烈。

社会学习理论

　　社会学习理论承认心理变化是以认知过程为中介的，因而在期待性学习中，各种心理学方法都强调改变对个人的功效期待。功效期待是指一个人能够成功地执行某种必须产生一定结果的行为的信念。功效期待决定着人们将花费多少精力以及他们在遇到障碍时能够坚持多长的时间。功效期待越强，行为就越积极。个人的功效期待建立在以下几个信息源之上：(1)操作成就。它们给功效期待提供最可靠的源泉，成功的结果提高这种期待，多次失败便降低这种期待。多次成功形成了坚定的功效期待之后，偶尔失败的消极影响就为坚持不懈的努力所克服。(2)替代性经验。看到别人使劲并坚持他们的努力，就能在观察者身上产生一种期待，使自己相信别人能够做到，自己至少也能在工作中获得一些进步。(3)口头说服。人们能够从说服建议中相信他们能够成功地对付那些过去曾使他们难以对付的事。不过用这种方式导致的功效期待，有可能是微弱而短暂的。(4)情绪触发。使胆小的人相信他们的情绪触动是由一种非情绪源引起的，他们的行为就会大胆得多。这种方法对适度的惧怕有效，但如对严重的恐高症患者，尽管可暂时哄骗住不再害怕，但当他们遇到可怕的高度时，又会再次经验到莫明其妙的内心恐惧。(5)情境条件也影响着功效期待，比如在公开演说时，人们意识到的自我功效水平和强度，将随他的话题、表现形式以及出席的听众类型而不同。各种功效期待具有几个重要操作意义的方面：它们有大小上的差异。比如在安排任务时，有人可能只能限于简单的任务，有的可达中等难度的任务，有人可胜任最困难的操作。它们在普遍性上存在差异。比如有些类型的经验仅仅产生有限的功效感，而其他类型的经验则有一种更为广泛的功效感。它们在强度上也存在差异。比如弱的功效期待很容易由于不坚定经验而消失，有强烈个人功效感的人他们在应对过程中往往百折不挠。

　　人们经常在既没有个人经验也没有对可能的反应结果作解释的情况下适当地行事，这是由于人们通过观察别人行为中受到了强化，因而替代性地得到了有预示性刺激物的信息的缘故。因此班杜拉认为，预示性的社会线索在人的行为调节中起着特别重要的作用。任何时刻都有大量预示性线索影响着行为，但没有比别人的行动更普遍更有效的了。别人拍手时，人们常常拍手，别人笑时，他们也笑。在无数情境中，人们的行为是由示范影响促动和传递的。榜样在诱发和传递行为中的威力，在实验室实验和现场研究中都可得到证实。并非所有范型在诱发他们所表现的行为类型中都有同样的效力，这要取决于三个因素，即范型的特征、观察者的特性以及与匹配行为相联系的反应结果。那些地位高、能力强和有权力的范型，在促使别人产生相似行为方面要比身份较低的原型更为有效。这是因为名人的行为对观察者具有更大的功能价值。在观察者方面，那些有主见和自信的人乐意模仿他理想的原型和那些行为非常有价值的原型，而缺乏自信的迟钝的依赖性的学生，在观察创造发明者的熟练操作中绝不会比那些聪明而自信的学生得益更多。最后，班杜拉指出，我们必须从现象上以及成就业绩中来判断示范行为的可能的价值。一个有威望或者有吸引力的范型，可能会诱使一个人去学习某一特定的行为，但如果这一行为显得不理想，它将会被抛弃，而且原型的进一步影响也将被消除。

行为在各方面都受其结果的调节，如果不去探究反应结果的调节作用，就不能充分地理解人的行为。在讨论决定行为的后继因素中，班杜拉详细地分析了建立在外部的、替代的以及自我生成的结果基础上的三类调节系统。

外部强化对行为的影响问题是一个复杂问题。这是因为行为是受很多不同因素影响的。首先涉及强化与效果的相对性。诱因的促动潜能是相互决定的，而不是由其孤立的价值所决定的。比如在行为得到持续的奖赏后，奖赏的突然撤销就能作为一种惩罚而发生作用，它能削弱一个人的行为。另一个因素是由餍足而产生的厌倦。当我们用积极的诱因使人们一次又一次地操作同样的活动时，他们最终会对之厌倦。班杜拉认为，怎样使奖赏成为个人的持久的满足源是很值得探索的一个问题。第三，同样的诱因由于传达的信息不同，对行为具有不同的效果。比如人们可以强迫的方式使用诱因（"除非你这样干，否则你就不能得到好处"），也可作为支持性帮助而出现（"这样干是为了帮助你"），或者采用评价性态度（"我认为这就是你干得所以有价值的道理"）。第四，当外部的奖赏能促进掌握一种活动时，就能培养内在兴趣，一个人的进取心就能很好地得到维持，但如果对他们从事的活动进行奖励而不管操作的事，他们的兴趣就降低了，这样的假定已得到实验的证实。不过滥用奖赏会惹来不必要的麻烦，时间将逐渐使其失去作用。有些活动本身就给人们以极大兴趣，有些活动人们对之所追求的主要是符号性奖赏，如果给从事这些活动的人以物质强化，这不仅不合适，也是为强化理论所禁忌的。有些活动虽然对个人不方便或者没有兴趣，但对公众的幸福却是重要的，人们就必须长时间地给予鼓励和奖赏，支持他们的活动。第五，在人的心理功能中，往往不是受单一诱因所支配，而是受多重诱因所影响，诱因的不同组合和不同水平能调节人的行为的不同方面。人的经验的发展能够扩大有效诱因的范围并改变它们的优越地位，但却不会代替那些有强化层次中被认为较低的物质的诱因。第六，行为一直受到强化的人往往期待即时的结果，一旦他们的努力失败了，他们就很容易泄气，相反地，那些受到不规则强化的人倒反而不顾多次的挫折和仅仅偶尔的成功，会坚持活动到底。第七，从社会角度，奖赏和权利是与职位而不是与特定的操作相联系的，地位越高，所得利益就越大，享有的权利也更多。对一些玩忽行为或错误行为以降低其职位为儆戒，失去地位的威胁就会产生普遍的压力。第八，人们还可以在个体或集体的基础上组织各种强化，个体定向的强化很适于养成独立的、自我追求的人，如果培养一种共同责任感和关心别人的品质，那就以群体定向的强化更合适；两者相结合的诱因系统，可以减少极端个人主义和集体主义的消极后果。这种社会强化的安排是，行为结果是由人们自己的贡献大小和群体的全部成就共同决定的。

从观察别人的行动中得到奖赏、惩罚或被忽视而产生的替代性强化至关重要，人们可以从替代性强化中认识到强化影响的更为复杂的情况。第一，强化的关系特性不仅影响着行为，而且影响着个人满意不满意的水平。一般说来，看到别人行为的成功能增强自己以同样的方式行事的倾向，而看到别人这一行为受惩罚，则减弱这种倾向。但是观察到的结果能部分地决定外部强化物的力量和功能特性所产生的诱因与效果之间的不一致。例如有人看到别人的类似的操作成绩得到更高的赞扬时，可能使他们泄气，而看到类似的操作成绩未能获得过誉时，就可能具有奖赏的性质。第二，强化与预期有关。人们在预期结果的情况下，无奖赏在期待惩罚背景上可能起着积极强化的作用，在期待奖赏的背景上可能起着惩罚的作用。第三，在很多情况下，原型的行为不是由别人批评而是由自己批评自己时，也能对观察者产生抑制作用。法律上的威慑系统主要依赖于诫例性惩罚的抑制性效应。惩罚的威胁和诫例都是用来为广泛的防治功能服务的。第四，直接经验到的结果与观察到的结果在效能上并不是绝对的。一般说来，观察者从留心别人的成败模式中，会比从操作者本人的直接诱因中学得更快，如果操作的任务更多地依赖于概念性技能而不是手工技能的话，情况更是如此。但是在行为的长期保持上，直接诱因比替代性诱因就具有更大的动机力量。用替代性强化何以能改变别人的思想、情感和行动？班杜拉认为，这是因为观察到的奖赏和惩罚不仅会给人以信息，也会给人以动力，而且观察者往往会轻易地被原型在经受奖赏或惩罚经验时表现的情绪反应所触动。强化示范行为的方法还能形成观察者个人的价值观念和改变已有的价值观念。

如果人的行为仅仅由观察到的或亲身经验到的外部强化来决定，那么人们会像风标那样不断改变自己的行动方向以顺从施于其身的影响。人具有自我强化的能力，他们能为自己确定某些行为标准，并且能以自我奖赏和自我惩罚的方式来对自己的行动作出反应。自我强化理论大大地增加了强化原理应用于人的心理功能的解释能力。在社会学习理论看来，自我强化主要是以它的动机功能来加强操作的。建立起自我调节功能的情况是很复杂的：第一，在讲授或示范的影响下，人们学会部分地依据别人如何对他们行为的反应来评价自己的行为。研究证明，人们也倾向于采用别人所示范的评价标准来判断自己的操作，当人们看了坚持高标准的原型，他们就只是在获得优异成绩时才给自己奖赏，看了低成就也就够了的原型后，他们会对自己哪怕最小一点的成绩进行强化。一般说来，人们更喜欢那些与自己相近的参照原型，不太喜欢那些相差很大的原型，因为要花很大努力才能与这类原型的行为相匹配。但尽管如此，人们还是经常预定一些高的标准。由于高标准是在社会奖赏中培养出来的，所以不管它们会招致怎么苦恼的后果，它们还是会被竞相仿效的。人们会为坚持范例的标准而自豪。第二，社会环境中有大量示范影响，它们可能是协调一致的，也可能是冲突的。在产生冲突时，儿童可能喜欢同辈的标准，因为成人的标准高会使他们经受自我失望。当自我评价标准高到不现实的程度而仍然坚持这一标准时，人们就会自由地奖励自己，把这些标准置之度外。第三，不同的人所例示的自我评价标准的不一致使学习标准的过程更为复杂化。人们始终一致地规定并示范高标准时，他们就会倾向于接受严格的操作要求，对自己的奖赏也会有节制，但若宽己律人，就会降低范型的吸引力，加强对所宣扬的标准的抵制；伪善的形式则具有更强烈的消极作用。第四，由于人们对名誉、金钱、物质占有、社会地位、解脱束缚等所赋予的价值各有不同，就形成了不同的价值观念。为人所珍视的诱因能促动那些用来获得它们的活动，失去价值的诱因则不能，诱因的价值越高，操作的水平就越高。在那些提倡竞争和个人成就的社会里，这种社会比较是不可避免的。不过，过分严格的自我评价标准，也能作为促使个人烦恼的一个持久的根源。比如过高的抱负往往带来自我沮丧，由于年龄或机体损伤等能力丧失而仍继续最初的成就标准，也会遭受自我贬抑所带来的巨大痛苦。第五，外部的与自我生成的强化源之间的关系也很复杂。对某些信念赋予很强的自我价值感的人会忍受长期的虐待而宁死不屈。那些坚信其活动的价值的人宁愿备尝艰苦，几乎在长时间里完全得不到一点奖赏和认可境况下用自我鼓励来维持他们的工作。如果外部的与自我生成的结果没有矛盾，那么，外部结果就会对行为产生最大的影响。第六，班杜拉最后分析了内部控制的选择性激活和自我评价结果的分离过程。他认为，当代社会生活中的官僚主义化、自动化、都市化和高度的社会变动性以及把人们划分为内群体和外群体，导致了人与人之间的疏远，助长了去人性作用，任意践踏自我评价的结果。人们或用辩解性陈述，或用转弯抹角的措辞掩盖、歪曲行为与结果之间的关系，或用推诿责任、分散责任，甚至把行动结果颠倒黑白，嫁祸于人。因为责怪了别人，自己就是可原谅的了。班杜拉指出，这一具有重大理论意义和社会意义的课题只是最近才为社会学习理论系统地加以研究。

认知功能怎样参与调节人的行为？这是班杜拉在详尽地分析了先行诱因和反应结果两种行为调节系统后在"认知的控制"一章中着重探讨的问题。班杜拉认为，各种形式的认知表象都能为人们的行动提供诱因。他特别强调通过目标确立和自我强化的中介影响所发挥的动机作用。一般说来。人们对想要达到的目标的预期性满足和对不够标准的否定性评介都是人们的动机源。高要求者往往把自我满足与难以达到的目标相偶联，低要求者就采取容易的目标以自足。班杜拉又认为，与环境事件或行为结果多次偶然巧合所形成的偶联性认知表象，也能为人们的行动提供诱因。人们由于认识到各种事件是相互关联着的，所以才能从反复的匹配经验中学到很多东西。在某些严重的行为障碍中，怪诞的主观性偶联强有力地控制着行为失常的人的行动，这类悲剧性的插曲可以从另一侧面说明认知是怎样奇妙地控制着行为的。班杜拉指出，认知过程在行为的获得和保持及其表现中都起着重要的作用。人们从观察到的榜样和信息性反应结果中构成的一些行为的内部表象，在以后的场合里就会成为外显行为的指导者。表象性指导在学习的早期和中期阶段具有特别重要的意义。总之，在社会学习理论看来，人们是以他们自己的自我动机作为积极的动因而起作用的。

人的非凡的高级认知能力可使人们在思维中而不是在行动中解决大多数的问题。班杜拉给予各种思维过程对行为所发生的作用与功效以特殊的地位。思维在很大程度上与语言符号、数符、音符以及其他符号有关。思维的功能价值凭借的是符号系统与外部事件之间的紧密对应，所以前者可以替代后者。符号提供思维的工具，经验的内部表象就是组成思维的符号构成物的重要来源。操作符号比操作它们的具体对应物自然要容易得多，因此符号能大大加强认知上的问题解决的灵活性和有效性。由于思维是一种私有活动，难以进行经验研究，人们对它的注意也就很少。在班杜拉看来，关于思维的思维是在验证过程中进行的。把各种思维的表象与经验性证据进行比较中形成了对这些表象的有效性和价值的判断。思维表象如与经验性证据一致，这些思维就得以证实，反之就受到驳斥。

验证思维的证据从社会学习理论看来有好几个不同的来源。第一是来自人们从其行动所产生的结果的直接经验中。比如人们从用火柴划出火焰知道火的概念，其他如时间、性质、因果等概念也是如此。验证的第二种方式就是，有关事物性质的信息往往是从替代性经验中抽取出来的，因而观察别人行动所产生的结果能为一个人自己的思维提供检验的根据。有些事情由于本身的复杂性或者不太好接近，限制了人们更多地了解它们，也有些是用客观方法无法得到证实的形而上学观念，在这样的情况下，人们就把自己的观点与别人的判断进行比较来评价自己的观点的正确性。第四种方式就是用逻辑验证来检验思维的规律性。如果一个人知道柿子树是一种落叶乔木，落叶乔木在秋天是要落叶的，那么他无需观察不同季节的柿子树叶就可得到这样的知识：这种植物在冬天一直是光秃秃的。

控制行为的调节系统——先行的、后继的以及认知的调节系统并不是独立地操作的。各种调节系统都能影响行为，而且它们在获得和保持这种能力时是相互紧密依存的。因此班杜拉对心理学理论研究中习惯于围绕一个单独的调节系统构成一套完整的解释方案的做法持否定态度，认为有些理论家喜欢研究环境事件中所产生的先行的控制，有的理论家则喜欢研究依靠外部强化的行为调节，有些理论家偏向于认知的决定因素，将其研究主要限于认知操作。班杜拉指出，热衷于局部过程的研究是绝不能对人的行为有一个全面的了解的。

在充分分析了行为的形成过程及其决定因素后，班杜拉提出交互决定论这一理论构想，这是合乎逻辑的。交互决定论认为，人的心理机能是由人、行为和环境这三种因素之间连续不断的交互作用所决定的。为了讨论简便起见，班杜拉把人及其行为所产生的影响一起称作人的决定因素。人的内部因素与行为也能作为交互决定因素而相互起作用，例如人的期待影响着他们如何去行动，他们行动的结果又改变着他们的期待。在班杜拉看来，人和环境并不像传统理论所理解的那样是两个各自独立的实体，它们都仅仅是一种潜在的性能。环境的潜能只有在特定的行为使之现实化之后才能起作用。学生如果不听老师的课，老师就不会对他有影响；人们如果不读某些书，这些书就不会影响他们。同样地，人的潜能在未被激发之前，也并不发生作用。对某些问题能侃侃而谈的人，要他肯说才能影响别人。因此，在很多潜在的环境影响中，行为部分地决定着哪些环境影响将起的作用和形式；环境影响也部分地决定着哪些行为潜能能够得到发展和应用。正因为人和环境两种影响是作为相互依赖而不是各自独立的因素起作用的，所以在社会交往中，一个成员的行为会激起另一成员的特定的反应，反过来，这些特定的反应又促进了交互的对应反应，从而共同形成着社会环境。在分析一个人的行为如何影响另一个人的对应反应时，要考虑到行动的直接影响、情境的约束作用、各人所承担的角色、在一种特定方式下反应结果的判断以及许多其他因素。因此班杜拉认为，如果以为各人可以部分地创造他们自己的环境就不会有人再受环境支配的观点是错误的，因为单向的控制极为罕见，在互动的发展序列中，那些对应影响是会交相反馈的。

因果过程的讨论自然会涉及有关决定论和个人自由的问题。社会学习理论是从心理学的意义上而不是从哲学的和社会的意义上去考察个人自由的问题的，因而在班杜拉的理论体系中，自由是根据人们所能享受的选择权的多寡以及实现这些选择权来定义的。班杜拉认为，在因果分析中，人们通常把环境条件看作是支配人的，但是对人为自己设定的目标及其后继效果的前向的决定论分析，则揭示出人是能为自己的目的而设置各种条件的。越是有远见，越是娴熟，自我影响力量越大的人，就越能达到目标。正是因为人有与环境交互影响的能力，所以他们至少是自己部分命运的设计者。人的成就是外界环境与许多包括天赋潜能、后天获得的能力、反省思维以及高水平的自我创造力等人的因素交互作用的结果。比如作曲家通过他们的创造性工作使人们形成一定的欣赏能力，而公众爱好者反过来又支持了他们的工作，直至新的音乐风格的形成。一切科学文化艺术形式都来自同样的双向影响过程，既不能单归功于科学家、艺术家，也不能单归功于环境。社会学习理论还涉及交互影响与社会控制问题。班杜拉认为，由于交互作用的结果，就不会有人随意操纵别人，因为操纵性控制会给人们带来对屈从的厌恶。人们的权力一旦普及，就使人们能向社会不公道挑战，并把正当的法律过程扩展到至今仍在单向控制下进行的各种社会关系的活动中去。在这样的行为原理基础上形成的社会生活模式的管理下，人们就能随意选取他们所追求的生活方式。随着人口的不断增长以及物质消费消耗大量有限资源的情况下，人们将不得不学会处理新的现实，对人的行为的社会结果更加重视和更加高度负责的社会压力就会使个人的选择服从于集体的利益，以维护个人最大可能的自由。

现代社会学习理论提供了关于人的行为是如何获得和调节的一些基本假定，这是在近几十年来心理科学对人的心理过程的理解取得的新进展基础上形成的。班杜拉突破了传统行为主义学习理论的框架，把强化理论和信息加工理论有机地相结合，既强调了行为的操作因素，又重视行为获得过程中的内部活动，使解释人的行为的理论参照点又发生了一次重要的转变。在这一理论框架指导下，社会学习研究获得了有关先行的、后继的以及认知的行为调节系统方面许多有价值的行为决定因素和中介机制的实证资料，特别是揭示了有关观察学习整个过程的丰富的规律，因此在教育、社会、政治、经济以至文学艺术各个领域的实践无疑地具有重要的启示作用。班杜拉基本上是一位环境论者，强调人的行为是在模仿社会的行为模式并不断操作演习中形成和改变的。多数发展心理学家认为他的环境论低估甚至忽视了发展变量的重要性，这确是事实。然而，班杜拉在如何看待环境力量上所作出的实质性贡献，乃是无可争议的。至于班杜拉提出的关于在认知的、行为的和环境的诸因素间连续的交互作用的观点，能不能成为他所宣称的一种分析人的思维和行为的一元化的理论框架，能不能用它来完善地解释人的思维和行为，这是有待我们进一步加以深入探讨的。

本书的翻译初稿在几年前就已译成，直到现在才有空把它重新整理出版，算是我们师生共同辛勤劳动的一份纪念。由于我们的译述水平有限，译文中难免有错误和不妥之处，谨希读者批评指正。

李伯黍

目 录

原著者序 / 1
第一章 理论观点 / 1
第二章 行为的起因 / 12
  由反应结果引起的学习 / 13
  从示范过程中学习 / 17
第三章 先行的决定因素 / 48
  生理反应和情绪反应的先行决定因素 / 49
  期待学习中的认知功能 / 56
  学习的先天机制 / 61
  功能失调的期待学习 / 65
  矫正性学习 / 67
  动作的一些先行决定因素 / 73
第四章 后继的决定因素 / 81
  外部的强化 / 82
  替代性强化 / 100
  自我强化 / 110
第五章 认知的控制 / 139
  以认知为基础的动机 / 139
  各种偶联的认知性表象 / 144

行为的表象性指导　　　　　　　　　　　　　　　／149
　　通过内隐的问题解决过程而进行的行动的思维控制　／149
　　各种验证过程与思维　　　　　　　　　　　　　　／157
　　各种调节系统的相互作用　　　　　　　　　　　　／162

第六章　交互决定论　　　　　　　　　　　　　　　　／168
　　人与环境影响的相互依赖性　　　　　　　　　　　／168
　　交互影响与自我定向的执行　　　　　　　　　　　／174
　　交互影响和社会控制的限制　　　　　　　　　　　／180

参考文献　　　　　　　　　　　　　　　　　　　　　／186
主题索引　　　　　　　　　　　　　　　　　　　　　／204

原著者序

我在这本书里试图提供一种分析人的思维和行为的统一的理论框架。有关人性的各种看法影响着心理机能的各个方面，有些方面已经研究得非常透彻，有的则尚未有人进行研究。各种理论观点同样也决定着那些用以搜集证据的范式，这些证据反过来又形成某种特定的理论。比如有些理论家把自我指导能力从他们对人的潜能的看法中排除掉，这样就把他们的研究局限于外部的影响一端。对外部因素如何影响行为的详细分析就得出了行为的确是从属于外部控制的坚实证据。但是，把科学研究的范围局限在某些心理过程而忽视其他重要的过程，就会使人留下一种把人的潜能的一头截去了的印象。

许多年来各种不同的行为理论对我们在行为如何从直接经验中习得和改变的理解上作出了重大的贡献。但是，传统的定义和研究人类行为的方法过于受早期形成的机械主义模式的限制，而且往往为其所牵累。我们在近年来对心理过程的理解上取得了巨大的进展，这就要求我们去重新探究关于人的行为是如何获得和调节的一些基本假定。本书拟从社会学习理论的角度阐述一些重要的成果。

社会学习理论强调替代的、符号的以及自我调节的过程在心理机能中所扮演的重要角色。理论观点上的变化给原先公认的研究方法增添了一些新的范式。人的思维、情感和行为也能像受直接经验影响一样显著地受观察活动的影响，这一认识促使观察学习模式的形成，推动了对社会性中介经验的力量的研究。

人类应用符号的非凡能力使他们去表征事件，去分析他们的意识经验，在任何距离、时间和空间中与别人交往，去创造、想象并从事具有远见的行动。对符号功能的重新强调扩大了对思维及其调节行动的机制进行分析的方法的范围。

社会学习理论的另一显著的特点就是它把自我调节过程看作是重要的角色。人并不单纯是对外部影响的反应者。他们选择着、组织着并转变着作用于他们的刺激物。他们会凭借自我生成的诱因及结果对他们自己的行为施加某种影响。因此，在决定某个动作的各种因素中也包括自我产生的影响。对人的自我指导能力的认识促进了行为研究中的自我调节模式，在这一模式中，个体本身就是他们自己改变中的主要动因。

社会学习理论采用一种在认知的、行为的以及环境的诸决定因素间连续交相作用的观点来探讨对人的行为的解释。在交互决定论的进程中，人们既有左右他们命运的机会，也有给自我指导带来的各种限制。因而人类功能这个概念既不是使人成为被环境力量所控制的软弱的对象角色，也不是使人成为能任其选择的自由动因。人和他们的环境是彼此交互决定的因素。

本书将对社会学习领域内一些理论和实验的新进展作一简要的概述。为了反映上面所说的理论着重点的演化，我们对许多学习理论上的传统概念进行了扩充或作了新的解释。本书还提供了一些在传统研究中受到忽视的或者只是部分地研究过的心理过程的新结果。由于社会学习研究的大规模的和迅速的发展，有关文献的详细评述远远超出了本书的范围。对社会学习一些概念和经验问题的较全面的阐述将另书介绍。

我非常愿意借此机会对那些帮助我完成此书的同仁表示我的衷心感谢。约翰·西蒙·格根海姆基金会（John Simon Guggenheim Foundation）授予的研究员基金在写作此书的早期是一个极大的帮助。我很感激弗雷德·坎费尔（Fred Kanfer）为我的手稿初稿提了宝贵的意见。我还愿意对我的同事和学生们表示感谢,他们提出的一些问题有助于弄清此书中所讨论的许多争议。本书中收录的部分订正过的材料曾刊于《社会学习理论》专刊和《美国心理学家》杂志(1975)上的一篇题为"行为理论与人的范型"论文中。我感谢它们允许我引用这些材料。最后我应该万分感谢朱莉娅·巴斯克特(Julia Baskett)女士对各次修改稿本所提供的非常宝贵的帮助。

阿尔伯特·班杜拉

第一章
理论观点

近些年来，提出了很多解释人的行为的理论。直到最近，有些理论家仍然认为，经常下意识地活动着的那些以需要、内驱力和冲动的形式表现出来的动机力量，是行为的主要决定因素。由于这派理论的倡导者认为行为的主要原因在于个体内部的力量，因而他们就从个体本身去寻找人们之所以行其所为的解释。尽管这种观点享有盛誉和广泛影响，但它并不是无可争议的。

这类理论在基本思想上和经验事实上都受到了批评。那些内部的决定因素往往从想象上由它们引起的行为中推论出来，然后装扮成解释，对行为加以描述。例如，一种潜在的敌对性冲动，本来就是由一个人的粗暴行为推论出来的，结果却又被当作是这种粗暴行为的原因。同样地，从成就行为中推断出成就动机的存在，从依赖行为中推断出依赖动机，从好问行为中推断出好奇动机，从盛气凌人的行为中推断出权力动机，等等。人们会发现，如果我们从想象上由各种动机引起的行为中来推论动机，那么，所推论出的动机总数将是无限的。的确，不同的理论列出了各不相同的驱动者清单，有的列举一些普遍性内驱力，有的则包括各种不同种类的特殊内驱力。

乞求于冲动以之作为行为主要驱动者的理论，人们还指责它的思想体系忽视了人类反应的高度复杂性。一个内在的驱动者不可能说明某个特定行为在不同情境、不同时间和对不同的人，在次数和强度上发生的显著变化。当不同的环境条件在行为上产生相应的变化时，所假定的内部原因是不会比它的结果简单多少的。

应当顺便指出，人们所争论的，并不是存在不存在由动机驱动的行为，而是这种行为是不是都能用冲动行动来解释。只要举一个日常活动的例子，比如阅读，我们就可证明这种分析的局限性了。阅读是一种高级的由动机驱动的行为，人们花很多钱去购买读物；他们好不容易从图书馆借到了一些书；他们又花很多时间连续不断地阅读它们；一旦失去读物（比如，他们的报纸由于粗心而没有被送到时），他们就会变得心绪不定。

要从持续性行为中推论出内驱力的存在，按常理，你可以把这种积极的阅读活动归因于一种力量，即"阅读内驱力"，或者，更可能是把它归因于某个更高的动机。但是，如果你想预言人们读些什么、什么时候读、读多长时间，以及他们选读不同读物的顺序，你就不会去找那些内驱力，而只是去找以前的那些诱因，比如从阅读中得到所渴望的那些好处，以及影响阅读活动的各种认知因素了。在先在的条件方面，你可以去了解他们阅读的任务、截止日期以及他们为了有效地处理日常生活事务而需要的信息种类。比如，人们关于哪些读物有价值、哪些读物是些令人厌烦的知识，以及人们关于选读哪些材料、忽略哪些材料将产生什么效果的知识，也是重要的间接决定因素。阅读活动还在认识上被人们的各种期望、意向，以及自我评价所调节。把那些驱动潜能归因于先在的、为事件所引发的，以及认知的诱因（这些是通过实验可以证明的），与把它们归因于获得性内驱力（已发现它缺少解释性价值，这其间存在着重要的差别（Bolles，1975）。

我们在详细讨论冲动能量理论的基本思想是否恰当时，对它们在经验事实上的种种局限也不能漠然置之。这些理论可以轻易地提供对过去事件的解释，但它们在预知未来事件上是有欠缺的（Mischel，

1968；Peterson，1968）。几乎任何理论都能在事后对那些事物作出解释。而估量一种心理学理论的解释能力，就看它在规定控制那些心理现象的条件上，以及在说明那些决定心理现象的因素发挥其作用的机制上，其准确性达到何等程度。当我们根据这两方面来查究所讨论的各种理论的解释能力时，就会发现，它们并不很成功。

一种心理学理论的价值，最终要以它的方法步骤在影响心理变化上的功能来判断。而别的科学则是根据它们应用那些知识在作出预知和技术革新上可能发生的贡献来评价的。例如，假定航空科学家建立了某些在风洞测试中的空气动力学原理，如果他们从来不能应用这些原理设计一架能上天的飞机，他们的理论假定，就很值得怀疑了。在医学领域中，如果某些关于生理过程的理论，从未给身体疾病带来任何有效的治疗，那么，也可以对它们作同样的判断。把行为归因于内部冲动活动的那些心理学研究，认为觉知或自我觉知的作用对引起持续的行为变化来说是必不可少的。人的各种冲动表现为很多形式，经过一段识别过程，这些决定行为的潜在因素就逐步被人意识到。一旦觉知了这些冲动，它们就可能不再起着驱动的作用，或者，它们对意识的控制就变得更为敏感。

但是，那些测量行为实际变化的研究，却很难证明接受过心理动力学定向疗法的人，比没有经过这种治疗的对比组在行为上有更大的变化（Bandura，1969；Rachman，1971）。觉知你的潜在动机，据说不只是一种自我发现过程，似乎更像是一种信念的改变过程。其中像马莫尔（Marmor，1962）所指出的那样，每一种心理动力学研究都有它自己所喜爱的一套内部原因，以及自己所采用的一套见解。在一种称做自我证实的谈话中，只要治疗学家提供一些暗示性说明，同时，每当患者的看法与治疗学家的信念一致时，就有选择地加以强化，这样，决定行为的那些假想的因素就可轻易地确定了。因此，各种不同理论倾向的倡导者，一次又一次地发现他们所选定的动因在起作用，但是，提出争议的那些辩护人所强调的动因，却很少得到证实。实际上，在这样的分析中，人们是易于发现自己的觉察力类型和潜意识中的动因的，如果你想预知这些，那么，了解治疗学家的思想信念体系，倒比了解患者的实际心理状况更为有用。

如果行为研究主要是教人用行为术语来解释他们的行动，却不能产生患者所求助的行为变化，那么，关于自我觉知所引起的信念改变问题，会同样地适用于行为研究。正因为如此，我们评价心理学的方法，最好是建立在这些方法对改变实际心理功能的有效性的基础之上。

结果很明显，为了在理解人类行为上取得进展，因而在评价解释系统是否确切时，就必须应用一些更有说服力的条件。理论必须能显示出预知的能力，它们必须要能正确地确定决定人类行为的因素，以及行为变化的中介机制。

行为理论的渐次发展，将原因分析的中心从纷繁错杂的内部决定因素，转为详细测定人的反应的外部影响。心理学家们根据激发行为的刺激条件和保持行为的强化条件，对行为进行了广泛的分析。一些研究者反复表明，通常被归因于内部原因的那些反应模式，能够被各种外界影响所诱发、消除和恢复。这类研究结果使得很多心理学家把决定行为的因素，看作不是存在于机体内部，而是存在于环境力量。

人的行为受外界支配的观点，尽管已经被广泛地引证，但却没有得到热情的接受。在很多人看来，这种观点指的是一个单向控制过程，它使个体对凡是影响他们的各种难以预料的变化去作出被动的反应。人们把心理控制的潜在力量普遍想象成各种可怕的形象，在那里，居民被那些神秘的专家政治论者随意地摆布着。

激进行为主义还有一层意思，激起了公众情绪上的反对。那就是，如果环境控制着行为，那么，可以推断，行为一定随环境变化而变化。行为主义者并不完全同意这一观点，因为不管人们是一致地行动,还是各不相同地行动,都得根据环境的功能上的均势来衡量。因此,如果在各种场合中能理智地行动的人具有功能上的价值,那么,他在其他明显不同的情境中也将一贯是明智的。相反地,如果对警察发号施令会遭到惩戒,而命令商店店员会得到良好的服务,人们就会对店员命令式地行为,而对警察则小心谨慎地加以宽待。因此,行为理论既要考虑决定行为的普遍性,又要考虑它的各种特殊条件,而不能只顾行为的变化性一个方面。然而,行为因情境而异的观点,与那些顽强的信念,即人们具有一些特性或素质,使他们在不同环境中一致地行为的观点,是互相矛盾的。行为的情境决定因素和素质决定因素这个古老的论争,刚刚平息了几年,又再次成为令人瞩目的课题。

有些在不同场合中测查诸如攻击行为或依从行为的研究指出,在不同情境中的行为并不都是一致的(Mischel,1968)。米契尔在说明这些问题时谈到,可能使人看出行为一致性的那些因素是并不存在的。但是,给人以一致性印象的因素却很多,比如在外貌、言语和外表行为上的生理恒常性,看到一个人反复出现在某场合的规律性,对广泛而模糊的、包含着不同性质的行为特性类型的信赖,为了维护人们坚定的观点而形成的一致的内部压力,以及研究者应用那些人格测验要求人们从类型上而不是从特殊的情境中去评定自己的行为。因此,可变的反应就势必被掩饰掉、忽视掉或者被重作解释。

要剥夺掉那些特性和动机的统治权并不是没有争议的。这些理论的倡导者争辩说,看上去似乎是不同的行为,可能正就是同样的潜在动机的表现。这样的争辩没有特别的说服力,因为人们找不到可信的标准来鉴别哪些行为是某一个特定动机的表现,而哪些行为就不是。有些研究者对研究行为一致性的传统方法的假定提出了疑问。贝姆和艾伦(Bem & Allen,1974)提出这样的观点:有些人在某些行为领域中是高度一致的,不过,当我们将一致性反应者的反应数据和可变性反应者的反应数据,在以研究者的观点所定义的行为方面加以比较处理时,在交叉情境中的一致性的证据就不那么明确了。贝姆和艾伦在检验这一命题时表明:在某些标以诸如友好、善良等特性的行为方面把自己说得很一致的人,和那些认为自己的行为变化无常的人比起来,在别人的评价中也具有更高的一致性。但是,这一证据对于行为一致性问题的意义还难以估计,因为大部分结果是根据评定者总得分的内部相关来说明的,而这些总分集中了各种情境中的行为评定。除了行为测量之外,研究者还用一份描述了很多不同情境的问卷,让被试的父母、同伴和他自己,对友好和善良加以评定。但是,对每一特性方面的评定和对不同情境中的每一次判断,都被概括为一个综合分数。在测验一致性时,你必须测量个体的行为在不同的环境中是如何变化的,而不是测量他们如何是与别人保持着关系的,或者测量评判者之间在他们对所选个体的总的评价方面是如何一致的。

研究交叉情境中的一致性,最好的方法就是记录人们在各种情境中行为变化的大小,这些情境对于所测行为来说,其可能产生的影响是明显不同的。在研究中选取的情境,应该根据它们通常对特定行为,而不是对任意选择的行为所产生的结果来度量。这类研究无疑会揭示出所有的人都是有区别地行为着的。人们对各种情境的反应,只有在它们含有一系列环境价值时,才能得到适当的评价。那些可以归为稳定反应者的人,会随研究中所选择的行为而波动,波动的范围需视所取样的情境对特定行为可能产生不同的结果而定,需视一致性标准所容许的变化大小,以及所测量的是行为的言语报告,还是行为本身而定。友好地行动与理智地行动一样,在各种情境中都是功能性的,因而,它比那些在不同情境中产生不同影响的行为,会显得更有一致性。比如,要找到那些对父母、老师、同伴及警察一致地攻击的少年是很难的,因为同一种行为的结果是非常不同的(Bandura & Walters, 1959)。甚至就友好这样广泛地受欢迎的行为而言,只要在不大可能友好的情境中,如有人遭受欺压或受到歧视时,一直作友好反应的人数也会大大地减少。只有那些反应很迟钝或者现实感很差的人，才会始终和蔼可亲。

人们在行为可变性问题上，援用了"一致性"这个概念，这是很遗憾的，因为这一名词具有使人误解的涵义。一致性不仅含有坚定的行为和原则性行为的意义，而且与含有不坚定、权宜性意义在内的"不一致性"形成对比。在很多情况下，事实正好相反。人们对周围世界将是漫不经心，对他们行为的个人及社会效果将是麻木无知，不管什么场合照样地行动。尽管如此，把"一致性"这个词的价值意义颠倒过来，就可将注意力从环境的与行为的决定因素之间的交互关系上移开，转而去探究不变的行为了。

大部分参加行为变化决定因素的论战的人，最终接受了这样的观点：行为产生于人与情境的相互作用，而不是产生于哪一个单独的因素（Bowers，1973；Endler & Magnusson，1975）。共同的默契使争论的气氛平息了些，但这两种影响究竟如何相互作用，这一基本问题仍然没有得到澄清。

相互作用的概念可以不同的方式来确定，它反映了因果过程如何进行的各种观点。从相互作用的单向性意义上说，人和情境是被当作联合起来产生行为的两个独立实体的。这一观点通常表述为：$B = f(P, E)$，其中 B 表示行为，P 代表人，而 E 则指环境。这一众所周知的观点的可靠性，在好几个方面值得怀疑。人与环境因素并非作为独立的决定因素发挥其功能的，相反，它们是相互决定的。即使"人"，也不能被当作独立于行为的原因。人正是通过自己的行动才创造了环境条件，而这些环境条件又以交互的方式对他们的行为发生影响。由行为所产生的经验，也可以部分地决定一个人将会成为什么样子，以及能做些什么，这些反过来又影响到以后的行为。

相互作用的第二种概念，承认人和环境的影响是双向的，但却仍然保持着单向的行为观点。这种观点把人和情境描述为两个相互依赖的行为原因，似乎行为仅仅是一种在因果过程中完全没有表示出来的产物［B＝ƒ（P⇌E）］。众所周知，行为是一种相互作用的决定因素，而不仅仅是"人—情境相互作用"的结果。

从社会学习的观点看来（我们在后面要详细加以分析），相互作用是一个交互决定的过程，行为、人的因素和环境因素都是相互联结着起作用的决定因素（B⇌P⇌E）。由这些相互依赖的因素所产生的相对影响，在不同的场合，对不同的行为，是各不相同的。有时候，环境因素对行为产生强大的强制作用，而在另一些时候，人的因素就成为环境事态发展的重要调节者。

一种对极端行为主义的正当批评，认为它在竭力回避那些虚构的内部原因时，忽视了那些由认知作用所引起的行为决定因素。极端行为主义理论的倡导者们列出了大量的理由来说明为什么认知事件在原因分析中是不能接受的。他们曾经认为，而且至今仍然认为，除了通过那些靠不住的自我报告外，认知过程是接触不到的，认知过程是从结果中推论出来的，它们只是些副现象，或者说，它们完全是虚构出来的。

理论家过去一直援引的有些内部原因，确实缺乏一定的根据，但这并不能证明，把所有的内部因素从科学研究中排除出去就是正确的。现在，进行着大量的研究，其中有：教学上对认知过程的激发，间接地评估这些过程，以及仔细地测定它们对行为的功能关系。这些研究的结果揭示出，人们利用自己形成的那些认知的支柱比起重复强化了的成就来，学习和保持行为的效果要好得多。由于越来越多的证据表明，认知对行为具有因果性影响，因而，反对内部因素作用的观点，开始失去力量了。

否认思维调节行动，这样的理论，对解释人的复杂行为并不太恰当。尽管在操作性条件作用体系中不承认认知活动，但它们在因果系列中的作用是绝对排除不了的。因此，操作性理论的信徒们把认知操作翻译成行为主义的术语,并且将它们的效果归因于外部事件的直接作用。让我们来考察一下这种外化过程的几个例子。当信息因素通过思维的中介影响对行为发生作用时,这一过程被说成是一种刺激控制的过程,那就是,刺激被看作是不需要判断这一环节就可直接促动行为。当人们在以前曾与痛苦经验有过联系的刺激物面前产生保护性行动时,操作性理论家就把刺激物假定成为可厌之物,而并非个体学会了预先采取措施以防止可厌的后果,其实,通过有关经验所改变的正是人对于其环境的知识,而不是刺激物。因此,举例来说,如果某个语词预示着将在肉体产生疼痛的刺激作用,这个词对个体来说,就具有了预兆的意义,而并非具有物理刺激物的疼痛性质。

行为决定因素实际起作用的核心问题,既可适用于强化效果上,也可适用于环境刺激上。行为受强化的直接结果所控制,已成为操作性理论的基本准则。如果瞬时的反应效果决定着成就的话,那么,有机体应该迅速停止那些只是偶尔强化的反应,而实际上在这种情况下,他们的行为大多是坚持地进行下去的。因此,如果仅仅每逢第 50 次反应时予以强化,那么应该有 98% 的结果消退掉,而仅有 2% 的结果会加强。由于行为可以不顾强烈阻抑的影响而继续进行,所以我们必须超越直接的环境结果来寻找它的决定因素。

一些操作性条件作用研究者最近提出了这样的观点,即行为是起协调作用的反馈,而不是由它的直接效果来调节的(Baum,1973)。按照这一观点,有机体把长时间内有关他们的反应得到强化的频率资料整合起来,并根据积聚起来的结果调节他们的行为。这种分析在思维的整合作用与这些结果对行动的影响中逐渐联系起来。人们必须记住这些情境和他们的行为受到强化的频率,从而在全部时间内的一系列事件的结果中抽取出模式来,认知技能就是这种起着整合作用的能力。

在社会学习理论看来，人既不完全受内部力量的驱使，也不完全受环境刺激的支配。它是用人的因素与环境因素双方连续不断的交互作用来解释心理机能的。在这一理论中，那些符号的、替代的和自我调节的过程担负着一种重要的角色。

在传统上，心理学理论一直认为，仅仅凭借完成反应，以及经受这些反应的结果，学习就能发生。事实上，所有的学习现象都是从观察别人的行为及其结果，在替代的基础上所发生的直接经验那里来的。从观察中学习的能力，能使人获得大量协调的行为模式，而无需经过使人生厌的尝试——错误过程去逐步形成。

凭借观察学习以简化获得过程，对于发展和生存都是极其重要的。因为错误会带来浪费，甚至会带来不幸的后果，所以，如果一个人只能依靠经受尝试——错误的结果来学习的话，生存的希望就必定很小了。因此，在教孩子游泳、教青少年驾车、教初学医的学生动手术时，就不能只要他们从自己成败的结果中去发现适当的行为。可能犯的错误代价越大、危险越多，对特定事例的观察学习的依赖就越大。除了生存问题之外，在语言、生活风格，以及文化习俗等方面，一种社会传递过程，只靠对偶发行为的选择性强化，而不借助一些原型作为文化模式的范例，那是很难想象的。

有些复杂的行为，仅仅借助示范作用也能形成。如果儿童没有机会听到原型的发音，就完全不可能学会组成语言的那些言语技能。人们很难相信，一个人从对任意发声的选择性强化中就能形成复杂的语词；由他独自创造符合语法规则的言语，就更是值得怀疑了。在从大量的可能性中选择出来的一些元素加以独特的联结所形成的另一些行为中，只要是通过社会线索就能有效地传播新的行为形式，那么，示范作用就是学习的一个不可缺少的方面。即使在有可能通过其他手段建立新行为时，示范作用也能使获得过程大大缩短。

利用符号的能力，人类获得了对付他们的环境的一种有效工具。人们通过言语的和想象的符号，在表象形式中加工和保存所获得的经验，从而指导未来的行为。意向性行为的能力根植于符号活动。想望未来的表象促使人们把行动指向更远的目标。经过符号的中介，人们不必尝试所有可能的方法就可以解决问题；他们就能预见到不同行动可能带来的不同结果，由此改变他们的行为。人若没有符号化能力，就不可能有反省思维。因此，人的行为理论也不能忽视符号活动。

社会学习理论的另一个显著特征，就是它赋予自我调节能力以突出的地位。只要安排好环境诱因，提供认知支柱，以及提示他们自己的行动的结果，人们就能采取某种措施以控制自己的行为。可以肯定，自我调节功能是由外界影响所造成的，有时也为外界影响所激起。但是，自我调节功能来自外部，却并没有驳倒我们已经确证的事实，那就是，自我影响部分地决定着一个人要从事什么行动。

一个完整的行为理论，必须能解释那些行为模式是如何获得的，它们的表现是怎样不断地受到自我生成和来自外界的相互影响所调节的。从社会学习观点来看，人的本性可以说是一个巨大的潜能，它能够在生物学的限度内，通过直接的和替代的经验，被塑造成各种不同的形式。当然，心理和生理发展的水平会限制人在任何一个特定时间内所能获得的内容。下面几章还要详细讨论这些问题。

第二章
行为的起因

16 　　除了基本的反射之外，人们并不具有各种先天的行为技能。他们必须学习这些技能。新的反应模式的获得要么通过直接经验，要么通过观察。当然，生物学因素在获得过程中起了一定的作用。遗传素质和内分泌影响着生理发展，而生理发展反过来又能影响行为的潜能。随着人们对行为过程的知识的不断增加，主张行为不是习得的就是先天的这种二分法观点的人越来越少了。

　　尽管极端遗传论者和环境论者仍然存在，但目前人们已普遍承认，经验的和生理的影响在微妙的方式下相互作用着以决定行为，因此并不容易把两者区分开来。

　　即使新的反应完全是在学习经验的基础上形成的，生理因素也在起着积极的影响。即使是经验将行为成分组成新的模式，作为天然禀赋的一部分的基本因素也是不可缺少的。举个例子，儿童生来具有一组基本的语音，他们最终学会将这些基本语音联结成各种各样的词句。这些基本的语音因素比起后来所学的复杂模式来，可能显得微不足道，但它们毕竟还是必不可少的。但是，就因为行为使用了一些先天因素，我们就说它是本能的，这也是不对的。许多所谓的本能行为，即使在低等物种身上，也包含了很多的学习成分。

17 　　复杂行为并不是作为单一模式出现的，而是由很多有着各自不同

起源的个别活动经过综合才形成的。正因为如此，我们来分析行为过程的决定因素，比起把行为类分为习得的还是先天的，或者试图指出这些因素哪一个相对地重要来，会更有成效。

由反应结果引起的学习

从直接经验中来的比较基本的学习方式，是由各种动作所产生的积极和消极影响形成的。人们在处理日常事务时，他们的某些反应证明是成功的，而另一些反应则没有效果或是带来一些惩罚性结果。由于这种不同的强化过程，那些成功的行为方式终于被挑选出来，无效的行为方式就被抛弃。

人们通常把经过强化的学习说成是一种机械的过程，在这种过程中，反应的直接结果自动地、无意识地形成各种反应。一些简单动作会被它们的效果所改变，而无需察知这些动作与结果之间的关系。但是，人类的认知能力使他们从经验中得到的益处要比他们仅只是无思考能力的有机体广泛得多。

反应结果具有几种功能。第一，它们给人以信息。第二，它们由于具有诱发价值而作为动因。第三种功能，也是最有争议的功能，就是它们的自动加强反应的能力。因此，要全面理解这种由反应结果引起的学习，就需要详细地考察这些功能。

信息功能

在学习过程中，人们不仅作出反应，而且也注意它们所产生的效果。他们从观察自己行动的不同结果中，提出了在什么场合什么反应最为合适的一些假设。这一行动获得了一些信息，这些信息接着又可作为下一行动的指针。正确的假设造成顺利的结局，而错误的假设导致无效的行动，因而不同的结果以及随后发生的反应有选择地加强或者否证着人的认识（Dulany & O'Connell, 1963）。

与机械的观点相反，行动的结果大多是通过思维的中介影响来改变人的行为的。经过强化的结果以一种含混的方式把必须做什么才能获得有益结果和避免惩罚结果告知行为者。由反应结果引起的学习，大多是一个认知过程，因此，如果人们没有觉察到什么动作曾得到了强化，那么一般说来，结果是不大会改变复杂行为的。即使某些反应得到积极的强化，但如果个体从其他方面考虑后，坚信同样行动在以后的机会将得不到奖赏，那么这些反应也不会增加（Estes，1972）。

动机功能

人类的预期能力使他们的行为能够受未来结果的促动。以往的经验会使人们产生种种期待：某些行动将会带来好处，其他一些行动将不会有什么好结果，还有一些行动只会造成麻烦。人们在想象中考虑到所预期的结局时，就会把未来的结果转化成为目前行为的动因。因而多数行动常常受到预期的控制。例如，房屋主人不会等到经历火灾之后才去购买火灾保险，冒险远行的人一般不会等到风暴雨雪袭来之后觉得难受才想起添置衣服；同样，司机通常也不会等到汽车开不动引起麻烦时才去加油。

人们通过预期性思维使未来的结果影响当前行为的能力，对预见行为具有促进作用。这种功能是在提供对合适行动的刺激和持续的诱因下实现的。有些最终受到一次又一次强化的行为，预期性诱因能够增加它们成功的可能性，正因为如此，这种诱因功能具有很大的作用。

强化功能

原先对强化的解释是，结果无需意识的参与就能自动地增加行为。但这一观点受到言语学习的实验的挑战。在这些实验中，当受试者说出一连串语词时，实验者只强化某类语词，其他的都不强化。然后测量受试者对于受到强化的语词的使用频率的变化，由此推断受试者是否觉察到哪类语词可带来奖赏。施皮尔贝格尔和德·尼凯（Spielberger & De Nike，1966）在整个实验过程中每隔一定时间测一下受试者的觉察情况。他们发现，在受试者未觉察到强化偶联时，强化的结果在行为改变中是无效的；但是，一旦受试者发觉哪些反应会得到奖赏，他们就会突然增加合适的行为。其他一些研究者（Dulany，1968）利用不同的实验作业和强化物也同样发现，在主体未觉察强化何物时，行为不太会受其结果的影响。当然，这些发现以及由此所得的推论，也都并非确实无疑的。

更早些时候，普斯特曼和萨森拉斯（Postman & Sassenrath, 1961）研究了觉察开始和反应改变之间的时间关系。在这些实验中，强化导致了在觉察前成效略有提高，但是，当受试者发现了正确途径之后，他们的合适反应就显著增加。他们的结论是：学习可以在未经觉察中发生，尽管学习得缓慢而且效率很低。而后继的正确反应的增加，就使受试者更易辨认什么是合适的反应；一旦有所发现，合适行为就成为有效的诱因，受试者也就易于完成合适行为。

对于觉察与行为改变之间的关系的研究之所以有这些不一致的结果，主要是由于测量觉察的方法不同。如果受试者在多次尝试之后有所觉察，他们就可能在一系列尝试后指出正确反应，因为在这之前，这些正确反应已经在未经觉察的强化情况下显著地增加了。的确，有些证据似乎正表明了这一点，因为当实验者以长时间间隔测量强化偶联的识别时，觉察似乎在行为改变之前；而在以短时间间隔测量时，对于那些后来认出正确反应的受试者来说，成效的获得似乎在觉察之前（Kennedy，1970，1971）。他们是不是在改变行为之前就部分地有所觉察，但却没有表达出这一瞬时念头呢？这一问题还有待证明。

上述研究所用的方法对于证明觉察能促进行为改变是适当的，但它们对于解决觉察在学习或行为改变中是否必要这一基本问题，却并不合适。因为反应及其结果是可观察的，但人们必须依赖受试者的言语报告，才能确定其觉察是否获得以及何时获得。

由于人们不可能观察到从行动到结果之间的内部关系，因而利用一些阻挡觉察的方法，就能正确回答学习是否一定要有意识参与的问题。这些方法也很简单，当合适反应不可观察但其结果可观察，或者正确反应可观察但其强化结果不可观察时，就可以排除觉察。

赫弗林及其助手（Hefferline，Bruno & Davidowitz，1970）通过强化成功地矫正了不可观察的反应。在这些研究中，他们用荧屏放大检测以金钱奖赏或者终止不愉快刺激来强化的肉眼所看不出的肌肉收缩。结果是，那些看不见的反应在强化时增加，强化撤销后减少。虽然受试者提出一些对于有关活动的假定，但都没有能够认出那种产生强化结果的反应。

觉察并不是一种全或无的现象。即使受试者作出了一些错误的假定，只要它们与对实验作业的正确解决有部分的关系，就可能在行动上获得一些进步。如果受试者在言语学习研究中认为说出任一家庭用品就是可以获得奖赏的反应，而实际上厨房用具才是正确的反应类别，这时，他们多半也能产生某些合适的反应。类似地，在非言语作业的研究中，即使某种可观察的活动本身不很合适，往往也会激起某些有关的看不到的反应。因此，觉察的正确性是有不同的程度的，这要看所选择的假定和正确反应的关系是否密切。没有觉察时所发生的少量变化，完全可以归因于一部分有关的假定。

虽然这个问题还没有完全解决，但并没什么证据证明强化可以作为人类行为的自动塑造者。即使先进的方法能使人们不必觉察到强化的是什么行动就可习得基本的反应，这也并不意味着复杂行为同样能够通过这种方法去获得。我们可以用一个涉及规则控制的行为作业来作说明。假定给受试者呈现不同长度的词汇，并告知受试者，他们的任务是对提供给他们的对应于每个词的正确数字作出反应。实验时任意选定一个规则，例如从100中减去呈现的词的字母个数，再用所得差数除以2，所得结果再乘以5，从而得出"确数"。正确的反应是从一个需要对外部刺激进行三步转换的严格规则中得出的。为了作出正确反应，人们就必须完成几步具有特定序列的智力操作。一个没有思维的有机体无论怎样强化它的反应，也是不可能获得任何正确操作的。

有大量的证据支持这样的观点，即强化主要起着一种信息的和动机的作用，而不是一个机械的反应的增强物。"反应加强"最多不过是一个比喻。当反应获得之后，改变这些反应所产生的结果，就可以轻易改变它们在某一特定情境中使用的可能性，但这些反应并不能进一步得到加强。例如，人们开汽车是为了得点好处，但这些好处并不能增加开车反应的强度。由于自动性和反应加强的概念含混不清，加上强化这一术语的含义也不明确，所以，行为调节比行为强化的说法可能会更妥当些。本书正是在调节的意义上应用强化概念的。

幸运的是，那些行为结果并不自动地加强它们后继的每一个反应。如果行为产生的每一瞬间效果都来强化这一行为，那么，人们面临如此众多的竞相加强的反应倾向，就会感到负担过重而无法行动了。把学习只是限于辨认那些至关紧要的事件，这具有适应性的价值。那些仅有有限的符号化能力的低等有机体，它们具有生物学构造上的进化优势，以至于不需要对早期经验进行符号加工，反应结果也可以机械地产生某些持久的效应。

强化为调节那些已经获得的行为提供了一个有效手段，但它在产生行为方面却是一种不那么有效的方法。应该顺便提一下，人们很少在他们从未看到别人行为的自然条件下学习行为。正因为强化的影响一般是同抽取大量行为范例一起发生的，所以很难确定强化到底是产生了新的行为，还是促进了通过观察已经学会了的部分的行为。

》从示范过程中学习

如果人们只能依靠他们自身行动的效果告知他们该做什么的话，那么且不说学习是危险的，也将是极其吃力的。可庆幸的是，人类的大多数行为都是通过示范过程而观察学会的：人们从观察别人中形成了有关新行为如何操作的观念，这一编码的信息在以后场合中就作为一个行动的向导。因为人们在操作任何行为之前，至少可以以一种近似的形式向榜样学习做些什么，所以他们可以避免一些不必要的错误。

观察学习的过程

社会学习理论认为，示范作用之所以能产生学习，主要是通过其信息功能。观察者在原型显示过程中获得了示范活动的主要的符号表象，这些表象指导着他们的合适行动。在这一概念形成过程中（图1系统地概括了这一过程），观察学习受四个过程所决定。

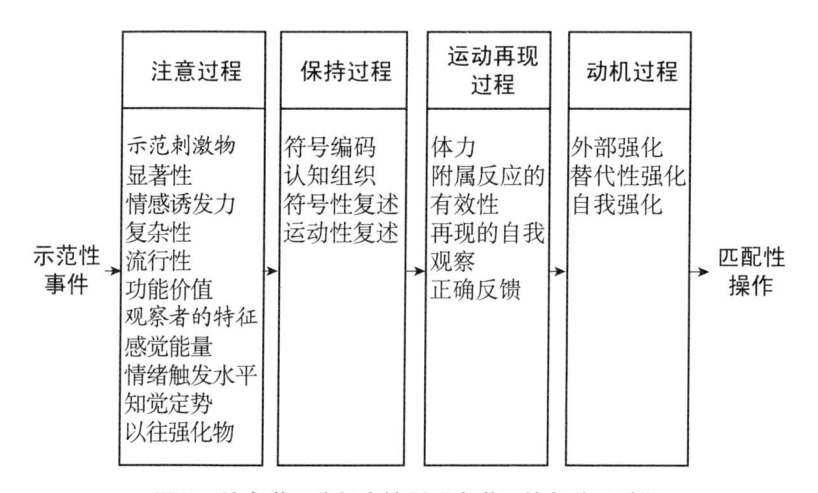

示范性事件	注意过程	保持过程	运动再现过程	动机过程	匹配性操作
	示范刺激物 显著性 情感诱发力 复杂性 流行性 功能价值 观察者的特征 感觉能量 情绪触发水平 知觉定势 以往强化物	符号编码 认知组织 符号性复述 运动性复述	体力 附属反应的有效性 再现的自我观察 正确反馈	外部强化 替代性强化 自我强化	

图1　社会学习分析中控制观察学习的各种子过程

注意过程

除非人们注意到并且正确地理解示范行为的显著特征，否则他们就无法通过观察而学到多少东西。注意过程决定了一个人在显示给他的大量范例中选择什么来进行观察，以及在这些示范原型中把哪些东西抽取出来。在这些众多的因素中，有的涉及观察者的特征，有的涉及示范活动本身的性质，还有的与人们互动结构的安排有关，它们都调节着观察经验的数量和类型。

在各种决定注意的因素中，联想模式显然是很重要的。经常与一个人相联的那些人，或是由于自愿，或是由于强制，会限定这个人的行为类型，这些行为类型将反复出现，因而也是学得最牢的。比如，对于那些殴斗团伙成员和对于那些仪态文静的群体成员来说，学习攻击行为的机会是明显不同的。

在任何社会团体中，总有人比其他人得到更多的注意。示范行为具有不同的效力。因此，由不同的原型所呈现出来的行为的功能价值，在决定人们会观察哪些原型和忽视哪些原型中具有很重要的作用。原型的人际吸引力也可以导致人们对它的注意。那些具有迷人特征的原型往往被人猎取，而哪些缺乏可爱特征的原型通常被人忽视或摒弃。

某些示范形式是有如此诱人的奖赏功能，以至于它们能将各种年龄的人的注意力维持很长一段时间。对于这一点，电视的示范形式是再好不过的证明了。电视的出现大大扩展了原型对于儿童以至成人的作用范围。今天的人们已不像他们的前辈那样大多局限在家庭的和亚文化的示范形式上，而是能够通过各种媒介所提供的大量的符号性示范活动，一边享受家庭乐趣，一边观察和学习各种不同的行为方式。以电视形式呈现的原型在吸引注意力方面非常有效，因而不需要任何诱因观众就可以从中学到很多东西（Bandura, Grusec & Menlove, 1966）。

观察学习的速度和水平也有一部分是由示范行为本身的性质，比如它们的特殊性和复杂性所决定的。此外，观察者的加工信息的能力也影响到他们在观察经验中的受益程度。人们从过去经验和情境需要中形成的知觉定势，会影响到他们在观察中抽取什么特征以及如何对所见所闻作出解释。

保持过程

如果人们不去记住示范行为，那么，对示范行为的观察也不会对他们产生很大的影响。观察学习的第二个主要过程涉及对某个时刻所模仿的活动的保持。当原型不再出现提供方向的时候，观察者要想继续从原型的行为中得到益处，就必须在记忆里以符号的形式把那些反应模式表现出来。由于符号的媒介，瞬时的示范经验可以被保持在永久的记忆里。正是这种符号化的高级能力使得人类能够从观察中学会很多行为。

观察学习主要依赖两种表征系统，即表象系统和言语系统。有些行为是用表象形式加以记忆的。感觉性刺激引起了感觉，从而产生了对外界事件的知觉。示范刺激的重复出现最终产生了有关示范动作的持久而可回忆的表象。在以后的场合中，这些主要是引起知觉的表象，就能召唤客观上不存在的事件。的确，当事物之间密切相关的时候，比如一个名字和一个特定的人匹配地联系在一起的时候，就根本不可能只听到这个名字而不产生那个人的表象。同样地，只要提到一个多次观察过的活动（比如开汽车），一般就能唤起它的形象复本。视觉表象在发展早期的观察学习中起着一种特别重要的作用。因为那时缺乏言语技能。视觉表象在学习那些本身难以用语词加以编码的行为模式中也十分重要。

第二种表征系统是有关示范事件的语词编码，它可能会说明人类观察学习和保持的惊人的速度。调节行为的认知过程大多数是言语过程，而不是视觉过程。例如，在观察一个旅游者原型的旅行路线时，通过将视觉信息转换成一套描述一系列左右转弯的语词代码，如 RL-RRL[①]，比单纯依赖线路表象，能够更精确地获得、保持以及再现他的旅途细节。由于代码以一种容易贮存的形式负载大量的信息，所以，它们可以促进观察学习和保持。

当示范活动被转换成表象或易于利用的言语符号之后，这些记忆代码就可以指导操作。在儿童行为研究（Bandura, Grusec & Menlove, 1966; Coates & Hartup, 1969）以及成人行为研究（Bandura &

---

① R 代表右，L 代表左。——译者注

Jeffery，1973；Bandura，Jeffery & Bachicha，1974；Gerst，1971）中都显示出符号编码在观察学习中的重要性。那些将示范活动编码成语词、简明的标记或者鲜明的表象的观察者，要比那些仅仅观察或者观察时想着其他事情的人，能更好地学习和保持行为。

除了符号编码之外，演习也可以作为一个重要的记忆支柱，当人们在脑子里或者真实地操作示范反应模式时，比起不去想这些，或者不去演习他们所看到的示范动作来，可能会更少地忘记这些反应模式。很多通过观察而习得的行为，由于社会禁令或缺乏机会，不能用外观的手段轻易地形成。因此，个体把操作合适行为看在眼里，这种心理演习就能增加熟练的程度和保持的时间，就特别有意义了（Bandura & Jeffery，1973；Michael & Maccoby，1961）。首先进行符号性地组织和演习示范行为，然后再进行外观性练习，就可以获得观察学习的最高水平（Jeffery，1976）。

有几个研究者（Gewirtz & Stingle，1968）对产生最初模仿反应的条件特别重视，因为他们认为这些反应有助于解释观察学习的发展。但是，人们有理由怀疑，发展早期和后期的模仿是否具有相同的决定因素。儿童早期的模仿反应是由原型行动直接和即时引起的。而发展后期，模仿反应通常是在观察原型行为之后很久，而原型并不存在时作出的。直接模仿在认知功能的方式上没有很高的要求，因为在这时，行为的再现直接受原型行为的外部指导。相反地，在延迟的示范作用中，缺少的事项必须在内部把它呈现出来，所以直接的和延迟的示范作用之间的差异，类似于把某人的汽车放在面前来写生与根据记忆来绘画之间的差异。在后一种情形中，画家的手并不是自动地描绘汽车，而是，他必须依靠记忆的引导，主要是头脑中的表象。

运动再现过程

示范过程的第三个过程是将符号的表象转换成合适的行动。为了理解这一反应，首先需要对操作的念动机制进行分析。人们在建立自己的反应时，使它们与示范的模式在时间和空间上保持一致，就可以获得行为的再现。为了分析起见，我们把行为操作过程划分为反应的认知组织、反应的发起和监测，以及在信息反馈基础上的精炼。

在行为操作的初始阶段，反应在认知水平上得到筛选和组织。在行为上显示出的观察学习的数量，部分地依赖于所包含的各种技能成分的有效性。具有这些构成因素的学习者就会很容易地把它们综合起来，从而产生新的模式；但如果缺乏这些反应成分，行为的再现就会发生错误或不完善。当遇有这种缺陷时，首先必须通过示范和练习来发展复杂操作所必需的那些基本的从属技能。

要把所观察学习到的东西付诸行动，在行为水平上还存在别的障碍。观念在第一次转化为行为时很少是正确无误的。观念和行为的完全一致通常是通过对初步尝试的正确调整而得到的。符号表象与实际行动之间的脱节会作为正确动作的线索。在学习复杂技能（比如打高尔夫球或者游泳）中的一个常见的问题，就是操作者不能全面观察自己的反应，因而就必须依赖于模糊的动觉线索，或者旁观者的口头报告。有些行动只有一部分是可观察的，指导这些行动，或者识别表象和行动之间获得一致所必需的矫正措施，这是很困难的。

仅仅通过观察，技能是不会完善的，仅仅通过尝试—错误的摸索，它们也不会得到发展。例如，一个高尔夫球的教师，不会仅仅给初学者一些高尔夫球和球杆，然后坐等他们去发现高尔夫球的玩法。在大多数的日常学习中，人们一般是通过示范一个非常近似的新行为，然后，他们从各种只是部分地习得的能力、技能的集中演习和操作中进行信息反馈的基础上，经过自我矫正的调整，把这一近似的行为加以精炼。

动机过程

任何人都无法复演所学过的所有动作，因而社会学习理论把获得和操作这二者区分开来。人们多半接受示范行为所产生的他们自己认为有价值的结果，而不大接受没有奖赏或者具有惩罚效果的示范行为。各种观察到的结果几乎以同样的方式影响示范行为。在无数可观察的获得反应中，那些看上去对别人有效的行为，比起那些看来具有消极结果的行为，更为人们所喜爱。人们对自己的行为所产生的评价反应，也调节着他们将操作哪些可观察的习得行为。他们显现那些自我满意的行为，拒绝那些个人厌恶的东西（Hicks，1971）。

由于大量的因素影响着观察学习，因而即使提供突出的原型，也不能保证在别人身上自动产生相同的行为。一个人无需考虑行动的潜在过程就能产生模仿行为。如果一个原型反复显示所期望的反应，教导人们去再现这一行为，当他们失败时从客观上给以指点，当他们成功时就给予奖励，这个原型就能最终在大多数人身上引起匹配反应。另一方面，如果我们要想阐明示范作用的发生，并且预期性实现它的效果，就不得不考虑上述各种决定因素。因此，在任何特定情境中，一个观察者不能复演一个原型的行为，很可能是由于下列原因中的任何一个原因：没有注意有关的活动，在记忆表象中示范动作的编码不适当，不能保持所学习的东西，没有能力去操作，或者没有足够的动因。

示范作用的发展分析

由于观察学习需要一些随着成熟和经验而产生的从属功能，所以观察学习有赖于以前的发展过程。强化一个相匹配的行为可以增加示范的作用，但这一现象对于解释模仿的失败，或者辨认恰恰就在这一过程中所获得的东西，都没有多大的帮助。获得和提高选择性观察、记忆编码、感觉运动协调以及念动系统中的技能，获得和提高对复演别人行为可能产生什么结果的预见能力，都可以增加观察学习的熟练程度。缺乏这些从属功能，会阻碍观察学习，而提高这些从属功能，会促进观察学习。

在研究示范作用的起源和决定因素时，区分即时再现和延迟再现是很重要的。在发展早期，儿童的榜样学习，基本上限于即时模仿。

随着儿童把经验符号化发展成为技能，并转化为运动形态后，他们对复杂的行为模式的延迟模仿就增加了。

在发展研究中，实足年龄被广泛用作认知发展的指标。虽然需要认知功能的操作一般随年龄而增加，但这种关系并不总是那么有规则的。由于很多除认知能力以外的东西也随着儿童的成长而变化，所以就产生了一些矛盾。把功能变化和年龄联系起来具有一定的意义，但它却很少告诉我们有关决定改变操作的那些附属过程。测量从属功能发展的程度，比起以年龄作为发展的指标来，人们能更好地理解发展因素是如何影响观察学习能力的。

发展研究不必仅仅限于自然环境中的功能变化。另一种方法就是使儿童在一段时间内接受不同量的从属功能的超前训练，从而研究他们在观察学习中的效益。这是一条辨认观察学习中决定发展因素的特别有效的途径，因为它可以直接产生一些关键的因素。

皮亚杰（Piaget，1951）提出了一种模仿的发展学说，其中，符号表象起了一个重要的作用，特别是在较高形式的示范作用中。在发展早期的感知运动阶段，只要使原型在交替模仿系列中重复儿童刚刚作过的反应，就可以激起儿童的模仿反应。根据皮亚杰的观点，在这一时期中，儿童还不能模仿以前未曾自发操作过的反应，因为行动如果与已有的图式不相对应，它们就不能被同化。皮亚杰指出，在引进新的因素时，或者在出现儿童已经获得但此刻没有显现的熟悉的反应时，儿童都不会产生模仿反应。因而模仿被限于活动的再现，而这些活动是儿童已经做过的，他们也能看到自己在进行这些活动，并且就在原型重复之前，他们刚刚操作过这类活动。

皮亚杰在对三个婴儿的追踪研究中，注意到了儿童模仿活动的一些局限，这些局限都没有得到其他研究者的证实。婴儿能够从观察中获得新的技能，并可以将它们迁移到不同的情境中去（Kaye，1971）。皮亚杰假定在早期阶段，儿童不能分化自我模仿和对别人行动的模仿。如果他们不能将示范活动从自身活动中区分出来，这一理论就必须附加另外的假定，以解释为什么儿童自己的行为最初能够引起复演反应，而别人产生的相同行动却不能。

瓦伦丁（Valentine，1930）在一项详细的追踪研究中表明，即使婴儿先前没有做过某种动作，只要不超出他们的能力范围，他们就能够模仿这类示范动作。而且，复演动作（由此推论出模仿能力）的变化，主要依赖于原型是谁，他们选什么来模仿，以及他们是怎么做的。婴儿模仿他们的母亲远远多于模仿其他人。他们有时不能对最初的演示作出反应，但如果重复很多次，他们也会模仿这些动作。因而，反复的示范作用会比简略的示范作用显示婴儿有更高的模仿能力。

在皮亚杰看来，图式是指行动的系统计划，它决定一个人能够或者不能够模仿哪些行为。观察学习中的关键问题，并不是输入怎样同操作计划相匹配，而是输入如何产生计划。根据皮亚杰的观点，图式的形成是由成熟和经验所决定的，而它们与现有的心理结构之间在一定程度上不相一致。完全陌生的示范行为一般认为是不能被结合到现有图式中去的。

在社会学习理论和皮亚杰理论之间有一些共同之处，它们都强调行动计划是发展的，双方都认识到感知运动和念动学习的重要，那就是：年幼儿童必须发展一种把所知觉到的东西转换为相应行动的能力，以及发展一种把思维转换为有组织的行动系列的能力。但是，它们在如何从榜样那儿抽象出各种表象方面以及在示范作用的限制条件上有所不同。在社会学习观点看来，观察学习绝不限于在一定程度上不熟悉的事物。通过在行为操纵中的自我发现，也不像皮亚杰理论所强调的那样是信息的唯一来源。从观察示范榜样中以及从自己行为的结果中，都能抽象出有关新反应的信息。如果感觉和运动系统得到充分发展，并且已经具有一些从属技能，就没有理由说，为什么儿童不能通过观察别人而学会新反应，虽然一定程度的不熟悉反应，明显地要比完全不同的反应更容易学会。皮亚杰通常把模仿行动的缺失，归因于图式的分化不够充分，但在前面介绍的多相过程理论看来，它也可能起因于对示范活动的注意不恰当、保持不恰当、在操作所学模式中运动有困难或者动因不充足。因为诱因这个因素在很大程度上与对自然主义研究结果的评价有关，所以对这一因素将进一步加以说明。

各种原型怎样对他们自己的行为作出反应，也可以部分地影响儿童模仿其所见所闻的水平和正确性。当年幼儿童受诱因的诱发去行为时，他们能够正确地模仿，但如果别人对他们的行为不加注意，他们的模仿水平就会迅速降低（Lovaas，1967）。我们观察和记录儿童反应时，由于错误诱因而产生的模仿中的缺陷，往往会被不正确地归因于儿童本身的缺点。因为大多数有关婴儿的观察研究涉及一个双向影响过程，所以模仿操作不仅反映儿童的能力，而且也反映示范原型所作出的反应。如果原型对于性质不同的操作作相同的反应，那么儿童也不会模仿得很好；如果原型表示出适度的兴趣，儿童也就会在其能力范围内正确再现这种行为。

至此，所讨论的都是有关皮亚杰所描述的模仿发展的早期阶段。随着儿童智力的发展，他们逐渐有能力进行延迟模仿，他们对那些自己能看到的示范操作能够作出模仿。一般认为，这些变化是由于视觉图式和感知运动图式的协调，由于儿童自己行动和别人行动的分化而产生的。他们现在可以开始进行系统的尝试—错误的反应操作，直到他们获得相对应的新的示范模式为止。

发展的最后阶段一般是从生命的第二年开始的，这时，儿童进入表征模仿阶段。图式经过表象的表征作用得到内部调整，因而可以形成新的示范行为的模式，而无需作出外显的临时的各种行动尝试。如果编码过的表象只限于示范活动的表象复制品，那么，那些示范作用所能产生的变化将是有限的。大多数示范行为是通过语词符号的中介而获得和保持的。如果皮亚杰将他的模仿研究扩展到儿童后期，语词表象就无疑会作为在延迟示范作用中的一个重要的功能中介者而出现。

一个完整的示范作用理论，不仅要解释模式行为如何从观察中获得，而且也必须解释人们将以什么频率以及什么时候操作模仿行为，必须解释那些表现模仿行为的人，解释最可能出现模仿行为的社会情境。皮亚杰对模仿的理论，只是一些对调节匹配行为操作的动机因素的一般陈述。关于模仿的原因有各种不同的说法，有人认为是出于对动作和求知的一种内部需要，有人认为是再现那些与现有图式部分地不同的行动的愿望，还有人认为是人们对原型所持有的尊崇。这些因素过于一般，因而不能圆满地说明不同原型、在不同时间和地点的同一个原型，以及同一原型所表现的不同反应等情境下的选择性模仿（Bandura & Barab，1971）。从大量的证据来看，模仿操作要不断受到它们的结果的调节，不论解释性图式的方向是什么，它们一定含有强化这一决定因素的影响。

示范作用的比较分析

我们可以通过比较研究来评价观察学习中符号过程的作用。如果种系发生等级较高的物种具有更大的把经验符号化的能力，人们就会设想物种之间在延迟示范作用的能力上存在着差异。用改变实验作业的复杂性，以及改变实验作业对记忆表象的需要，对不同物种在观察学习上进行系统的比较，还没有做过，尽管如此，各种恰好利用不同物种的研究，也已获得了一些结果，它们都有一些启示性的价值。

如果在一个原型引起的行为的同时或稍后，低等物种能操作这一行为，它们就会从示范过程中学会简单动作了。但是，如果观看与操作之间有一个相当长的时距，观察学习就靠不住了。

对于高等物种来说，观察学习比起强化学习来，其优越性就更加突出了。高等动物即使在离开最初演示一段时间以后已不复能操作这些反应系列，他们仍可以通过观看而获得复杂的反应系列。新行为模式的延迟示范作用的最有力的证据，可以从人类家庭饲养的黑猩猩身上得到（Hayes & Hayes, 1952）。黑猩猩们坐在打字机旁敲着键盘，站在镜子前面涂口红，用螺旋钻开罐头，以及从事其他它们经常看到人们操作的活动，尽管以前没有教过它们。加德纳夫妇（Gardner & Gardner, 1969）在教给黑猩猩符号语言上的成功，揭示了灵长类通过观察获得概括性的交际能力，在获得综合交往能力以后，就能够在来日为了各种目的被应用于各种不同的场合。在用演示教给动物大量的符号词汇以后，它们常常将符号联结在一起，自发地用手势交往，来完成成人希望它们做的事情。

观察学习中反应整合的位点

把反应组织成一定的模式和条例就能创造新的行为模式。把反应的成分主要是在中心还是在边缘水平上综合成新的形式，各种示范理论有不同看法。强化理论（Baer & Sherman, 1964; Gewirtz & Stingle, 1968）认为，提供与原型行为相似的而忽视不相似的示范线索和奖励动作，就可以从外显操作中，挑选出反应的组成因素来。这样抽取出来的反应成分，通过强化而逐步串联起来，形成更为复杂的行为单元。在这一理论看来，由于行为是在操作中被组织成新的模式的，所以学习需要外显反应和直接强化。

社会学习理论认为，行为是通过操作之前的反应信息的中枢加工过程以符号形式习得的。观察一个要学习的行为原型，个体就形成一种如何联结和安排那些反应成分，以产生新行为的观念。换句话说，人们依靠必须做什么的先在观念而不是结果，在用反应获得方法的示范作用研究中，广泛地证明了无操作的观察学习（Bandura, 1971a; Flanders, 1968）。在观看了原型操作新行为之后，观察者能够在以后高度精确地描述这一行为，如果给予适当的诱导，他们常常在第一次尝试演习中就能不发生错误。

通常认为，由于学习必须从操作中推论出来，所以关于学习究竟在何处发生的问题，很难得到圆满的解决。在动物实验中正是如此。为了确定动物是否掌握了一个迷津，人们必须让它们在上面跑跑看，对于人来说，有些学习指标可以独立于操作。为了测量人是否通过观察成功的原型而学会了一个迷津，人们只需要叫他们描述一下左右转弯的正确模式。除了语词指标之外，表象的形成也可以从测量再认和理解，而无需从运动的再现中来获知。有些实验应用多相测量行为获得的方法表明，人们可以在操作之前经过留心观察而学习（Bandura，Jeffery & Bachicha，1974；Brown，1976）。

观察学习中强化的作用

观察学习中另一个有争议的问题，是关于强化的作用问题。强化一定向理论认为，为了学会匹配反应，就必须予以强化（Baer & Sherman，1964；Miller & Dollard，1941；Gewirtz & Stingle，1968）。操作性条件作用分析完全依赖于标准的三成分模式，即 $S^d \rightarrow R \rightarrow S^r$。$S^d$ 代表示范刺激物，R 表示一个外显的匹配反应，而 S^r 则指强化刺激物。他们认为，观察学习是通过不同的强化而获得的。如果与原型的动作一致的反应得到积极强化，而不一致的反应或者不强化，或者受到惩罚，别人的行为就能起到对匹配反应提供强化线索的作用。

观察学习中有这种情况：观察者并不在例示原型反应的场合中操作这些反应，原型和观察者都没有得到强化，而且观察者在观察中所习得的反应，往往是在几天、几个星期或几个月以后才首次操作的，因之，上面的图式就显得不适合了。在这种代表着最普通的观察学习形式的条件下，三因素范式中的两个因素（$R \rightarrow S^r$）在获得阶段是不存在的，而且，在那种首次操作观察中所习得反应的情境中，主要是缺少了第三个因素（S^d，示范线索）。操作性分析虽然说明了别人的行为以及奖赏作用是如何激起一个人以前所获得的模仿行为的，但是，它却不能解释一个新反应是怎样在观察中获得的。

在社会学习理论看来，观察学习是在反应被操作之前，在呈示范例期间的符号化过程中所发生的，它并不一定需要外部强化。这并不是说，仅仅呈示范例本身就足以产生观察学习。而是说，他们不需要去观察作用于个体的所有的刺激，而且，他们即使注意到了这些刺激，所保存的东西也可能在一定时间以后被遗忘了。

强化在观察学习中起着一定的作用，但主要是作为居先的而不是继后的影响而发生作用的。对强化的预期是影响观察什么、忽略什么的几个因素之一。当观察者知道某一个原型的行为将会有效地产生有价值的结果，或者有效地避开惩罚结果之后，他们就会增强对原型行为的注意，从而提高观察学习。而且，预期的好处在于能促动人们对其高度重视的示范行为加以编码和演习，从而加强对在观察中习得的行为的保持。

各种示范作用的理论间的差异，主要是在强化影响观察学习的方式上，而不是在强化能否在获得过程中起一定作用上。正如图 2 中的图解所示，争论的问题是，强化是不是向后作用，去加强前面的模仿反应及其与刺激物的联系，或者，强化是不是对注意、组织以及演习等过程发生影响，从而在期望中促进学习。社会学习理论认为，事先告诉观察者仿效示范行为的好处，比等待他们碰巧模仿了一个原型的动作然后给予奖赏，能够更有效地获得观察学习。

各种强化理论

$S_{示范刺激物} \dashrightarrow R \longrightarrow S_{强化物}$

社会学习理论

预期的 $S_{强化物} \dashrightarrow$ 注意 $\longrightarrow S_{示范刺激物} \dashrightarrow \left\{ \begin{array}{c} 符号编码 \\ 认知组织 \\ 演习 \end{array} \right\} \rightarrow R$

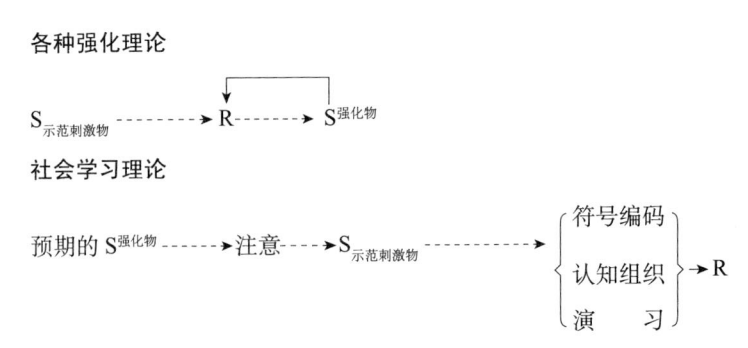

图 2　按工具性条件作用理论和社会学习理论表示强化如何影响观察学习

在社会学习理论中，强化被看作是一个促进条件，而不是一个必要条件，因为除反应结果之外，还有其他条件影响着人们的注意。例如，人们在听一些悦耳的声音，或者看一些迷人的展览品时，就不一定需要强化。如果事件本身能把注意力引向示范活动，那么在这时增加积极诱因并不能增强观察学习。不管是预先告诉观察者正确的模仿会得到奖赏，还是对示范操作学习事先不给予诱因，观察者在观察学习中的结果都一样(Bandura, Grusec & Menlove, 1966；Rosenthal & Zimmerman, 1977)。观察学习的能力得到充分发展之后，谁也就不能让人们不去学习他们所见到的东西了。

由于传统上认为反应必须在学习之前有所操作，因而操作条件作用研究者们曾企图将观察学习还原为操作条件作用。实际上，就学习而言，如果将还原分析的方向颠倒过来，也许更加合理。如果人们在观察他们的行动效果中认识到哪种行为是合适的行为，那么，通过操作条件作用的获得就成了观察学习的一个特例。从观察榜样或者从某人操作效果的信息中可以构成行为的符号表象。

强化理论和社会学习理论都认为，人们是否愿意去操作在观察中习得的行为，要受到这类行动的结果的强烈影响。但是，社会学习理论在强化影响方面包含着一个更广的范围，其中有外部的结果、替代性结果以及自我生成的结果。

示范过程和反应信息的传递

示范作用的一个主要功能，就在于如何把一些反应综合成新模式的信息传递给观察者。这一反应信息的传递可以通过身体演示、图形表征，或者言语描述。

社会学习大多是在日常情境中对别人所操作的行为进行偶然的或直接的观察基础上发生的。随着言语技能的发展，言语示范逐渐代替行为示范，而作为反应指导的优先方式。人们遵循对如何行为的文字描述，就能帮助其获得社交的、职业的以及娱乐的各种技能。言语示范得到广泛的应用，就因为人们可以用语词来传递无限量的行为，这些行为如果用行为举止来描述，将是很不方便，而且是花费时间的。

社会学习的另一个影响来源，是由电视、电影，以及其他视觉媒介所提供的极为丰富的各种各样符号性示范作用。已经表明，儿童和成人都可以从电影的和电视的示范作用中获得态度、情绪反应以及新的行为方式（Bandura，1973；Liebert，Neale & Davidson，1973）。从电视示范的效益及其广泛的群众性来看，各种大众媒介在塑造行为和社会态度方面起着一个重要的作用。而且，通信技术的发展，将使人们在任何时刻都可以按需要在计算机联结的电视装置上观看几乎任何想要看到的活动（Parker，1970）。随着应用符号性示范作用的增加，父母、教师以及其他传统的角色原型在社会学习中占有的位置，可能没有以前那么突出了。

符号性示范作用的一个主要意义在于它的极其巨大的多方面的威力。观察学习不像在做中学，做中学需要反复地去实践以形成每一个体的行动，而在观察学习中，一个单一的原型可以自发地在广为分散的地区内，将新的行为模式传递给很多人。

符号性示范作用还有另一个使其效用大为增强的方面。人们在日常生活事务中，只同很少一部分环境直接接触。随之而发生的是，他们对社会现实的知觉受到替代性经验的巨大影响，他们受他们所看到的、所听见的以及从各种媒介中所读到的东西的巨大影响。人们在媒介的符号环境中所得到的现实表象越多，媒介的社会影响就越大。

不论行为是通过语词、图画，还是直接的动作来传达，基本的示范过程则是相同的。但是，不同的示范形式并不总具有同样的效果。图画或者直接的演示所包含的信息往往很难同语词所传递的信息等量。另外，有些示范形式可能在控制注意方面比别的示范形式更为有效。我们用不着强迫儿童或者成人从电视中去看某一件事情，但同样的活动，对他们作口头的或文字的报告，却难以长时间地维持他们的注意。而且，符号的方式在其效果上主要依赖于认知这一先决条件，那些概念和言语技能没有很好发展的观察者，他们从行为演示中获得的好处，可能比从语词示范中要多。

示范作用影响的范围

有许多在某个特定时间里的示范行为是由社会规定的，或者是高效能的；因此，人们在作业时基本上是采取同一形式。例如，社会以适当的方式限制人们开汽车或进行外科手术的活动的余地。然而，示范作用的影响也能产生新型的和变革的行为。观察者经过抽象的示范过程就会从具体操作中得出一些原理，从而产生超越所见所闻的行为（Bandura，1971b；Zimmerman & Rosenthal，1974）。

抽象的示范过程

在研究抽象的示范过程中，人们观察到别人在操作各种反应中含有一定的规则或原理，日后观察者在一定条件下受到检验，在这种情况下，观察者能够以一种类似于原型的活动方式来行事，但他们却不能仿效所观察到的那些特殊的反应，因为他们还必须把所学到的东西应用于新的或者不熟悉的情境。举个例子，从一组被动语态的名词句中（"狗正被抚爱"，"窗已被打开"）就可以产生一个句型。样句在内容和其他特征上各自不同，但它们的结构的性质（被动语态）却相同。接着，要求儿童离开句型从一组不同名词中创造一些句子，并记录其使用被动结构的成绩。

在抽象的模仿中，观察者从不同示范反应中抽取所表征的共同属性，并形成一些规则，以产生具有相似结构特征的行为。当人们在观察中获得某一规则之后，他们就会产生一些体现这种规则的反应，这些反应与原型在类似的情境下将会表现的行为很相似，尽管观察者从来没有看到过原型在这些新情境中表现过。

对个体反复呈示具有共同特性的榜样，就可从中抽象出一般特征来。但是，单是呈示范例却并不能保证观察者一定会注意到有关的方面。有些可以增加共同特征的显著性和重要性的因素，能够大大促进抽象的示范作用。由原型反应所引起的效果就是这样一个因素。当体现规则的反应给原型带来积极强化时，观察者就会更容易地发现这一积极范例的共性。

在观察中学习一些比较难的概念时，可以提供一些与概念反应有联系的具体参照物来帮助抽象的示范作用。例如，年幼儿童在学习一种语言规则时，如果我们在讲解语法时助以一些相应的活动来描述言语中所表现的关系，那么比起仅仅示范发音来，他们会感到更加容易（Brown，1976）。助以参照物的示范作用，既显示了实际的事物，又表示了它们的抽象方面，因而，它在认知发展的早期阶段起着特别重要的作用。

在建立抽象的或依规则来调节的行为中，示范作用已被证明是一个高度有效的工具。在观察中习得的规则的基础上，人们学习着各种判断定向、语言风格、思维计划、信息加工策略、认知操作以及行为准则（Bandura，1971a；Rosenthal & Zimmerman，1977）。从抽象的示范作用中就能获得思维和行为的一般规则，这方面的研究揭示了观察学习的广阔前景。

我们还将在后面稍加详细地分析抽象的示范作用在语言学习中的作用。道德判断的发展是另一个领域，在这一领域里，抽象的示范作用范式已被广泛用来测验从概念学习的观点抉择中得到的判断。心理学研究已反复证明，儿童倾向于按原型的判断去改变他们的道德评价标准。不同的道德发展理论家都认为，向儿童呈示不同的观点，道德推理是可以改变的，但这些理论家对这种示范过程在如何以及何时产生变化的问题上，却各持己见。

皮亚杰派发展传统的研究者认为，道德判断是以不同性质的阶段作为一个综合的整体出现的，这些阶段构成了一个不变的系列。皮亚杰（Piaget，1948）主张一种两阶段系列的观点，就是从道德实在论发展到相对主义的德性。前者把规则看作是不可改变的，惩罚是根据行为所造成的损坏程度来定的。后者则考虑到行为的动机。柯尔伯格（Kohlberg，1969）提出一种六阶段系列的类型理论，开始是以服从为基础的惩罚，然后是工具性唯乐主义，为了得到赞扬的从众，尊重权威，遵守契约性的法律，最后达到个人良心的顶点。由于各个阶段构成了一个固定的发展系列，因而个体如果没有依次获得系列中所有前面阶段的判断形式，那就不可能学到下一阶段的特定的道德判断形式。由此可以推断，示范作用对那些过分超越个体主导阶段的道德标准，几乎不发生什么影响，因为它们不能被同化。那些复杂性较低的判断标准也会被拒绝，因为它们在达到后继水平时已被取而代之了。按照推测，不同的示范作用导致了观察者的认知不平衡，这种不平衡会经过接受道德推理的更高一个阶段而减弱。这种理论还用先天的动因来解释为什么人们不是简单地以坚持己见拒绝相矛盾的观点来保持平衡（Rest，Turiel & Kohlberg，1969）。

类型理论的一个主要问题，就是它很难找到适合于这些类型的人。这是因为不同的环境会带来不同的决策与行为。一个人的道德判断会采取多种形式，并不是单一地分好层次的。最终还得提出一些亚类型，来处理人们在其判断中显示出来的多样性。个人的各种经验和变化着的社会要求会随年龄的增长而产生不断分化的功能作用。像任何具有不断增加复杂性的活动一样，在道德判断中也可以发现年龄差异。但是，处于任何特定发展水平的个体，通常也有赖于环境而表现出不同的道德判断（Bandura & McDonald，1963）。阶段论者把人们分成类型，只是把任意的规则用于跨越几个"阶段"的综合的判断结构中，因而只能把大多数人归入过渡阶段（Turiel，1966）。

在社会学习理论看来，对于不同年龄的儿童，人们所教的、示范的和强化的东西是不同的。最初，必须加以外部的控制。在儿童还没有学会说话之前，父母要想制止他们的危险举动，就必须采用外部的有形的干预。随着儿童逐渐成熟，社会制裁逐渐代替外部的有形的处罚。父母并不能总是当场指导他们的孩子的行为。要使儿童顺利地社会化，需要不断地用符号的和内部的控制来代替外在的禁令和要求。当教导和示范建立了行为的道德标准后，自我评价的结果就可作为违规行为的阻障。当儿童犯过的性质与严重性随着年龄而变化时，父母就会改变他们的道德推理。例如，他们在处理学前儿童的不当行为时，并不诉诸法律的论证，但是对那些早期青少年，父母就要对他们解释法律准则和惩处，以期对那种会有严重后果的未来行为产生影响。

在发展过程中，儿童也学会了怎样机灵地规避道德后果。他们发现，如能为他们的行为找到为其减轻罪过的情况，就可以避免或者减少一些非难。其结果是，各种不同的辩白就成了道德判断的突出的内容。后来，他们又学会了用自我解脱的理由，来减少其因错误行为而产生的自我谴责的强度。因此，一种道德推理的理论必然涉及认知过程，通过这一过程，不道德的可以成为道德的。

当然，父母并不是儿童道德判断和行为的唯一来源。其他成人、同伴及符号性原型也起着重要的作用。儿童接触成人和同伴原型所例示的冲突标准，要比面对成人单独树立的榜样，能够采取更为不同的行为标准（Bandura, Grusec & Menlove, 1967）。更为复杂的是，同一原型在不同时间里的行为的不一致性，以及原型的言行之间的矛盾，都会影响到从示范作用中所获得的标准（Bryan & Walbek, 1970）。对于发展中的儿童来说，那种把大量道德冲突形象化的电视示范，构成了社会学习的另一个主要的部分。符号示范作用，凭借其描述什么是可接受的或可谴责的行为，凭借对它所描述的行为的社会制裁和辩护，来影响道德判断的发展。

虽然在道德判断中明显存在着发展趋势，但社会学习条件过于变化多端，因而无法产生始终如一的道德类型。即使在更高级的水平上，某些行为是在法律规则下产生的，有些是在社会禁令下出现的，还有些出于个人的裁决。几乎每家理论都预言有年龄趋势，这方面的证据常被用来证实德性的阶段理论。但是，阶段的命题所要求的远远不止年龄趋势，它们假定：（1）在任何特定的水平上都存在判断的一致性；（2）一个人如果没有首先采纳一系列前的标准，就不能根据某一特定道德标准来评价行为；（3）一个特定的评价标准的获得可以通过改变以前的思维形式而取代它们。经验的结论并没有对这些假定给予多少支持。

心理学家还做了另外一些研究，他们把种种推理水平的材料呈示给儿童，来测量柯尔伯格理论框架内的道德判断的可变性（Rest, Turiel & Kohlberg, 1969；Turiel, 1966）。研究者指出，儿童拒绝那些低于其主导思维方式的意见，而在理解那些过分高级的观念时，又有困难，他们最容易接受那些正好比自己水平高一点的思想。但是，有些方法上的缺点妨碍了这些结论的推广。道德推理的测量应该包括与道德判断形成有关的各种因素。在上述研究中，所选取的反应只限于为数不多的与道德有关的方面。

道德推理中的主要缺点，通常被认为是由于认识的局限，或是由于对某些道德问题缺乏敏感，现已证明有一部分是由于所用的评价方法所造成的（Chandler, Greenspan & Barenboim, 1973；Gutkin, 1972；Hatano, 1970）。同样的个体会表达出不同的道德判断，这取决于：所描述的事件中包含多少道德的方面，提供的选择是什么类型，他们所判断的是口述的过失行为的故事还是过失的行为扮演，以及他们是用抽象的评价还是用他们对不同行动所采取的严厉制裁来显示其道德态度的。

在阶段的理论框架内所进行的研究中，用以改变道德推理的方法，甚至比效果的评价方法更不完善。这种方法就是提出两种或三种描述道德两难的假设情境，让儿童听这些故事中的冲突性意见。设计的道德两难情境，离儿童的经验比较远，比如从制药者那儿偷一种药来拯救一个将死于癌症的妇女。利用微弱的影响是很难使一个人发生变化的。那些主张否定观点的理论（即某些影响不能产生变化），应该广泛地而不是简单地应用影响因素去测量理论的效度。有证据证明，在道德判断中存在某些年龄趋势，儿童不能接受他们不完全理解的意见，他们也不愿意表达那些对他们的年龄来说并不成熟的观点，这些事实并不需要精致的阶段理论就可妥善地加以解释。

社会学习理论把道德判断看作是在很多因素的基础上作出的各种社会决策，这些因素的作用就是减轻行为的谬误性，或者为行为的错误而辩解。在这种多维度的评价标准里，包含着犯过者的特征、行为的性质、行为的长远的与直接的后果、过失发生的场合、动机状况、犯过者的悔恨、受害人的数量与类型，以及很多其他可掩饰的事情。从说教中、榜样中，以及直接地或替代性地从经验到的过失行为的后果中，都可以获得评价的标准。人们从这些不同的经验中就可以了解哪些方面与道德有关，以及这些方面各有多重的分量。

日常生活中所遇到的道德情境，包括很多决定性成分，它们各有不同的相对重要性，这取决于事件的特殊组合。因此，有些在某些环境组合中具有很重分量的因素，在不同的条件下可能被忽视，或者被看作不很重要。随着儿童的不断发展，道德判断逐渐从行为的单方面的规则，向多方面的和组合的规则转化。

可以用好几种方式呈示各种不同的范型来改变道德判断。原型可以通过多次应用某些判断标准而增加某些与道德有关方面的显著性。另外，在决定某一特定行动的错误程度时，他们所表达的观点能为重新衡量各种因素的分量提供论据。社会奖励受欢迎的道德态度，公众的看法与个人的见解可能会有本质性差异。宣传道德信条为别人发表相同意见提供了社会支持。因此，各种示范作用可以通过注意的、认知的，以及解除抑制的机制来改变道德判断。

正如其他领域的机能作用一样，示范作用的影响并非一定能导致道德推理的改变。示范作用之所以没有效果，其原因或者是由于理解上有缺陷，或者是由于操作上有偏好。如果人们不理解原型的观点，这些观点对他们就不可能发生很大的影响。认知技能限制了在短暂呈示对方观点中所获得的内容。但是在断定必要的认知功能与单一思维的固定系列之间，存在着本质性差别。分析掌握复杂技能所必需的先决能力，比之将人们不适当地归入某个类型来，在鉴别复杂能力的发展因素上能取得更大的进展。

当原型在发表意见时，他就在传递自己的思想和偏好了。但是，范型本身并不保证已习得的观点一定能明确表达出来。在操作有所偏好的情形中，由于示范性判断遭到个人或社会的冷遇，所以观察者虽然学会了这些判断，但却不能把它们表示出来。人们很容易在一个方面或另一个方面改变判断标准，这取决于这些判断标准所需要的概念技能，以及它们所产生的结果。另外，判断标准在辨别力上也有变化，这种辨别力影响到人们是否容易学会这些判断标准。识别财物损坏要比推论行动的前因或意向容易得多。有一种观点从学习理论出发，认为不同的道德判断都是同样地容易改变的。这是没有根据的，因为有些判断明显地要比其他判断更难改变。

道德推理和道德行为之间的关系这个问题受忽视的情况，简直令人吃惊。道德判断指导道德行为的程度会随不同的社会环境而变化。人们一般以预料到的自我谴责来阻止从事违反他们的道德原则的行为。如果一个人的过失行为不能轻易得到自我宽恕，他的行动就有可能与道德标准一致。但是，为罪行辩解的道德推理可以被用来削弱内部约束力。因为几乎任何行为在道德上都可以得到辩护，从而被认为是正当的。所以，同样的道德原则可以支持不同的行为，而相同的行动，又可以在不同的道德原则基础上得到支持（Bandura，1973；Kurtines & Greif，1974）。但是人们为了相互对等的义务，为了社会的赞许（如对社会秩序恪尽职守），或者为了原则，就必须以不作自我宽恕的方式来行事。道德发展的水平可以说明使一个人犯过必然会有的为罪行辩解的各种类型，但是，它却不能使我们确定任何特殊类型的行为。下面我们还将更为详细地讨论各种有助于为罪行辩解的道德推理的条件。

创造性示范作用

与一般的信念相反，在示范过程中可以产生新的模式，以各种不同的原型呈示给观察者，他们不太会专门按一个单一的特点去模仿原型的行为，而且即使对自己喜爱的原型，他们也不会采纳原型的所有特点。实际上，观察者将各个不同原型的特点组合成不同于个别原型特点的新的混合体（Bandura，Ross & Ross，1963）。不同的观察者吸取了各种特征的不同的组合。

就社会行为来说，同一个家庭里的孩子抽取了父母及兄弟姐妹的不同特性，可以产生不同的人格特质。在连续的示范过程中，观察者在以后就成为新的成员的行为来源，因而连续的示范作用最有可能导致一个逐步模仿的新模式的产生，这些新模式与最初的原型所表现的模式几乎没有什么相同之处。在同质性文化中，所有的原型都呈现类似的行为方式，所以即使通过一系列连续的示范作用也不会给行为带来多大变化。正是示范作用中的多样性促使了行为的创新。

示范作用的最大贡献也许就在于促使新风格的创造性发展。新形式的经验一经开始，就可以引起进一步的发展变化。因此，部分地离开了旧的形式，最终就可以成为一个新方向。创造性工作在某些特殊时期有所进步，就是这一过程的突出的例子。贝多芬在他的早期作品中，就采用了海顿和莫扎特的经典形式，但他的作品却蕴含着更大的情绪表现力，预示了他的艺术发展的方向。瓦格纳将贝多芬的交响乐调与韦伯的自然主义手法和梅耶贝尔的戏剧的精湛技巧融合起来，发展出一种新的歌剧形式。其他工作的创新者也以同样的方式在开头吸收别人的成果,然后从他们的经验中创建新的东西。

在上面的讨论中,我们分析了从不同影响来源的创新性综合中产生的创造过程。现有的实际为新的实际提供了某些成分,但同时它们也阻碍着创新。如果熟悉的日常生活合适的话,就没有什么人愿意去考虑其他可替换的样式。人们不仅不去探索非传统的方式,而且在某些好冒险的人引进这些方式时,它们往往遭到否定。如果在普通情境中示范一些新的反应,那么示范作用的影响可以削弱一些对传统的爱好。那些被示范过发散性思维的原型的人,确实比那些观察了以定型化了的传统方式行事的原型的人,要更具有创新精神(Harris & Evans,1973)。尽管创新性示范作用一般会促进其他人的创造性思维,但这种影响也有一些局限。当原型具有非凡的生产性,而观察者又只有有限的技能时,观察者的创造性努力可能会由于不恰当的比较而被自我贬值。因此,丰富多彩的创造性示范作用往往对平庸之人无益。

其他示范作用的影响

原型远远不止于教给一些新的思维方式和行为方式。示范作用能够加强或减弱对观察者先前习得的行为的抑制(Bandura,1971b)。从原型中观察所体验到的结果能最大地加强行为的约束力。看到受惩罚的原型,旁人就会抑制同样的行为。反过来,看到别人从事危险的或者被禁止的活动没有什么不利的后果,就会减弱观察者的抑制。示范作用的原理在治疗应用中可以非常明显地显示出解除抑制作用(Bandura,1976a;Rachman,1972)。显示那些作出恐怖活动而没有发生什么有害效果的原型,可以减弱防御行为,减少恐惧,并且在态度上产生有利的变化。

别人的行动也是一种社会线索,它可以引发出先前发生过的行为。反应易化与观察学习不同,其区别之处就在于反应易化没有学习任何新的东西。反应易化也不同于解除抑制,因为这时的行为是社会所允许的,因而不会遭到禁令的约束。在反应易化中,示范动作不过起着一种社会性提示的作用。在下面讨论替代性强化时，还要分析示范过程的抑制和解除抑制作用，讨论行为的情境性条件时，探讨社会的助长作用。

示范作用的影响还有另外一些效用，尽管这些效用可能不太重要。原型的行为把人们的注意力集中到一些可供选择的特殊的对象上，其结果是，观察者可以在更大程度上，尽管不一定以同样的方式，使用同样的对象。例如在一项研究中，让儿童观察一个原型用木槌连续敲打一个布娃娃，这些儿童在以后不仅模仿这一特殊的行动，而且在其他活动中会比那些没有看到别人用过这一工具的儿童更多地使用这一特殊工具。最后，观察情感行为可以触发情绪，情绪的触发具有增强反应力的倾向。因此，所有证据都表明，范例能作为指导者、抑制者、解除抑制者、易化者、刺激加强者以及情绪激起者。

创新事物的扩散

上面讨论的主要是关于个体水平上的观察学习。示范作用对于在一个社会内或者从一个社会到另一个社会的新思想及新的社会风尚的传布，也有重要的作用。创新事物的顺利扩散按一个常见的模式进行：突出的榜样引进新的行为，它就迅速地成倍地为人们所接受，然后，随着它的功能价值或者是保持稳定，或者是逐渐衰退。一般的扩散模式是相似的，但对于不同的行为形式来说，其传递的样式、接受的速度和范围以及创新事物的生命力，是各不相同的。

社会学习理论把创新事物的社会扩散的两个过程加以区分，这就是创新行为的获得和这些行为在实际中被采纳。就获得而言，示范作用是传递新的行为方式的主要手段。前面讨论过，有大量的因素决定着观察学习，这些因素同样适合创新事物的迅速传布。

符号示范作用通常可以作为创新事物的主要运载工具，把它们传送到广阔的领域中去。创新事物在扩散的早期阶段尤其如此。报纸、杂志、无线电以及电视给人们以各种新风尚及其可能带来的利益或危险。因此，得风气之先的人总是那些从媒介中更多地获得有关创新事物的信息的人（Robertson，1971）。当新生事物通过符号手段被引进以后，它们就可以在人们与部分采纳者的接触中，进一步传播到团体成员中去（Rogers & Shoemaker，1971）。当影响通过直接示范发挥作用时，采纳的行为就会沿着现成的人际通信网传布开去。但是，如果某种行为很突出，它就可以在公开展览中被很多相互不熟悉的人所习得。

示范作用以好几种不同的方式影响着创新事物的采纳。它可以用社会的、图画的或者言语的表达告诉人们新的行为方式。观察者起初不愿意承担含有危险的新的事务，直到他们看到早先采纳者所获得的好处，他们才改变原先的想法，由于减弱了较为谨慎的、有可能采纳的人的思想束缚，示范的好处就飞速地扩散出去。随着接纳的事物的不断传布，新方式就进一步获得了社会的支持。原型不仅表现创新事物，并使之合法化，而且由于它们鼓励别人采纳它们，因而又是鼓吹者。

创新事物的获得对在实际中采纳它们来说，这是必要的，但不是唯一的。社会学习理论发现了很多因素，决定着人们是否会按他们所学到的来行动。刺激诱因就是一组促动者。例如：在消费者领域内，广告的渲染被广泛用于刺激消费者来购买新产品。时尚产业总是在市场上渗入新的式样，以减少其想排挤掉的旧款式的流行。各种大众传播时常为新技术、新观念以及社会新时尚提示信息。刺激诱因越是广泛地渗入，习得的创新事物得到尝试的可能性就越大。

采纳行为对强化的影响是极为敏感的。人们会采纳那些给自己带来实际利益的创新事物，然而，由于新的时尚在尝试之前人们不能体会到这种益处，所以，创新事物的推动就能极大地引起预期性和替代性强化。对新技术和新观念的提倡会产生一些期待，那就是说，它们会比已确立的旧方式提供更好的解决办法。发起者凭借替代性强化来

52

增加观察者将会按所介绍的方式作出反应的可能性。人们认为，采纳行为的积极作用在于产生一系列的奖赏效果。电视广告节目声称，饮用某些饮料或使用某种特殊的洗发剂，将赢得有魅力的人的钦羡，将提高工作成效，支持积极的自我表象，实现个人主义和个人的真实性，镇静犯躁的神经，以及改善夫妻间的感情。采纳行为的消极作用指的是相反的结果，就是看不到有那些所介绍的风尚的迹象。但是，替代性惩罚在促动采纳行为中，则是一个不很有效的方法。对人表示烦恼，其结果会激起不愉快的情绪，可能在无意中成为公开的事件，或者引起对交往本身的回避（Leventhal，1970）。

很多创新事物可作为获得注意和获得地位的工具。有些人有意把自己有别于普通人和平常人，他们总是在衣着上、妆饰上、娱乐活动上以及行为上采纳新的风格，因而获得特殊的地位。当新的行为逐渐普遍化，它就失去了地位所授予的价值，直至最终也进入普通的行列。因此，广泛的模仿进一步激发了人的创造力以维持其地位上的差别。

一时的爱好与时尚是不同的，这大致可以按支持采纳行为的强化而加以区分。比如以一时的爱好为例，当创新事物最初获得社会认可和名声时，它们就出现急剧上升的流行趋势，但随着滥用以至毁坏了它们的新奇性，它们就突然跌落下去。相反地，由于时尚具有更持久的利益，因而它们享有一个更长的生命期。汽车就是一个新异物最终成为长久固定的交通工具的例子。那些具有内在功能价值的创新事物，可以作为一般时尚的一部分而长久存在下去，直到某种更好的事物出现为止。

人们对自己的行为可以自我赋予各种各样的结果，这些结果部分地调节着采纳行为。人们拥护他们认为值得称赞的东西，而不愿接受那些违反其社会和道德信念的创新事物。但是，自我强化反应并不能与社会影响的压力相隔绝。人们常常会用散布防止消极的自我制裁策略在其他方面降低个人价值的方式以行事。例如：在销售领域中，人们总是以一种似乎与时行价值可共存的方式来推出他们的新产品的。能量消费设计是在资源保护的名义下大做广告，又用对个人有利的名义促使用户听从的。在宣传具有道德意义的行为中，也有类似的过程。应该受到谴责的行为，若是用可接受的话重新加以说明，那么那些平常很谨慎的人，也会去从事这种行为的。

由于创新事物对采纳有不同的要求，所以创新事物的传播具有不同的速度和模式。这些要求又可作为控制扩散过程的额外的因素。如果人们缺少金钱、技能，或者必要的辅助资源，即使他们很愿意接近创新事物，他们也不会采纳这些新时尚的。某些创新事物更容易遭到社会的禁止，社会禁令对所采纳的行为施加了额外的影响。

在创新行为中，人们最彻底地考察了消费者领域里的行为。由于最初采纳者在传播过程中所起的关键作用，很多研究都想来测定，那些很快尝试新事物的人是否具有特殊的品质。如果把某些可看作同类的个体是最先采纳新的思想和行为的话，那么将促进作用指向他们，一定能控制扩散过程的最初的起源。而这些早期采纳者，反过来又会以它作为定向性榜样来影响别人。

在更为精细的研究中，用图示来显示在一定时间内的采纳的速率，扩散曲线被分割为四段：创新者、最初的采纳者、以后的采纳者，最后是反应迟钝者。然后研究者探究了处于采纳的后继阶段的人，是否在任何方面都有所不同。分割扩散曲线是容易的，但解释它们就难了。早期与后期采纳者之间的差异，一般认为是由于他们的人格特征或社会经济环境造成的。按照假定，后期采纳者及反应迟钝者要坐等看到创新者所得到的利益后，才亲自尝试新事物。其实，采纳的时间上的某些变化，部分是由于最初给人呈示新产品或对新异物的时间上的差异造成的。因而，如果最初呈示给个体的时间和数量上不保持相等，对扩散的时间分析，可能会产生使人误解的结果。

正如我们早就看到的，采纳行为的主要决定因素乃是与之紧密联系的各种影响，即刺激诱因、超前满足、观察到的好处、经验到的功能价值、觉察到的危险、自我估价的结果，以及各种社会障碍和经济约束。各种影响的成分随不同的产品而不同。那些公开的显而易见的物品，诸如在衣着方面，比那些个人私用的物品会受到更大的社会控制。因此之故，采纳的决定因素并不随不同的产品而泛化，除非它们是在同一类中。人们没有理由期待在对巴黎的时尚具有创新精神的人，也将在洗涤剂上进行创新。因此，采纳行为最好是根据控制条件，而不是根据人的类型来加以分析。创新事物的特殊性绝不限于产品。它也同样适合于新观念的传播，比如国家之间国民政策的创新与扩散（Gray，1973）。

总之，示范作用可作为传递新的行为方式的主要样式，但是，那些靠近影响工具的人，却只能对扩散过程施行部分的控制。并非每一个示范过的东西都可以普及出去。要预言在各种各样的可能采纳者中，谁将最善于接受新事物，性格特征这一因素只有有限的价值。部分地调节着采纳行为的社会经济因素对原型的说服力是起着限制作用的。尽管如此，市场上的生意人操纵了他们所能控制的决定因素，也会帮助形成公众趣味和生活风尚。

前面的很多例示涉及行为的扩散，这些行为不仅为社会所允许，而且为商业所促进。正如发生率所揭示的，采纳过程对于为社会所禁止的活动来说是一样的。例如，集体抗议和集体攻击的新形式的传布，与泛化了的扩散模式是一致的（Bandura，1973）。但是，行为的异社会风尚的被广泛采纳，比起行为的亲社会风尚来，要延后更长一段时间，这也是一条规律。

与各种行为方式相联系的不同结果和社会诱因，最有可能说明示范与其后的采纳之间的时间变化。正如我们所见到的，对亲社会的新事物的早期采纳，通常可获得使用者的地位。相反地，为法律与习俗所禁止的行为，则带有惩罚的危险。因此，要将禁令减少到足以开始使示范行为得以出现，就有必要突出榜样的累积影响。即使在使抑制削弱的条件下，反社会行为在将被采纳之前，也需要同时出现强烈的厌恶诱因或预期效益。

至此，扩散的分析已经主要地涉及了一个社会内的行为传布。通信技术的革命性进展大大地扩大了影响的范围，它们也改变了社会扩散的过程，通过卫星电视系统的媒介，各种观念、价值准则以及行为方式，现在都可以大规模地加以示范。在未来的日子里，电子媒介会在文化交往的过程中起着一个越来越重要的作用。

第三章
先行的决定因素

58　　大多数环境事件是前后连续或同时并存的，其间具有某些规律性。这些规律将使人们产生某一事件会导致另一事件的期待。因而，有关条件关系的知识可以使人们在不同的精确程度上预言：在特定的先行条件下，可能会发生什么事情。如果人们想要有效地发挥作用，那么他们必须预期不同的事件和不同的行动途径的可能结果，从而相应地调节其行为。人们若无预期能力，则必将被迫盲目行动，其行动方式不说危险，也将是没有效益的。环境刺激物能传达有关特殊行动或事件可能发生的结果的信息。地点、人物及事件的不同特征，或者别人的语言、姿势和行动中的社会信号，可以告诉人们去期待什么。

　　在儿童发展的最早期，除了那些本来具有使人厌恶或愉快性质的环境刺激物以外，其余的都是不发生什么影响的。但是，大量的刺激物通过学习经验最终获得了促动和指导行为的能力。各种环境的线索既能预示即将到来的事件，也能指出特定的行动可能会产生什么结果。经过一段时间的常相联系的经验，以前中性的事件就获得了预示性作用。当人们认清了情境、行动和结果之间的关系以后，他们就能在这种预示性的先行事件的基础上，来调节他们的行为。他们害怕并

59　逃避那些曾经与使人厌恶的经验相联系的事物，但却喜欢并寻求那些有过愉快联系的事物。他们在那些会遭到惩罚反应后果的环境下，抑

制自己的行为,但在预示有奖赏结果的情境中,却乐意地作出反应。

人对刺激并不仅仅是反应,他们还要解释它们。刺激物通过其预示性功能影响着特定行为出现的可能性,这倒并不是因为刺激物由于与反应同时发生,从而与之自动地发生了联系。按照社会学习的观点来说,偶联经验所产生的是期待,而不是刺激—反应的联结。环境事件既能预示其他环境事件的发生,也能预示行动与结果之间的关系。下面将分别讨论这些不同形式的偶联学习。

生理反应和情绪反应的先行决定因素

当各种事件在一种容易预见的关系中紧接着发生时,生理反应就最容易受到环境刺激物的影响。如果一个起先是中性的刺激物,一直和一个能引出某个特定生理反应的刺激物相联系,那么,这个中性刺激物最终会获得单独激起这一生理反应或是它的某个成分的能力。尽管某些类型的生理反应比其他类型的生理反应对期待学习更加敏感,但是,几乎每一种身体反应的形式都能通过偶联经验而受到环境刺激的控制。因此,环境事件就能影响心率、呼吸、出汗、肌肉张力、胃肠分泌、血管反应以及大脑活动的水平。

雷斯科拉(Rescorla,1972)的一系列研究结果表明,事件之间的相关程度而不是它们之间的配对在决定行为的先行因素的发展中是十分重要的。大体说来,任何事物只要能够通过降低它们与结果的相关,而减少对环境事件的预示作用,它们就会降低先行因素的促动能力。然而,在人的期待学习中,思维却使这一过程复杂化。人们能根据他们被告知的事物去形成对信号刺激物的预期反应,而不必如实地去经验某些特定的刺激物会预示某种环境结果的可能性(Grings,1973)。即使是人们的学习来自同环境的直接接触,也未必能从他们的经验中抽取出正确的盖然性信息来。更何况,对一些事件偶联地发生的准确认识也会由于当时的思想状况而产生不同的预期反应。后面我们还将讨论这一点。

这一期待学习过程对于理解有关在生理上激发起来的行为（比如生理功能失调和防御行为）有着重要的意义。在心身医学领域内，德克尔、佩尔塞和格伦（Dekker, Pelser & Groen, 1957）将原先无效的刺激物与引起呼吸功能失调的过敏性刺激物配对使用，使病人产生气喘病症。对一些周期性地经受气喘病发作的病人的详细研究，揭示出各种各样的环境事件竟变成了气喘病的诱发物，这些诱发物有：政治演说、儿童合唱队、国歌、电梯、金鱼、笼中小鸟、香水、瀑布、自行车比赛、囚车，以及马匹等。德克尔和格伦（Dekker & Groen, 1956）一旦识别出某一特定病例中的诱发事件，他们就能够借助实际的或图形的形式呈示诱发刺激物使气喘病发作。

焦虑和防御行为

有些事件若是与痛觉经验相联系就可成为危险物，大量的人类行为就是由这些事件激起的。大多数预期行为的主要功能，就是提供对潜在危险物的防御。

直到最近，防御行为还是用一种双重加工理论来解释的。根据这一观点，中性刺激与使人厌恶的刺激相配对联结，就会产生一种促动防御行为的焦虑内驱力；反过来，减少由条件性厌恶刺激所激起的焦虑，又会强化防御行为。为了消除防御行为，有必要彻底消除其潜在的焦虑。因而，治疗工作的关键就在于不使焦虑重新被激发起来。

这种理论虽然至今仍被广泛地接受，但人们已发现它也有不足之处（Bolles, 1972; Herrnstein, 1969; Rescorla & Solomon, 1967）。自主的情绪触发作为焦虑的主要指标，但它并非防御学习所必需。防御行为受自主系统控制的观点，确实遭到几方面证据的冲击。由于自主反应的激活比逃避反应的产生需要长得多的时间，所以，后者不可能为前者所引起。在某些研究中，实验者同时测量了自主反应和逃避反应，这些研究表明，这两种活动方式有部分相关，但却不是因果的关系。例如：在对习得性威胁的自主反应消失后很久，逃避反应仍可继续存在。对动物的自主反馈性能加以手术消除，并不怎么影响逃避反应的获得。逃避行为的保持甚至更少依赖于自主反馈。在防御行为被习得之后，剥夺动物的自主功能并不增加防御活动消退的速度。

新近的研究使人们对假定的防御行为的强化源和激活源都发生了怀疑。按照双重加工理论看来，逃避恐惧刺激物能引起焦虑的减弱，而由此引起的焦虑的减弱，则可加强防御行为。然而，证据表明：防御行为能否消除恐惧刺激物，这对行为的保持具有不同的影响。而且，如果防御行为能成功地减弱使人厌恶的刺激的频率，那么，即使没有恐惧的刺激物去触发焦虑并提供负强化源，防御行为也可以被获得并得以保持。

所有的证据都表明，焦虑和防御行为是协同作用的，但它们在因果上却并无联系。不论是个人的或替代的厌恶性经验，都能够产生受到伤害的期待，激起恐惧和防御行为。由于它们能协同作用，所以在自主的情绪激发与行动之间没有固定的关系。直到形成了对潜在威胁的有效的应付行为，威胁才不会产生高度的情绪触发和各种防御活动，但是，如果人们精于自我保护行为，他们就能在具有潜在威胁的情境中操纵自如，而不致受惊。要是他们惯用的手段失败了，他们就会经验到更高水平的情绪触发，直到新的防御学习能够减低他们的懦弱性为止。

习得性威胁之所以能激起防御行为，是由于它们具有预示的特性，而并非它们具有使人厌恶的特性。它们预示着，除非采取保护性措施，否则就可能产生痛苦的后果。反过来，防御行为只是在它成功地阻止或减少使人厌恶的事件的发生后而得到了保持。防御行为一旦建立，即使危险不复存在，它也很难消失。这是因为一味的逃避，使得有机体难以知道现实环境已经改变了。因此，预期中的危险没有出现，实际上强化了人们的期待，即防御活动把这些危险阻挡住了。在一个患强迫症的可疑病例中，可以清晰地看到这一主观信念的形成过程。当治疗师问他为什么如此执著地咬自己手指时，他回答说，这样做可以使凶残的狮子走开。当告诉这个强迫症患者，周围都是挡住的，显然没有狮子时，他却回答说："你看，它就在那儿！"

缺少现实基础的期待，一般说来很容易因精确信息而发生变化。但恐惧的期待并不是完全没有根据的。某些动物真的要咬人，飞机时常失事，而自作主张有时就要受到惩罚。当有害后果的发生没有规则而且预料不到时，期待就不会轻易改变。正像严重病例中所见到的那样，如果忧虑的患者不完全相信被告知的事实，那么，他们会继续根据他们的期待去行事，不管痛苦的后果多么不可能，也不愿去冒险。这些人要放弃他们的恐惧期待，就必须有强有力的反根深蒂固的经验，当然，仅仅言语保证是不能提供这些经验的。从社会学习原理中所得出的方法，在促进快速的现实检验方面已经证实非常有效（Bandura，1976a）。

攻击诱发物的形成

攻击诱发物的形成，为我们所讨论的学习过程提供了另一个合适的例子（Bandura，1973）。动物实验的结果表明，先给动物一些配对的经验，其中有一个中性事件排在前面，对动物起着预示作用，当这些经验激起动物间的攻击之后，那个预示性事件本身也就会引起斗殴。托克（Toch，1969）关于惯犯的研究，揭示了人们在好战经验中的攻击诱发物形成的过程也是一样的。在已引过的一个例子中，有个人在一个比他大的反对者手里，遭到像打小孩子一样一顿丢人的鞭打，这一痛苦事件决定了他去寻找受他支配的牺牲者，此后，他对任何一个成人的最微弱的刺激，也都会产生暴烈的反应。这些特征强有力地支配着他自己的攻击行为，致使他常常攻击起强大而结实的反对者，而藐视由此而带来的危险。在更为正式的实验中，当攻击诱发物与其他攻击诱因（诸如愤怒的触发、攻击性模仿以及对攻击行为的解除抑制性辩解等）一起出现时，人们发现这些攻击诱发物是特别有效的（Berkowitz，1973）。

配对经验可以使刺激物具有对反应结果的预言性。关于从配对经验中如何产生决定行为的先行因素的研究，后面还要作一些简略的评述。有些实验设置了一些必要的学习条件，在这些实验中，可以最清晰地看到先行事件在调节攻击行为中的重要作用。如果攻击行为在某些情况下受到奖赏，而在其他情况下则没有奖赏，那么，改变预示可能发生的结果的情境事件，可以轻易地改变攻击反应的水平。

符号性期待学习

如果决定行为的先行因素只能通过第一手经验来确定的话，学习原理的说明性价值就将是有限的。然而，不足为奇的是，个体经常对那些成为定型的事和人作出情绪反应，而实际上与它们还未曾有过任何私人接触。这些倾向常常能在认知过程中形成，在认知过程中，那些有关原始经验的符号，不论是积极的还是消极的都能作为进一步学习的基础。

有些触发人们情绪的语词，通常能作为期待学习的工具而发生作用。那些想象中有关嫌弃和恐惧情感的语词，会产生新的恐惧和憎恶，相反地，那些激起积极反应的语词，可用来赋予有关事件以愉快的感觉。在一项有关这一过程的实验室研究中（Gale & Jacobson，1970），将侮辱性批评和一中性声音反复配对，不久，这一声音本身也开始诱发出生理上可测得的情绪反应。

具有触发作用的图形刺激，也可以促进情感的学习。例如，杰尔（Geer，1968）就把原来是中性的声音与恐怖的照片配对，从而使人们形成了对这种声音的自主反应。以身体特征和装饰作为性的诱发物这个巨大的跨文化差异中，也许最能戏剧性地证明学习过程的作用了。在一个社会里能触发人们性意识的那些特征，如肥胖或瘦削，挺立的半球形乳房或冗长下垂型乳房，光亮洁白的牙齿或乌黑尖锐的牙齿，斜歪的耳朵、鼻子或嘴唇，丰满的臀部或苗条的身姿，明亮的肤色或黑褐的肤色等，对于另一个社会群体的成员来说，可能是中性的或者是令人厌恶的。

拉赫曼（Rachman，1966）的关于如何产生物恋的一项大胆的实验，会有助于我们说明性触发的符号学习。在把女人的长筒靴的照片和具有性刺激的女人的幻灯有规则地联系起来以后，男人们会对单独的长筒靴表现出性唤起（根据阴茎勃起强度的增加而测得），并且，这种性反应还会泛化到其他类型的鞋子上（自不待言，这种异常的性反应在研究终结时，就被彻底消除了）。麦奎尔、卡莱尔以及杨（McGuire, Carlise & Young, 1965）提供的临床证据与上述这些结果一致。他们发现，异常的性行为常常是在手淫条件作用下形成的，这一离奇的性幻想在与手淫的愉快经验的重复联系下，产生了浓厚的情欲意义。

替代性期待学习

虽然情绪反应常常是从直接经验中学来的，但人们也经常在观察中获得它们。很多难以控制的恐惧，并非来自于自身的创伤经验，而是在看到别人对恐怖对象的恐惧反应，或是看到别人受到这些对象的伤害之后而产生的。类似地，对人、对事、对处境的评价，往往也是起源于范型的态度。

在替代性期待学习中，有些事件之所以会触动人的情绪，这是由于与观察者受别人的情感表现触发的情绪联系起来而造成的。旧原型的言语的、面部的及姿态上的线索所显露出来的情感表现，会在情绪上触动观察者。这种情感的社会线索，由于相关的人际经验，很有可能成为触发因素。也就是说，当人们兴致勃勃时，他们对别人就会和蔼可亲，产生愉快的效果，相反地，当他们精神沮丧，感觉不适，心情烦闷或者发怒时，在他周围的人就有可能这样或那样地遭受其害了。丘奇（Church，1959）的一项研究结果支持这种观点。相关的经验会促进替代性的情绪触发作用。他发现，某一动物的痛苦表现，会在那些共同遭受痛苦的动物身上激起强烈的情绪触动，而它对那些同样经历过痛苦经验，但这些经验与同类中其他成员的苦恼从未有过联系的动物，却没有多大影响，而且，那些没有遭受过任何灾难的动物，对它就无动于衷。

当人们的替代性情绪触发能力形成以后，他们就可以从观察别人的情感经验中对环境中的有关事物建立起情绪反应。在关于这一过程的实验室研究中（Berger，1962），观察者听到一中性声音，稍后，看到另一个人呈示痛苦反应（表面上看，他正受到电击，虽然实际上是假装的）。那些多次目击这一事件后果的观察者，尽管他们本人从未经验过与之相联的任何痛苦，但都开始单是对声音作出情绪反应。在日常生活中，烦恼会从不同的来源发生。例如，看到别人在工作中失败，或者看到别人焦虑地表露出内心受到威胁，都能作为替代性情绪学习的触发物（Bandura，Blanchard & Ritter，1969；Graig & Weinstein，1965）。

替代性的事件的中介联系也能产生防御行为和情绪触发。克鲁克斯（Crooks，1967）测量了猴子玩弄不同玩物的时间。后来，只要一范型猴子触到某一特定的玩物，其他猴子都能听到一种遭难性的喊叫，这种声音是从录音机里放出来的，而且，每当这一范型触到控制性玩物时，它们就听到身后发出同样的声音（但这种声音听上去不像遭难性的反应）。在其后的测验中，猴子观察者会随意地玩弄控制性玩物，而谨慎地避免触及那些看来会伤害另一动物的玩物。当危险确实存在时，替代性逃避学习具有不可忽视的生存价值。但是因为学习的机制并不是有选择地操作的，因而原型的不适当的忧虑，也会而且确实是传播了一些不必要的恐惧。

由于人与人之间的经验的相似性，因而从别人的结果中可以预示自己的结局,而且,这种相似性在替代性情绪学习中,是一个非常重要的因素。经常经历相似结果的人,可能会对落在别人头上的灾难有更强烈的感受,相比之下,他们在那些结果与无关的人遭受到麻烦时所产生的触动的程度,就要小得多。这可以部分地解释,为什么陌生人的得失,比起自己所依靠的亲友的苦乐来,具有更小的替代性情绪触发作用。

在某些移情作用理论中,人们认为,替代性情绪触动是在直觉到别人的经验和情绪状态时产生的。但在社会学习理论看来,范型的感情在一个中介的自我觉知过程中,产生了替代性的情绪触发,使得人们想象观察到的结果,主要是自己本人在类似的情境中发生的。这就意味着,人们通过把所观察到的结果加以个人化,比起通过采纳别人的观点来,更加容易触动情绪。斯托兰德(Stotland,1969)的观点与此一致,他发现在某个人经历痛苦刺激时,如果观察者想象他们自己如果遭受这一痛苦将会有何感觉,比起他们想象那个人有何感觉来,他们会对这一情境作出更强烈的情绪反应。

把别人的情绪经验呈示给观察者,并不一定会导致替代性学习。观察者会由于他们的思维与注意而降低范例的苦恼的情绪影响。一项替代性学习的研究揭示,中性化经验是观察者情绪触发水平的函数(Bandura & Rosenthal,1966)。那些具有中等情绪触发水平的观察者,自主反应的习得最迅速、最持久,而那些被最小或最大限度地触动的人,只能获得效果最差的替代学习,范例的痛苦反应对那些具有高度情绪触发水平的观察者来说,使他们非常烦恼,以致将注意力从受难者身上移开,并且心不在焉地逃避不愉快的社会情境。

期待学习中的认知功能

在行为理论中,那种通过配对经验和标定作用的经典条件作用学习,通常被看作是一种过程,在这里,条件刺激物直接而又机械地与无条件刺激物所激起的反应相联系。条件作用只不过是一个描述性术语，用来描述由配对刺激所引起的学习。它并不是对变化如何产生的一种解释。人们原来认为条件作用是自动地产生于那些同时发生的事件。但进一步的考察揭示，它实际上受到了认知的中介调节。

即使人们从反复的配对经验中还能够学到点什么，但是，除非他们认识到事件之间的相互关系，否则他们也不会学到很多（Dawson & Furedy，1976；Grings，1973）。查特杰和埃里克森（Chatterjee & Eriksen，1962）做的一项实验证明，觉知是条件作用的一个决定因素，而不是相反。当告诉受试者，在一连串语词联结中的某一特定语词后面，将伴有电击，这样，他们很快就形成了预期性的心率反应。相反地，如果让另外一些人知道，电击的出现并不是有规律地与他们的词汇相联系，那么，尽管他们也像前一觉知组那样经受相同的配对刺激作业，他们也不会产生自主条件作用。

有一些研究表明，情绪反应的消退，是诱导性觉知的函数。这些研究提供了有关预期反应的认知控制的最有力的证据。在这些研究中，有些人被告知，预料中的刺激物不再伴有痛苦事件，而另一些人没有被告知恐惧不复存在，然后来比较这两组人的情绪反应。在告知组受试者中，诱导性觉知很快地消除了恐惧情绪的触发和逃避行为，而未告知组的受试者，他们的恐惧只能逐渐地消失掉（Bandura，1969；Grings，1973）。

自我情绪触发功能

激发情绪反应的力量绝不限于外界的物理刺激。我们也可以从认知上去触发情绪反应。人们在想象令人作呕的经验时，会很容易地使自己感到恶心，迷恋在色情幻想中，会导致性的唤起，在恐惧降临的胡思乱想中，会徒然恐吓自己。而且，人们还会从反复回味在无礼的侵犯者手里的非人待遇中，使自己进入一种愤怒状态。的确，巴贝尔和哈恩（Barber & Hahn，1964）发现，想象中的痛苦刺激所产生的内心骚动和生理反应，与实际的痛苦刺激所诱发出来的情绪相类似。无可匹敌的棒球名将萨奇·佩吉（Satchel Paige）的长期棒球职业生涯，为我们提供了很多焦虑的自我触发的经验，他生动地描述了思维具有对内脏功能施加影响的能力，他告诫道："如果你心绪不好，你就躺下，用冷静的思维使之安定。"

用社会学习观点来分析，所谓的条件反应大部分被认为是在习得性期待基础上自我激起的，不是自动触发的。因而，关键的因素并不是不同事件在时间上共同发生，而是人们要学会从预料中的刺激物中预见到这些事件，并且学会发动合适的预期反应。好几个方面的证据（其中有一些前面已提到）证实了条件作用的自我触发的假说。

有的人觉察到某些事件将预示着灾难，对他们来说，这些事件激起了他们的恐惧触发性思维，这些思维转而产生情绪反应。有些人由于这种或那种原因，未能注意到先行刺激物将预示着痛苦的到来，这些人就不会产生情绪触发性的认识。结果，即使先行刺激物多次与不愉快经验相配对，这些刺激物也很少激起情绪反应。当我们同时测量偶联性觉知和条件作用时，就会发现，只有在获得觉知后，先行刺激物才能引发出预期的反应来（Dawson & Furedy，1976）。在发觉威胁已经停止后，条件性情绪反应就会突然消失掉，这也可以用自我情绪触发过程来解释。当个体有了这种知识的时候，先行刺激物就不再会激起恐惧性思想，因而就消除了情绪反应的认知来源。

根据自我情绪触发理论，在没有生理性的痛苦经验情况下，情绪反应能在认知基础上指向原来的中性事件而发生。格林斯和其他人（Bridger & Mandel，1964；Grings，1973）报告了一些有关这一课题的研究结果。在这些实验中，个体被告知，在某一特定刺激后，有时会伴有电击，但实际上，除了一个样组之外，这种情况从未发生过。在实验继续进行中，原来的中性刺激物由于与产生情绪反应的思想相联结，就逐渐成为情绪触发刺激物。

在期待性学习中，偶联性再认的作用已得到广泛的探究，但是相比之下，构成期待性学习因素之一的自我情绪触发却较少受到人们的注意。虽然没有偶联性觉知，就难以对先行刺激物建立预期的反应，但单有觉知也并不能保证这种学习（Dawson & Furedy，1976）。人们即使不根据某些事件的知识以行事，却也能够意识到它们。人们所产生的各类认知，将决定预期性反应的强度和持久性。他们越是相信过去的偶联关系仍然有效，他们预期的有效程度越高，那么，他们的预期性反应就越强烈（Dawson，1966）。

经典条件作用通常被描述为依靠与受试者的行为无关的配对刺激而发生的一种学习形式。这对于学习中运动反应的发生来说，可能是确实的。但是，从认知活动来衡量，内部的反应却是这一过程中的一个基本的成分。因此，在预测预期性反应的水平时，人们不仅要考虑对环境偶联刺激的觉知，同时也得考虑自我情绪触发的因素。

期待性行为受认知控制的程度各有不同，这可能取决于它们是凭借符号建立的，还是通过直接经验建立的。布里奇尔和曼德尔（Bridger & Mandel，1964）发现，不论中性刺激物是仅仅与痛苦刺激的威胁相联结，还是与同实际痛苦经验有关的威胁相联结，恐惧学习都是相似的。但是，从实际痛苦经验中产生的恐惧，不大容易受到认知手段的改变。当人们认识到恐惧不会再来时，思想—诱导性恐惧很快就消失了。相反地，起源于痛苦经验的恐惧反应，尽管自己知道真正的恐惧已经不存在，却仍会持续相当一段时间。

这些发现可以从几个方面去解释。一种可能是，像布里奇尔和曼德尔所指出的那样，情绪反应含有双重成分。一种成分是由自我情绪触发所产生，它容易通过改变一个人的思想而变更。第二种成分可能是一个没有中介的过程，它可以由外界刺激直接激发出来，因而要消除这种成分，就需要证实并没有这样的事的经验。例如，恐蛇症者看到蛇的一刹那，就已经自发地作出恐惧反应了，根本没有时间来考虑蛇这类动物的潜在危险。

另一种解释就是，当人们经历过痛苦经验后，即使目前他们受伤害的机会很少，外界刺激物也会成为触发恐惧思想的强烈的诱发物，致使它们不易受到随意的控制。告诉那些恐高症患者，叫他们可以放心从一个高层建筑物的顶上朝下看，因为边上装有护栏，但是，这些恐高症患者的思维却无法从可怕事物上转移开，因为他们仍然认为这些事件还是可能发生的。这里，恐惧仍然是以认知作为中介的，但是患者却在情境无论显得多么安全的情况下仍然不能控制他们的思维。

在实验室条件下，对恐惧反应的强有力的控制，与防御行为的顽固性形成了鲜明的对比。这种差异也许可用可厌的后果的严重性和可预见性来加以解释。在实验室情境中，实验者能完全控制痛苦结果的发生，因而他们能彻底消除相对微弱的威胁。相反地，人们在日常生活中极度害怕的事物，在一般情况下是无害的，但有时又会给人以严重的伤害，不像实验室里的情形，会给人以安全的保证。实验室产生的恐惧在结果不确定的情况下也同样是持久的。因此，损伤的可能性，不论多么小，都会抵消实际知识对行动的潜在影响。正因为如此，单有保证性的信息，也很难消除强烈的恐惧。恐惧的预料必须用反复证实没有这回事的经验来消除。

期待性学习的无中介理论假定，相联的事件必定记录在有机体的神经系统中。可以相信，在一些把受试者的注意力转向无关事件以降低觉知水平的研究中，记录下来的先行刺激物可能不足以产生期待性学习。把注意力集中到颉颃的事件上，则可以大大减少对内导输入的神经反应。例如在神经生理研究中（Hernandez-Peon, Scherrer & Jouvet, 1956），当一些猫盯着老鼠时，悉心闻着鱼腥气味时，或者遭受一些打断其注意力的电击时，它们对一个高音响的听觉神经反应就完全消失了。霍恩（Horn, 1960）指出在集中注意其他可见物和声音时，对一道闪烁光的神经反应也有类似的减弱。

如果人们将注意力指向外围特征或者无关事件，他们就既不能经验到也不能认识到先行刺激物。在这种情境下，期待性学习的未能出现，很可能被错误地归因于有意识的认知的不足，而实际上，它却反映了对刺激事件的感觉记录上的缺陷。要证明觉知对学习来说是必需的，将需要这样的证据，即不管配对刺激的神经记录是不是恰当的，除非认识到事件之间的关系，否则就不可能学会预期性反应。

各种发展理论通常在联结过程和认知过程之间作出严格的区分，这种区分具有如下意义：年幼儿童通过联结来学习，年长儿童则通过对输入信息的认知加工来学习。正如我们已经知道的，认知因素明显地影响着学习，其性质被普遍地认为纯粹是一种联结。正是这些联结的因素（诸如刺激物之间的联结的规则性与接近性）影响着抽取出事物之间的相关的容易程度。

从前面的讨论中很明显地看到，期待性学习比通常所认为的要复杂得多。在那些内外刺激物（有的与物理经验有着紧密的联系，有的则与物理经验间隔了较长的时间）的复杂联结中蕴含着各种情绪反应。先行刺激物能在替代性基础上或者与思想上所产生的情绪触动相联结，而获得激发能力，这又进一步增加了学习过程的复杂性。一旦刺激物具有了激发性，这种功能就会迁移到其他外形上类似的刺激物上，迁移到语义上有关的刺激物上，甚至迁移到在人们过去经验中偶尔相联的完全不同的刺激物上。

》 学习的先天机制

在学习不同的反应和不同的环境偶联时，学习的容易程度会有所不同，这是无可争议的。这些差异的一部分是由于有机体天赋的感觉运动和皮质结构的生理特点决定的。如果有机体缺乏适当的感受器，他们就无法受到感觉信息的影响，他们也不能学会超越其机体能力的各种行为。而且，有机体先天的神经系统，限制了他们对信息的中枢加工程度,限制了对他们所习得的行为的中枢组织程度。

塞利格曼和海格(Seligman & Hager,1972)提出一个有趣的观点,认为遗传禀赋也提供了一些特殊化的联结装置,决定着有机体如何受经验的影响。根据这一准备性原则,有机体在进化选择中在生物学上被构造成比其他物种更容易与某些事件发生联系。哪怕是最小的输入,只要与它们的联系是生物学上准备好了的,有机体都能学会,但对于那些没有准备好了的联系来讲,如果说也能学会的话,那也是非常费力的。对于不同的物种来说,联系的容易程度是不同的;也许,联系的容易程度对于各种事件,也是很不相同的。

我们可以收集到各种可靠的证据,来支持亚人类物种中存在特殊化的生物学的先天性程序(Hinde & Hinde-Stevenson,1973;Seligman & Hager,1972)。例如,在很多动物身上,疾病很容易产生味觉厌恶,但疼痛的电击却不会产生;电击能形成对视听刺激物的逃避反应,而疾病却不能。不管什么反应,只要它与某一物种的本性相颉颃,它就很难通过强化来形成或改变。而且,即使在动物的天然反应阻碍强化的时候,它们也可能坚持操作这些反应。塞利格曼和海格根据这些发现反对为不同目的服务的一般的学习机制,主张事件—特殊性的联结机制。

低等物种的学习,确实是在严格的生物学的约束下进行的,但这方面的证据并不意味着,人类学习也同样受事件—特殊性机制的支配。由于人类具有使经验符号化的高级能力以及有限的先天准备程序,所以,他们能够学习种类非常繁多的行为。他们不需要对每种活动都有一个特殊的联结机制,就可以学会打网球、造汽车、开飞机、建立社会体制和政治机构,以及采纳各种意识形态。先天的准备程序使动物以一种定型化的方式来对付在有限的栖息地生活中的重复出现的要求,但从进化上看对人来说却并无好处,因为人必须处理高度复杂而又瞬息万变的环境。在这种变化多端的生活条件下,除了对基本的生物学功能的调节之外,那种主要依赖组织行为经验的概括化学习机制,要比固定的先天机制具有更大的进化价值。人类不能等着原子弹轰击下的幸存者来演化出逃避核武器的特殊的先天素质。

当支配某一特定行为的条件,在不同物种间有差异时,从种系发生上比较简单的有机体泛用到人类上,将会使人产生各种错误的辩解。让我们考察一下上述的发现:在动物身上先行刺激物与疾病相联结,而不是与直接的电击相联结能够很容易地诱导出味觉厌恶感(Revusky & Garcia, 1970)。很多应用在酒鬼身上的可厌的治疗都显示出,在诱导他们对酒精的暂时性回避中,电击甚至消极的想象所产生的效果与把酒精饮料的视觉、嗅觉及味觉和药物诱导性恶心联系起来所产生的效果,是完全一样的。但两种方法都没有什么持久的效果。

最新证据表明,即使在动物身上,把学习的容易程度上的差异,归因于选择性生物学准备,为时还过早。在产生味觉厌恶的研究中,发现食物气味既与当时的电击相联结,又与稍后的再使人作呕的东西相联结。因此,配对经验的类型随配对的时间间隔而变化。现在看来,在获得厌恶感的容易程度上的差异,更多的是由于延搁的时间上的变化和刺激物的特性,而不是由于联系到反胃而引起的味觉线索不同所致。凯伦和瓦格纳(Krane & Wagner, 1975)证明,延迟的电击能产生对糖水的厌恶,而即时的电击则不能。相反地,即时的电击能够使有机体对伴有明显噪音线索的水产生厌恶,但延迟的电击则显得无效。该作者将产生厌恶的学习中的变化归因于这样的事实:食物的气味痕迹要比外部感受的(听觉—视觉)线索的刺激痕迹,更具有持久性。

在产生厌恶的实验中,持续时间、形成的过程以及不愉快经验的强度,也像时间的接近性一样没有得到控制。厌恶事件的性质上的这种变化,明显地影响着厌恶获得的容易程度。如果我们发现在类似的时间条件下,疾病比外部引起的疼痛能产生更大的厌恶,那么,在缺乏对厌恶事件的强度和持续时间的适当控制情况下,我们应该谨慎地看待根据先天的可联结性所作的解释。

探究决定学习的生物学因素的研究者,有时会怀疑传统的动物实验,主要问题就是在研究中能否选择任意的反应和任意的偶联。施瓦茨(Schwartz,1974)在一篇有关准备概念的有创见的评述中指出,正是因为这种任意性,才使得对动物学习的分析与人类学习有了某种关系。人们主要是在个体化经验的基础上组织和调节自己的行为。因此,如果我们来分析经验如何变成行为,以及行为又怎样受任意的偶联所控制,比起研究低级有机体在遗传上事先安排好去做的行动来,对探索各种影响如何作用于人类行为将会更有意义。

在学习的容易程度上的差异,不一定反映出先天的准备状况。有些偶联比其他偶联更容易获得,这是因为这些事件在时空上以有利于对因果关系的认识的方式协同变化的缘故(Testa,1974)。在这里,影响的因素是外部协变的可识别性,而不是有选择的内部的可联结性。经验的准备还明显地影响到学习的速度。经验可使先行刺激物更为突出,可以提供必须具备的能力,可以产生一定的诱因,以及培养各种习惯,这些都能促进或阻碍新的行为模式的习得。

把人类学习的差异归因于先天的准备状态,这会产生一些理解上的问题,这些问题在推测关于人类恐惧的起源中,可以得到说明。在塞利格曼(Seligman,1971)看来,人们在生物学上储备着某些恐惧事物,它们将终生威胁着人类的生存。不过,就它们对生存的威胁,就它们与直接的替代的或符号性的厌恶经验的相关程度来说,究竟何者能更好地预示这些人们所惧怕的事件,还有待证明。

在各种不同的人类焦虑中,那些与性活动有关的焦虑排列在最高位置。男性的阳痿和女性的性感缺失在进化上都很难发现什么有利之处。在进化过程中,被淹死的人可能比被蛇咬死的人更多,但恐蛇症比害怕水要更加普遍。蛇是从那些经验的联结中获得恐惧意义的，它与父母的恐惧示范有关，这种示范得到了可怕的个人经验、可怕的民间传说，以及危险的爬行动物例证的强化（Bandura, Blanchard & Ritter, 1969）。

在与厌恶经验有关的事物中，有生命的事物比无生命的事物更容易产生恐惧症。这是因为有生命的恐惧物，它们具有自由行动的能力，会出其不意地在不少预测的时间和地点突然出现，对人加以伤害。人们只能对活动的不可预测的恐惧物加以部分控制，这类恐惧物相比起那些同样可恶但可加预测而不能行动只要人们远离它们就很安全的恐惧物来说，更能证明焦虑泛化的原因。因而，正是在事件的性质上而不是在人类祖先的经验中，最有可能找到人类恐惧症为什么是有选择性的答案。

奥尔曼、埃里克松和洛夫伯格（Olman, Erixon & Lofberg, 1975）在一项有关先天准备的实验室测验中发现，把电击与面孔和房屋的图片配对，以及将电击与蛇的图片配对，可以同样容易地形成恐惧反应，但对面孔和房屋的反应能够更为迅速地得到消除。由于准备是根据获得的速度来定义的，因而，这一发现并不能支持我们所预期的以先天素质来解释关于恐蛇反应的学习。日常生活中房屋和面孔，反复地与中性的和积极的经验而且也与消极的经验相联系，而有关蛇的经验几乎一律是消极的。不同的消退速度更可能是由于不同时间和地点的不同的联系，而不是由于几代以前祖先所遭受过的被蛇咬伤的经验。

>> 功能失调的期待学习

偶联学习具有很大的适应性意义。不幸的是，正如前面所暗示的，它也能产生不必要的烦恼和有限的自我防御。这种功能失调，可以在好几种不同的情况下产生。

偶合联结

有很多事件是同可厌的结果一起发生的，在这些前前后后的事件中，有的确实与结果有关，而另一些却仅仅是偶然的巧合，由于人们的选择性注意，或者事件的特殊性，有时正是这种相偶合的事物，起了预示的作用。下面这封信摘自某家报纸的忠告栏，它为这类不适当的期待学习提供了一个有力的证明：

亲爱的艾比：

我的朋友给我安排了初次与某男人的约会，然而就在他戴着一个蝴蝶领结，出现在我面前的时刻，我就已感觉到信不过他。此后尽管我爱他坚如磐石，但他却别有用心地勾引我，然后对我撒谎，千方百计地欺骗我。我每次遇到像这样戴蝴蝶领结的男人，都会产生同样的感觉。我认为我应该告诫姑娘们：当心那些戴蝴蝶领结的人。

反蝴蝶领结者

上例中，写信人将强烈的反应泛化到蝴蝶领结上，而蝴蝶领结在人们看来，一般是不会与欺骗发生关系的。当她的预期猜疑达到能从戴蝴蝶领结的人身上唤起消极的对应反应的程度时，她的防御行为所产生的不愉快经验，就会使这种防御行为保持下去。偶合联结因此就转而为一个真正的相关物。在这一过程中，自我生成的现实，而不是过去曾有过但现在已无效的那些条件，保持了这一不适当的行为。

不适当的泛化

如果人们把与厌恶的经验有关的事件，过分地泛化到那些在物理上或语义上类似的无害事件上，他们就常常会产生不合理的防御行为。例如，在经常引用的华生和雷纳尔（Watson & Rayner, 1920）的研究中，对一个小男孩同时呈示大白鼠和突发的噪声，经过几次，他不仅学会了对大白鼠的惧怕，而且把这种惧怕泛化到其他有毛的物体上，如兔子、狗、毛大衣、棉花、绒毛，甚至人的头发。一般说来，无害刺激物与那些最初与厌恶相联的刺激物越相似，泛化的反应就越强烈。

无害事件还可以根据其语义上的相似性，经过泛化获得使人厌恶的性能。引用一个临床上的例子，沃尔顿和马瑟尔（Walton & Mather，1963）报告了一个妇女的病例，她深受被弄脏的强迫症之苦，因而要花掉她很多时间去做不适当的清洁卫生程序。这一强迫症型的强迫行为是由于她和某一已婚男人发生了爱情关系以后，开始产生一种强烈的"肮脏"内疚感。以至于最后，凡与性活动有关的各种刺激物以及各种形式的肮脏，都使她感到不安。

矫正性学习

消除防御行为的工作，至今主要仍是依赖交谈这样一种矫正方法。这样应用的结果，最终发觉交谈并不是改变人类行为的一种特别有效的方法。为了改变行为，人们需要一些关于矫正性学习的经验。

行为改变领域中的进展，有两种主要的不同趋势。这方面的区别在功能失调性抑制的矫正和防御行为中尤为明显。一方面，对改变过程的解释，越来越带有认知色彩。另一方面，行为矫正是建立在治疗基础上的操作，它在影响心理变化中，正显示出最大的威力。撇开所涉及的方法不谈，实际操作的治疗所取得的结果，比起那些把恐惧消除在威胁物的认知表象中的效果都要大（Bandura，1977）。符号性方法作为一种形式多样的操作定向研究的一部分，是大有作为的，但仅仅依靠它们还是不够的。

从社会学习观点看来，各种心理变化（且不论其方法）有一个共同的机制。如果我们承认心理变化是以认知过程为中介的，那么，理论和实践上的表面分歧就可以调和，但是，认知事件是最容易被在顺利操作中所产生的成功经验诱发和改变的。

各种心理学方法，不论其形式如何，都改变着对个人的功效期待。在这一分析中，功效期待和结果期待是有区别的，如图3的图解所示。结果期待在这里是指一个人对某一特定的行为将造成某种结果的估计。功效期待是指一个人能够成功地执行某种必须产生一定结果的行为的信念。结果期待和功效期待之所以被区分开来，是因为有些人尽管可以坚信某一特定的行动会产生某些结果，但他们怀疑是否能操作那些行动。

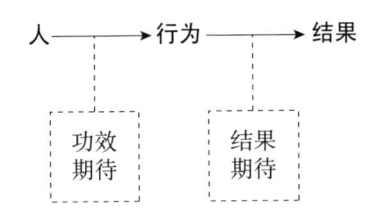

```
人 ——→ 行为 ——→ 结果
    │         │
  功效       结果
  期待       期待
```

图 3　功效期待和结果期待区分图解示意

人的信念的强度，就其本身的作用来说，决定着他们是否会努力去对付困难的情境。人们害怕和逃避他们以为自己不能对付的威胁性情境，而当他们认为自己能够成功地处理不怎么威胁他们的情境时，他们的行为就会果断而又坚定。

意识中的自我功效，不仅能够减弱预期性恐惧和预期性抑制，而且当人们开始作出努力时，由于对最后成功的期待，还能对这一努力起着促进的作用。功效期待决定着人们将花费多少精力以及他们在遇到障碍和使人厌恶的经验时，能够坚持多长时间。功效期待或成功期待越强，行为就越积极。有的人坚持去完成那些主观上受威胁但客观上却相当安全的活动，他们就会获得改正的经验，以进一步加强他们的功效感，因而最终就会消除他们的恐惧和防御行为。而那些过早地放弃努力的人，就会长时间地停留在自馁性期待和恐惧中。

个人的功效期待是建立在好几种信息源之上的。图4表示几种通常用来影响减弱防御行为的方法，以及每一种治疗用以产生掌握期待的来源。当然，任何方法都可能在一种或多种功效信息源的基础上发挥作用，这要取决于它们是如何被应用的。这一概念图式提出了一个共同的操作机制，用来说明在不同的治疗方式中获得的行为变化。

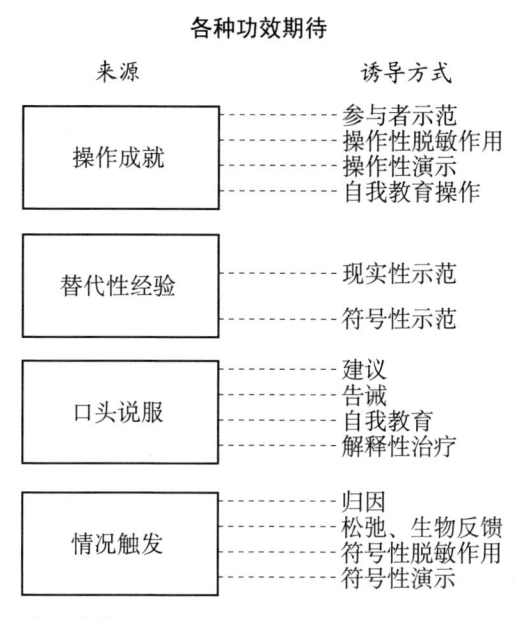

各种功效期待

来源	诱导方式
操作成就	参与者示范 操作性脱敏作用 操作性演示 自我教育操作
替代性经验	现实性示范 符号性示范
口头说服	建议 告诫 自我教育 解释性治疗
情况触发	归因 松弛、生物反馈 符号性脱敏作用 符号性演示

图 4　功效期待的主要来源以及不同影响方式借以发生的作用源

由于操作成就是建立在人们自己的个人经验基础上的，所以它们提供了功效期待的最可靠的源泉。成功的结果提高了掌握期待；多次的失败便降低这种期待，特别是在事件发展的早期发生不幸的时候，更是如此。在经过多次成功形成了坚定的功效期待之后，偶尔失败的消极影响，就有可能被减弱。偶尔的失败在实际上为后来坚持不懈的努力所克服，它们就可以加强自我激起的恒心，从经验中认识到，即使最困难的障碍，也能被不断的努力所克服。因而，失败对个人功效期待的影响，部分地取决于发生这些影响的经验的时间模式和总的模式。功效期待一旦被建立，它们就倾向于泛化到有关的情境中去。

很多期待来自替代性经验。看到别人从事危险的活动而没有什么有害的结果，就能在观察者身上产生这样一些期待：如果他们使劲和坚持他们的努力，那么他们也将最终获得成功。他们使自己相信，如果别人能够做到，那么他们至少也能在工作中获得一些进步。

可能影响掌握期待的一些示范变量，已被证明能够加强示范过程的解除抑制力量。当恐惧症患者看着那些胆小的原型经过不断的努力，逐步克服他们的困难时，比起观察那些熟练的原型从事不花力气的工作来，收益会更多（Kazdin，1974a；Meichenbaum，1971）。有关原型的其他方面的相似性同样可以增加符号示范作用的效果。观察一个原型从事解除抑制的行为而获得有益的结果，要比看到同样的操作但没有任何明显的结果能够带来更大的改进（Kazdin，1974c，1975）。各种不同的原型多次从事观察者认为是危险的活动但都显得安然无恙，这种多样化的示范作用，比起单一原型的相同操作来更为有效（Bandura & Menlove，1968；Kazdin，1974b）。如果具有各种不同特征的人，都能够成功，观察者就有理由据以提高其自我的功效感。

口头说服已被广泛用于影响人们的行为，因为这种方法稳妥且便于使用。通过劝导性建议，人们能够从说服建议中相信他们能够成功地对付那些过去曾使他们难以对付的事件。用这种方式所诱导出来的功效期待，有可能是微弱而短暂的。如果面临令人不安的恐惧物，并且长期以来对付它们总是失败的，那么不管用什么说服建议所诱导出来的成功期待，都将很快地被不坚定的经验消除掉。几方面的研究结果都证实了口头说服是软弱无力的，尽管它可以使人产生期待，但却没有为功效期待提供一个可靠的经验基础。

情绪触发能够在恐惧情境中影响功效期待。人们判断一个人对紧张刺激的焦急和软弱心理，部分地根据他的生理上的情绪触发。因为强烈的情绪触发通常会妨碍操作，因此，当个体不被使人厌恶的情绪触发所困扰时，比起他们在紧张、心神不定以及内心激动时更可能期待成功。恐惧反应会产生进一步的恐惧。

从归因角度进行研究的研究者（Valins & Nisbett，1971），试图通过直接操纵情绪触发的认知标记来矫正逃避行为。他们假定，如果使恐惧症患者相信，他们以前害怕的事物，已不会再使他们受惊，那么，单是认知上的再评价，就能减少逃避行为。弄清情绪触发的归因上的错误，是归因理论矫正恐惧行为的另一种手段。这种方法就是设法使胆小的人相信，他们的情绪触发是由一种非情绪源引起的。当他们不再把他们的激动状态看作是焦虑时，他们的行为就会大胆得多。应用这种方法，对适度的恐惧可能会有所减弱，但是错认情绪触发的刺激物或者把它归因于错误的来源，要减弱强烈的焦虑，就不那么有效了（Bandura，1977；Borkovec，1973）。例如，严重的恐高症患者，也许会暂时被哄骗住使他们不再害怕了，但当他们遇到可怕的高度时，他们又会再次经验到莫名其妙的内心恐惧。

除了上面分析的决定期待的因素之外，情境条件也影响着功效期待。有些情境比起其他情境来，需要更加艰苦的工作，并面临着较危险的可怕结果，成功期待也就相应地不一样。例如，在公开演说时，人们意识到的自我功效水平和强度，将随他的主题、表现形式以及出席的听众类型而不同。在情境不确定的条件下，最有可能出现成功期待与操作之间的脱节。

把示范作用与有指导的参与作用结合起来的治疗，在消除功能失调的恐惧和抑制中，显得最有效（Bandura，1977）。以参与者示范作为改变心理特征的主要手段，治疗操作就可顺利地进行。对有的患者逃避他主观上认为实有的但客观上却并不存在的恐惧刺激，他的行为就与现实的强化条件无法对应。进行参与者示范就有可能获得迅速的现实检验，为行为的改变，提供正确的经验。

那些深受对付不了的恐惧和抑制之苦的人，是不会去做他们所害怕的事情的。因而，在进行参与者示范时，治疗家就创造了一个环境，使病人能够顺利地完成他不会去做的事。这是利用各种反应诱导的支柱来实现的。治疗家首先以容易掌握的方式示范一些危险性活动。然后，病人可以在适当的指导下尝试所示范的行为，直到他们能够熟练而无所畏惧地去做这种行为。如果他们不能这样做，那么治疗家可以介绍一些最终能保证他们成功地操作的帮助。由于治疗家在必要时给病人提供外在的帮助，所以与治疗家结合起来操作，可以使害怕的病人去从事他们独自一人时所拒绝从事的那些危险活动。如果出现困难，就利用逐级的子任务和子操作，逐渐延长时间来保证其不断的进步。设置保护性条件来减少恐惧后果产生的可能性，是使妨碍改变的功能失调性束缚减弱的又一种手段。如果这些环境设置还不足以诱导出预料中的行为，减少危险事物本身的严重程度，那种使人无能为力的束缚就会被克服。

随着治疗的深入，那些辅助性支柱就可撤销，病人就能在不经帮助下有效地应付面临的情境。这时，自我指导下的掌握经验，就可用来强化个人的功效感。通过这种形式的治疗，无能为力的病人恐惧就可消失，成为能够从事他们以前抑制过的活动，而且，对他们曾憎恶过的事物形成一种更加积极的态度。那些慢性恐惧症患者，曾饱尝一次又一次的噩梦之苦，在他们的恐惧症被消除之后，他们再也不会去经受可怕的梦境了。

由于期待的测量主要涉及人们的希望而不是他们的掌握感，所以，对于期待和操作之间的关系的经验性检验，一般只获得一些不很有力的结果。而且，虽然期待是一个静态的、单维度的因素，但它一般是根据全面的自我评价来测量的。功效期待不同于结果期待，结果期待通常是在行为改变的期待分析中测量的。在对结果期待的一些研究中，参与者只是判断他们从某一特定方法中希望获益多少。这些总体性测量实质上包含着患者的希望、妄想、对这些治疗程序有效与否的信念以及对治疗家的信任等各种主观经验。这种测量与行为改变的程度关系不大，也就不足为奇了。

各种功效期待有几个不同的方面,这几个方面都具有重要的操作意义。首先,功效期待有大小上的差异,因而,当我们根据难度水平来安排任务时,不同个体的功效期待可能是有的限于比较简单的任务,有的可达到中等难度的任务,有的甚至包括最困难的操作。其次,功效期待在普遍性上也存在差异。某些类型的经验仅仅产生有限的掌握期待,而其他类型的经验则灌注进一种更为泛化的功效感,远远超出了特殊的治疗情境。另外,功效期待在强度上也有差异。通过动摇经验,弱的期待很容易地由于不坚定经验而消失,而有强烈的个人掌握期待的人,则不顾各种劝阻的经验,在他们的应对过程中百折不挠。

因而,一个有意义的期待分析,需要对功效期待的大小、普遍性和强度进行细致的评价,要与测量行为变化那样同样精确。这一分析的结果表明,在操作成就基础上进行的治疗,要比单独用替代性经验能产生更高和更强的功效期待(Bandura, Adams & Beyer, 1977)。行为改变与期待变化的大小紧相对应。功效期待越强烈,成功地处理危险性任务的可能性就越大。

动作的一些先行决定因素

相同的行为往往有不同的效果,这在许多因素中主要取决于时间、地点和它所指向的人。例如,在一个繁忙的交叉路口开红灯时驱车闯过与在绿灯时穿过所带来的痛苦结果是不同的。如果某些情境的、符号的以及社会的线索的变化有规则地与不同的反应结果相联系,这些线索就能作为行动的动因和指导。因此,人们就密切注意他们环境中预示强化的各个方面,对那些不预示强化的方面就加以忽视。根据对反应结果具有预示作用的先行事件去调节一个人的反应的能力构成了预见行为的机制。

刺激物由于与不同的反应结果相关联,因而就获得了预示性意义。这一过程的传统解释，主要归因于一种说不清楚的影响方式，就是那些反应只在某些线索出现时得到奖赏或惩罚，而在其他场合则从不出现。在很多情况下，刺激物的预示作用无疑是由于与反应结果的实际相联而形成和保持的。但是，人们的符号能力也能使自己获得这种信息，而无需在所有的不同情境中都要用反应来揭示每一刺激物所表示的可能的结果。大量的偶联学习实际上都是从描述情境的语言解释中获得的，说某些特殊的行动是该奖赏的，而某些是该惩罚的。例如，一个人想学习某一类在法律上受禁止的行为条件，他不一定要去经受法律的后果。

人们经常在既没有个人经验也没有对可能的反应结果作解释的情况下适当地行事，这是由于人们通过观察了别人行为如何在不同情境中受到强化，因而替代性地得到了有关预示性刺激物的信息的缘故。虽然在所见所闻基础上形成的判断常常指导着行动，但是要保持通过言语的或替代的方式建立的先行决定因素，通常还需要定期地用直接经验加以确认。行动的效果大都是以社会为中介的。因此，预示性的社会线索在人的行为调节中起着特别重要的作用。儿童们在他们的双亲面前往往表现得很不相同，他们按照各自父母的训练方式来行为。一个自闭的儿童跟他慈母在一起时，他随意地表现他的破坏性行为，但他在不容许发生攻击行为的父亲面前就很少这样做，下面是有关这一自闭的儿童的报告，它清晰地例示了这一过程：

> 只要她的丈夫在家，比利就是一个乖孩子。他知道他父亲会因为他的不守规矩很快地、无情地惩罚他。但当他的父亲离家时，比利就会走到窗口，直看着汽车开走。汽车刚一走，他就突然变了……"他会走到我的衣橱边，撕碎我的晚礼服，并且在我的衣服上撒尿。他会砸坏家具、捣烂墙壁，直到满屋子伤痕累累。他知道我喜欢给他穿漂亮的衣服，所以他常常将衬衫上的纽扣扯下来，而且他想做什么就做什么。"（Moser，1965，p.96）

在一项关于行为如何受社会调节的规范研究中，雷德和本布劳尔（Redd & Birnbrauer，1969）布置一个成人奖励一组爱独居的儿童中合作地游戏的人，布置另一个成人不管儿童怎样行为一直对他们平等地进行奖励。后来，只要奖赏的成人一偶联地出现，就会激起合作的游戏，而非偶联的成人，对儿童的社会行为没有什么影响。如果两位成人调换他们的强化措施，他们诱发游戏行为的权力就相应改变。

人们通常都是在更为微妙的社会线索的基础上调节他们的行为。我们常常看到，有些父母急于向他们的孩子发出命令，但却往往不知道他们的要求是否引起孩子的注意。在这种情况下，孩子最终学会忽视那些以温和音调发出的要求。父母的生气成了一个预示的线索：将强迫你顺从，以至于只有大声叫嚷才能有效。其结果是，很多家庭都在一个噪声相当高的环境里生活。

示范影响的决定因素

任何时刻都有大量预示性线索影响着行为，没有比别人的行动更普通更有效的了。别人拍手时，人们常常拍手欢呼；别人笑时，他们也笑；看到别人避开那些社会事件时，他们也走开。在无数其他的情境中，他们的行为是由示范影响促动和传递的。

别人的行为由于其相关联的结果而获得了预示性意义，这与非社会的物理刺激物和符号刺激物基本上是一样的。如果与别人同样地行为产生了奖赏结果，示范线索就促进着相似的行为，但是，如果与原型不相像的行动受到强化，示范线索就诱发出各种不同的行为。由于人们通常总是发扬确有价值的行为，因而好的榜样比令人厌烦的尝试错误要有效得多。所以，通过依靠有见识的原型的行动，新手们就能在不同的场合和不同的事件中恰当地行动，而不一定要从别人对他们的摸索性操作做出厌恶或愉快的反应中去发现构成可接受行为的东西。常言所说的"入乡随俗"，就是指示范线索的功能价值。

榜样在诱发和传递行为中的威力，在实验室研究和现场研究中都可得到证实。一个人若是做出某种行为的榜样，他就能使别人去利他主义地行为，去自愿地服务，去延迟满足或者寻求满足，去表达爱，去惩罚别人，去喜爱某些食物和衣着，去谈论某些特殊的话题，去产生好奇或冷淡，以及去从事任何其他各种活动。在某一特定的社会场合中盛行的原型类型影响着在很多人的特质中哪一些将会有选择地被仿效。

示范影响指导着人们的行为，但在影响程度上有所不同，并非所有的原型在诱发他们所表现的行为类型中都有相同的效力。对示范线索起反应的力量主要取决于三个因素，而这三个因素又多半是从与反应结果相关联中获得其触发力量的。它们是原型的特征、观察者的特性，以及与匹配行为相联的反应结果。

在原型的特征方面，那些地位高、能力强和有权力的原型，在促使别人产生相似行为方面要比身份较低的原型更为有效。一项对于夏令营儿童中行为仿效的现场研究表明了有威望的原型的力量（Lippitt, Polansky & Rosen, 1952），研究者在没有要求别人仿效其榜样的情况下，记录了儿童模仿其同伴行动的次数。有几个具有较大权力的男孩充当了社会行为的主要来源。他们的行动为别人树立了一种风格。而且，列夫柯维茨、布莱克和莫顿（Lefkowitz, Blake & Mouton, 1955）更加有力地证明了有威望的原型的影响。如果行人看到一个身穿长官服装模样有高地位的人闯红灯时，他们也可能学他样；但如果同一个穿了打补丁的裤子、旧鞋和粗蓝布衬衫的人同样地违反交通规则，别人模仿他的可能性就小得多。

要解释为什么地位能加强示范行为的暗示功能并不困难。名人的行为比那些在职业的、智慧的或社交的能力上相对说来较低的原型的行为更可能获得成功，因而对观察者就有更大的功能价值。当效仿不同的原型带来了各种各样的结果时，这些原型的身份的特征和标志在预示不同原型所例示的行为的可能结果中,就具有了信息的价值。

人们有时候会摸不透示范行动的含意。在这种情况中,他们就必须考虑下列一些线索:一般印象、谈吐、风格、年龄、社会经济的成就标志,以及表明过去成绩的专家评定意见等等。原型的地位效应会从一个行为范围泛化到另一个行为范围,例如当著名运动员表现出喜好早餐的食品时,它也会影响别人的选择,就好像他们是营养学专家一样。原本不熟悉的人也会由于他们与原型的相似性而受到影响,就因为原型的行为过去曾被证明是成功的。

心理学家在辨认那些对示范影响最敏感的人的类型上,也予以一定的注意。那些缺乏信心和自尊的人是依赖性强的人,那些常常因为模仿而得到奖赏的人特别喜欢采用有成就的原型的行为。但并非只有这些人才能从榜样身上得到好处。这些一般性的相关主要是根据一些特殊的研究结果得出的,在这里,原本不熟悉的原型所例示的一些反应,在离开这一直接情境时,对观察者就很少有或没有功能价值。一般观察表明,有主见和自信的人乐意模仿理想化的原型和那些行为非常有价值的原型,那些缺乏自信的迟钝的依赖性强的学生,在观察教员、脑外科医生、飞机驾驶员,或者创造发明者的熟练操作中,绝对不会比那些聪明而自信的学生得益更多。如果把示范过程明确用来发展各种能力,那么,那些越是有才能、越是大胆的人就越是容易从观察范例中获得更大的好处。

由于示范行为的功能价值大大超过原型或观察者特征的影响,因而与范例有关的特质的泛化,我们必须有保留地接受。在原型的行为可能会有什么结果还不清楚时,他们的特质产生着最大的影响。因而,我们必须从现象上以及成就业绩中来判断示范行为的可能的价值。一个有威望或有吸引力的原型,可能会诱使一个人去尝试某一特定的行为,但如果这一行为显得不理想,那么,它将被抛弃,而且原型的进一步影响将被消除。因此,在一些反应结果尚不明显的条件下所进行的研究,可能夸大了原型特征在后继的行为指导中的作用。

偶联规则的抽象作用

有些预示不同行动效果的环境特征通常是许多搞不清的无关事件的一部分。尤其复杂的是,很多支配强化的偶联与多方面的因素结合成一些整体结构性的行为规则。为了说明这一点,试考察一项实验作业:研究者在不同的时间、地点以及在不同的社会情境下要求人们评价酗酒的合适性。这三个因素以及很多无关线索(如正在饮的酒的品种、酗酒者性别)构成了一组不同结合方式的图像。我们把那些显示一个成人晚上在家里或在酒吧间与别人一起喝酒的图片任意地命名为"可接受的",而把白天在家里或在工作场所一个人喝酒叫做"不合适的"。当人们根据临时推测试图判断哪些因素是有关的时,他们就能得到有关正确与否的反馈。

他们在开始时选择某些方面作为反应的根据。但由于他们不能立即想出分类的规则,因而起初的判断大部分是不合适的。但是,因为在某些描绘的情境图片中所选择的有关因素是正确的整体结构性中显现的一部分,所以,他们的少数判断可能是合适的。比较了在正的和负的事例情境中不同的各种情境特征,与正的事例相同的其他方面也就被选择出来并受到检验。根据进一步的信息反馈,人们将继续修正他们的猜想,直到他们最终抽象出本质的特征,并将它们联结成一个多维度的偶联。在这个例子中,预示的整体结构性就是包含时间的、社会的和情境的特征几方面的联合体。

人们根据多维度的偶联调节着他们的行为,在这一过程中,他们必须识别预示性因素恰当地估计它们并且将它们组合成普遍的行动规则。早先在观察学习中分析过的各种子功能,在从直接的或替代的经验中获得规则的过程中也发挥着作用。人们根据其预备的心向、习得的偏好以及固有的特征显著性用心地选择着某些线索。然后,他们就从外显反应的信息反馈中对他们的猜想寻求行为上的证明。经过选择、检验以及修正他们的猜想，他们最终将有关因素组合成正确的整体结构性规则。因此，注意过程、认知加工、行为再现以及反应结果在规则学习中都起着一定的作用。

应该再一次强调，大多数的行动规则是通过教学来传递的，而不是从直接经验中发现的。这一点容易被人忽略，因为撇开其普遍性不谈，这种教导式学习在心理学理论中和实际研究中很少受到人们的注意。各种行为理论倾向于强调从一个人自己的成功和失败中学习。皮亚杰派理论强调在一个人自己临时凑合的经验基础上逐步发展。实际上，通过示范和教学以及从一个人自己与环境的交相作用的信息反馈中都能够促进学习。

有缺陷的偶联学习

能起作用的功能通常需要对环境中的微妙变化的辨别反应。某些行为失常主要反映出不适当的偶联学习；这是由于错误的强化措施或者由于在压力下这一功能的丧失所致。人们在严重的威胁下比在轻微的威胁下更难区别环境的关键特征和无关特征，而且，那些对情绪触动敏感的人在这方面会受到最不利的影响（Rosenbaum，1956）。

由于符号交往在人类关系中的重要性，对语言线索的缺失性反应或不适当反应都会带来严重的后果。艾利翁及其助手曾建立了一套矫正精神错乱行为的程序，其中一部分是他们为语言功能如何会受其结果有关的特质所削弱和恢复提供了很多证明（Ayllon & Haughton，1962）。在一项研究中，一组有严重慢性进食问题的精神分裂症病人，对进食通知或劝食完全没有反应。为了他们的健康，护士陪同他们到饭厅去，用汤匙喂，用软管喂，并且对他们进行其他婴儿式的治疗。似乎护士的哄骗、劝说和喂食无意中强化了这一进食问题。由于奖赏对言语要求没有反应，语言就逐渐失去了它的功能。因此，我们就撤销了所有有关忽视对进餐时间的通知以及拒绝进食的社会性奖赏，采取了在进餐铃声响过以后，餐厅连续开放 30 分钟，任何在这段时间里不去餐厅的病人就将失去这一顿。这样实行以后，病人就都以适当的规定的方式按进餐铃声自己去进食了。

古怪的偶联会产生特殊的行为，如果不了解社会学习的情况，这种行为将是令人费解的。利兹等（Lidz, Cornelison, Terry & Fleck, 1958）报告了一个病例，家中几个兄弟的精神分裂症病人，特别相信一桩离奇的事：言辞不一致就会便秘。但如果考虑到存在于这一家庭中的偶联，就完全能理解这一特有的观念性行为，每当儿子们与母亲不一致时，她就告诉他们，他们会发生便秘，要动灌肠手术。然后给这些男孩脱掉衣服，进行灌肠。这一措施给不一致赋予了一层最不寻常的意义。

如果不注意示范的影响，观察学习的机会就很有限，那么，要发展个人的能力就不那么容易。在洛瓦斯（Lovaas, 1967）在关于自闭儿童的语言学习研究中指出了错误的强化手段是如何抵消榜样作用的。自闭儿童缺乏交往性言语，因而只有在奖赏与合适时言语再现发生偶联时，他们才能很准确地模仿治疗家的言语表达。如果同样的儿童得到同样慷慨的奖赏，但不考虑他们的言语表达的性质，那么，他们的言语能力将逐渐衰退，以至于治疗家为其示范的语言行为没有什么相似之处。恢复合适的偶联就能恢复示范影响的功能。当自闭儿童具有对强化结果的预言能力时，他们对环境事件显然就不再缺乏敏感了。

第四章
后继的决定因素

如果人们在信息众多的环境线索下能有预见地行动,但却不能受其行动结果的影响,他们就太迟钝以致不能长久生存了。实际上,行为在各方面都受其结果的调节。人们倾向于淘汰那些导致无奖赏或者惩罚效果的反应,而保留那些产生奖赏结果的反应。因此,如果不去探究反应结果的调节作用,就不能充分地理解人的行为。

各种行为理论历来把行动的先行调节与后继调节区分开来。这一区分所根据的假定是,行为直接被它的即时结果所加强或减弱。由于行为的可能性受以后事件的影响,所以,行为控制并不意味着只限于即时结果那一点上。从前面的讨论中,我们应记得,结果多半是通过其信息价值和诱因价值来决定行为的。一般说来,反应结果是通过对未来情况产生相似结果的期待而居先地影响行为的。预期着的奖赏增加特定行动的可能性,而预期着的惩罚则减少这种可能性。

正如前文曾简要述及的,行为是与其积累起来的强化结果有关,而不是与其一时的结果有关(Baum,1973)。也就是说,人们并不对各个孤立经验的一时的反馈信息作出反应,而是在一段较长时间里,从一系列与强化所必要的条件以及行动所产生结果的模式与速度有关事件中加工和综合反馈信息的。正是由于这个原因,大量的行为只要偶尔的直接强化就能被保持。由于结果是通过统整的思维来影响行为的，所以有关强化程序的知识比强化本身，能够对行为产生更大的影响（Baron, Kaufman & Stauber, 1969; Kaufman, Baron & Kopp, 1966）。

行为的结果如何调节行为，这方面的研究主要是去探究那些直接发生的外部结果。有些理论只是看到外部结果的作用，并且认为正是这些结果自动地形成了行为，在这些理论中，人主要地被看作是对环境影响的反应者。但是，通常看作是一种影响的外部结果，并不是决定人类行为的唯一的一种结果。人们也部分地根据所观察到的结果以及为自己创造的结果指导着自己的行动。下面将详细讨论这三类建立在外部的、替代的以及自我产生的结果的基础上的调节系统。

外部的强化

那些应用逆向设计的研究，为行为如何受其结果影响，提供了最有力的证明。人们用这种方法可以在自然的底线上记录下一个特定行为的发生情况。然后，在连续地施加和撤销强化影响时，可测得行为的变化。

强化方法在各种执拗行为的矫正上的应用，可以作为这一研究的典型事例。哈里斯、沃尔夫和贝尔（Harris, Wolf & Baer, 1964）报告的大量病例中的一个病例可以说明连续的逆向过程。首先，对一个有困扰的人观察一段时间以决定其失调行为的出现频率、它发生的背景条件以及别人对它的反应。这一病例是一个行为退缩的儿童，大约有80%的时间他在保育学校的一个孤立的地方蹲着。对他的观察揭示出，当他退缩时，老师就给予极大的关心，同情他的孤独感，安慰他，鼓励他和同伴一起游戏，这就无意中强化了他的退缩癖性。当这个儿童偶尔碰巧和其他儿童在一起时，老师倒反而没有加以特别的注意。

在这项计划的第二阶段，设置了一套新的强化措施。老师继续对上述病例加以治疗，他们不再用关心和支持来奖赏病人的退缩癖性。而是在这个男孩找到其他儿童时，老师就参与这个群体中去，并全神贯注于这个群体。在一个很短的时间里，这个儿童的退缩行为明显地有所改善，大约有60％的时间他和其他儿童在一起玩了。

在获得预想的变化以后，最初的强化措施可再用来决定功能上失调的行为是不是实际上为它的社会结果所保持。在这第三阶段中，教师又以他们习惯的方式来行事，对这一男孩的社交能力不加关心，只是在他退缩时作出安慰性的反应。这一有意思的做法的结果是促使这个儿童又返回到退缩癖性中去。这样一些结果是强调必须重视社会措施对接受者的影响，而不是去重视执行者的人道主义意向。

在最后一个阶段，重新应用了那些有益的偶联，消除那些功能上失调的行为模式，奖赏那些合适的行为模式，直至这些行为模式恰当地为自然结果所保持为止。就这个病例说，当这个男孩在与同伴们游戏活动中逐渐发生兴趣时，教师就逐步减少对他们的鼓励和关心。在随后的观察中，这个男孩就一直喜爱他的社会关系，这和他最初的退缩癖性形成了解明的对比。

在很多应用诱发方法研究儿童和成人的其他研究中，各种各样的有害行为——包括自我行动、攻击行为、身心机能障碍、妄想性偏见、自闭行为、慢性厌食症、心因性抽搐、哮喘发作、精神病症状以及其他持续的行为异常——都已通过改变它们的强化结果而被成功地消除、恢复和再消除。

有些在获取有价值的奖赏中证明很有效的行为变化，并不总是那么容易逆转（Baer & Wolf, 1967）。而且，即使在行为可能是有逆转效果的情况下，如果把它消除以后又来恢复这种行为，就得考虑会引起一个道德上的问题。因此，多相基线方法经常用于研究强化过程的一种逆向设计途径。这就要求事先测量好几种行为的基线，然后把强化依次应用于一种行为，接着，第二种行为，等等。在进行强化的那一时刻，各种行为一般说来，都会发生本质性的变化。

强化的调节作用几乎在行为功能的所有形式中都得到了证明。直到最近，人们才普遍相信，我们能从外部触发情绪的生理状态，但并不是由于受行为结果的影响。现已公认，通过外部反馈能将机体的功能调节到一定程度。应用生物反馈程序，能够促进内脏控制的学习，在这些程序中，被试从一个测量和指示生物活动水平的装置上得到各种反馈信号，据此就能改变他们的内部状态。应用这些手段可以教会人们改变他们的心率，提高或降低他们的血压，消除紧张性头痛，减少胃酸分泌液，增加损伤的血液循环，以及改变其他的内部功能（Blanchard & Young, 1973; Miller, 1969; Shapiro & Schwartz, 1972）。但是，没有什么证据支持早期的主张，即人们可以通过反馈来产生大量的脑电波以获得内部的平静。

人们在人工反馈的帮助下可以获得机体控制，这一事实并不意味着人们在自然条件下也能进行这种控制。这种控制能否成功取决于对改变生物功能的有效技术的学习。的确，有些初步的研究结果表明，人们运用其他调节生物过程的方法，比起仅仅依赖生物反馈装置而不告知他如何应用来，能更好地进行机体控制（Blanchard & Young, 1973）。但是当人们已经具有了产生内部变化的手段时，反馈却是最有用的。

有好几种机制能获得对机体功能的控制。有一种方法是通过肌肉机制来进行的。内脏反应可以从自我诱导的松弛中得到改变。布津斯基、斯托伊瓦和阿德勒（Budzynski, Stoyva & Adler, 1970）成功地应用了生物反馈和松弛方法治疗由于头皮和额肌的持续收缩而引起的紧张性头痛。使病人听到一个声音，其频率和检测额肌上的肌电活动成正比。治疗家告诉病人，放松他的面部肌肉，可以使这一声音降低。随着病人在肌肉松弛上更为熟练，就一步步地提高这个标准，这样，他们要获得低音量的声音，就需要越来越深的松弛。用这种方法使那些数年来每天都经受头痛的病人，不再产生面部肌肉的紧张，因而最终消除了他们的头痛。其他研究的结果也显示，在减少偏头痛、失眠和降低血压水准上，自我松弛的训练和生物反馈一样有效。这些结果指出，生物反馈可能是一种麻烦的使人们放松肌肉的方法。

没有肌肉活动的中介作用，躯体控制也是可能的。另一种调节方式是通过注意机制而发挥作用的。把注意力集中到中性事件上，并排除内脏的情绪触发刺激，也能改变生物功能的活动水平。冥思技术包括对梵文词汇和圣歌或咒语作选择性的注意以限制一个人思维的内容，就能产生可以测量的那些躯体变化。那些非冥思程序只需人们舒适地坐在安静的场所，闭起双眼，将注意力集中到不引起情绪触发的事件上就行，这样的方法也很有效。

调节机体活动的第三种方式与认知机制有关。认知活动也可以产生内脏活动，人们可以通过触发思维来升高他们的血压，加速其心率，增加其胃液，以及加强其肌肉紧张。相反地，他们也可以通过镇定思维来减少这些躯体功能。不同的思维系列可以引起生理活动上的瞬息波动，测量这些瞬息波动的研究指出，情绪性的自我诱导思维，可以加强触发作用，中性思维可以降低这种触发作用（Schwartz，1971）。在生物反馈训练时，让人们按自己的设想办（如通常所做的那样），很多人会碰巧用认知策略来控制他们的生理活动。

有一个问题值得注意，那就是生理上的自我调节是否涉及一个强化过程。如果强化被看作为一个自动的反应加强物，那么回答就是"否"。但如果根据其促动性功能来看待强化，那么反馈可以作为矫正反应的自我动机的来源之一。一个人生理活动水平的信息检测，为建立目标提供了基础，从而促使人们努力去达到这些目标。

诱因的层次发展

人们发觉到强化的事物，也可作为经验发展的结果而发生变化。最初，婴儿和幼儿主要是对涉及食物、疼痛刺激和身体接触等直接的物质性结果发生反应。父母不可能用什么自我实现的兴趣或学习的乐趣来使儿童避开火炉或喧闹的街道。那些早期的、原初的诱因,不仅其本身的作用是重要的,而且也为符号性诱因提供了基础。

在发展过程中,那些物质的奖赏性经验反复地与别人感兴趣和赞扬的表示相联系,那些不愉快经验与谴责相联系。由于这些事件经常联系在一起,这些社会反应本身就成了原初结果的预示物,因而也就成了诱因。作为诱因的社会反应的有效性来自于它们的预示性意义而不是反应本身的固有特性。因此缘故,具有执行奖赏和惩罚威力的那些人的褒贬,要比无关的个体所发生的类似表示更有影响。

人际强化物的威力与好几个因素有关。类似的社会表示能预示各种奖赏或惩罚经验。例如,指责能导致诸如物质性惩罚、剥夺权利、处罚、不予关心和注意以及驱逐这类不愉快结果。如果某一事件可预示各种可能的结果,那么,它将比只能预示一个单一的结果具有更大的影响。而且,社会反应并不总是和原初的经验在一起:赞扬不总是带来奖赏,谴责也不总是导致惩罚。这种不可预期性减弱了期待敏感性的消退。

由于各种相关物的周期性和多样性,社会强化物即使在最小的原初经验支持下也可保留其诱因功能。社会诱因的发展对于社会学习和成功的人际关系具有重要的意义。这类诱因为人们提供一条相互影响的方便途径,而无需持续地诉诸物质性结果。

有些儿童教育权威人士极力推崇这样的观点:健康的人格发展建立在"无条件的爱"的基础上。实际上,如果忠实地应用这一原则的话,父母就会一味地去爱他们,而不管其子女做了哪些行为(他们是否伤害了别人,是否偷了想要的东西,是否不顾别人的愿望和权利或者要求非分的满足)。无条件的爱,如果是可能的话,也将使儿童失去方向,变得非常不可爱了。在某些家庭中,父母企图形成这种无条件爱的环境,而事实上却培养了一些"自我实现"的"暴君",大多数读者对此肯定是熟悉的。

盲目的关心显然是不够的。幸运的是，大多数父母并不是这样不分青红皂白的情感施予者。他们也不会把对其子女行为的真正的关爱与降低他们作为人的价值混为一谈。反过来，当儿童知道他们的父母真正重视什么时，相比起假装的无条件关注来，会体会到更大的安全感。很多双亲感情是无条件地表示的，由于父母的通人情并有一定的标准，因而会为他们所重视的行为而感到高兴，对那些该谴责的行为而感到不满。即使那些"无条件关注"的坚定的倡导者，在他们自己的社会反应中也很有选择性，他们赞扬他们喜爱的东西，指责他们不喜欢的东西，这就不足为奇了（Murray，1956；Truax，1966）。

那些支持强化自动性观点的理论认为，要使行为结果影响行为，就必须使行为结果与行为密切地相偶联。当行为与结果之间有一段延迟或加进其他活动时，有些年幼儿童难于把结果和行动联系起来，对于这些幼儿来说，效果的直接性无疑是重要的。但是，在符号技能得到发展以后，人们就能把行为及其后结果之间的延迟在认知上联结起来，对应该强化些什么就不致发生错误。因此，从事宁愿选择的在以后同参与或完成某一特定的任务有一定偶联关系的活动，就能有效地保持行为。正如普雷曼克（Premack，1965）所指出的，几乎任何一项活动都可以作为完成另一项不太愿意的活动的诱因。金钱可以和人们喜爱的各种各样东西相交换，所以它也能在延迟的基础上被广泛地用作一个强有力的泛化性诱因。

上面所描述的强化措施基本上都含有一个社会交换过程。积极的安排证实了如果某个人做了某些事情，他们就值得奖赏并给以权利。在消极制裁的情况下，该谴责的行为会使人付出受惩罚的代价。这一过程可以用强化术语来描述，但强化措施却是一种社会交换的做法。当然，大多数的社会互动要受这种条件协议的控制，尽管它们通常并不是以强化语言来叙述的。对它们的不同描述并不能改变它们的性质。

至此，诱因的发展层次包括了物质性结果、符号性结果和社会交换性安排。在发展的最高水平，人们就能通过自我评价的结果或其他自我生成的结果，来调节自己的行为。在那些上进的、有卓著成就的标志成为个人的满足的一个来源以后，一个人所积累的知识就能作为一种奖赏而发挥作用。我们将会看到，为了通过自我强化而从活动中得到满足，必须形成各种复杂的功能。

外在诱因和内在诱因

在各种专业领域和公众范围内，要承认强化的结果在行为调节中的影响作用，都有些勉强。有些人认为，行为的操作应该有其自身的原因。而其他人则认为，行为是由探索和学习的先天内驱力促动的，他们相信，这种探索和学习活动，也会受到社会影响的阻碍。他们所担心的是，那些诱发的措施可能会妨碍自我定向的发展，会减少固有的兴趣。还有人甚至回复到陈旧的概念上，把强化看作是行为的一个机械的控制者，而不是作为一种提供信息的和动机的影响。事实上，自我动机和自我定向的发展，也需要一些基本的在外部诱因的帮助下发展起来的功能。

很多促进学习能力的活动起初是令人厌倦的，而且也是乏味的。直到一个人能够熟练地从事这些活动，它们才具有激励的性质。如果在技能获得的早期阶段没有积极诱因的帮助，潜能就永远不会被开发。不过，这并不是说，人们经常遇到的都是积极诱因，相反地，人们更多的是要承受压力和威胁，这只能逐渐使人反感，不能培养学习能力。保证学习的必备条件的最好方式，是对儿童的努力提供援助，直至其行为发展到足以产生自然的持久的结果。例如，儿童起初学习阅读时需要一定的鼓励，但在他们变得熟练之后，他们就可以为了在阅读中获得享受和有价值的信息而独自阅读。人们一旦学会了言语的、认知的以及操作的技能来有效地对付其环境，他们就不再需要什么外在诱因来使用这些技能了。

人们常把外在的强化源和内在的强化源区分开来，好像它们本来就是对立的那样。通常所说的内在强化实际上包括好几个偶联安排。图 5 说明了强化的位点和偶联之间的区分。

	偶联	
	自然的	任意的
位点　外部的	内在的	外在的
内部的	内在的	内在的

图 5　区分外在和内在强化操作的行为及其结果之间各种安排的社会学习概念

在外在强化中，结果是在外部产生的，而且它们和行为的关系是任意的，它并不遵循如下的自然规律：工作应该得到报酬，好成绩应该受到赞扬，或者不良行为应该带来谴责。赞扬、金钱、优待、处罚，诸如此类都是社会安排的，而不是行为的自然结果。当这些结果不再出现时，行为就要衰退，除非它得到了别的功能价值。

内在强化，正如通常所用的概念一样，包括行为及其结果之间的三种安排。其中之一，结果由外部产生，但却与行为自然地相联。躲雨可以使衣服少受淋，看电视可以提供视听刺激，弹琴键可以产生各种音响。在这些条件下，行为受其感觉效果的影响。

很多人的活动是由他们所产生的感觉反馈进行自我调节的。例如，婴儿为了熟悉某些声音和光亮，经常重复地去操作那些反应，年长儿童和成人则经常花费很长时间演奏乐器以产生愉悦的音响。虽然感觉效果与行动具有内在性联系，但在大多数情况下，反馈的价值还是习得的。大歌剧和不入调的音乐本身并不具有愉悦性。由于反复地演奏就逐渐形成了一些内在的刺激原型模式，以之作为各种参照物，人们以后才从所见所闻中产生愉悦的或不愉快的体验。

在第二种内在形式中，行为会自然地产生发生在有机体内部的结果。有些直接的而不是通过外部刺激物的动作所产生的生理效应就是这种偶联安排的典型代表。重复的操作会带来疲劳,松弛练习可以解除肌肉紧张,等等。虽然认知活动也可以直接产生生理效应,但这种能力是在任意偶联中发生的。当思维活动从奖惩经验中获得情绪激活的潜能以后,从事冷静的思考,就可以减少由不安的思虑所引起的厌恶情绪。

人们在为自身的目的而行动的过程中所欣赏的大多数事物,起初并不具有强化的价值。并非行为本身或行为的反馈具有奖赏的性质。相反地,正是人们对其自身操作的自我反应,构成了奖赏的主要来源。举个例子,低音号独奏曲本身并无积极的强化作用。但对一个低音号器乐家来说,娴熟的演奏就是高度自我满足的一个来源,它可使他坚持低音号的吹奏。类似地,在运动技能上和学术研究上的进步,也能激活自我评价的反应,这种反应就充当了操作的强化物。

上述的自我强化过程就是内在强化的第三种形式。评价的结果是从内部产生的,但偶联却是任意的,在这种偶联中,任何活动都可被赋予自我评价的意义。对一个人来说是一种自我满足源,对另一个人来说可能被贬值或根本没有什么自我结果。

通过外在强化的影响能够部分地形成评价性的自我强化能力。行为的内部评价性调节需要获得一定的技能,采用一定的操作标准以及自我产生一些评价性结果。在有些娴熟之后,就能获得一定的判断标准和自我强化功能,操作上的质的变化,就成为个人满足或不满足的来源。

本章的后一部分还将详细地考察自我强化在调节人的思维和行为中的重要作用。当主要的结果与行为发生内在联系时,或者这些结果是自我产生的时,行为对情绪动因的变化最不敏感。

外在奖赏对内在动机的影响

按照归因理论的说法,人们对其行为原因的知觉会影响他们以后的行为（Bem，1972，Nisbett & Valins，1971）。他们可能部分地根据其行为的情境来判断他们的动机。如果他们为了外部奖赏而操作活动，他们就会推论自己对此缺乏个人的兴趣，如果他们在没有外部诱因时进行操作，他们就会判断自己对这些活动具有内在的兴趣。因此，对活动的外在强化会减少从事这些活动的内在动机。至于原因知觉如何改变内在动机还有待于解释。在德西（Deci，1975）看来，奖赏之所以能降低内在动机是因为给人产生一种外界事物可激起一个人的行为的印象，由此而削弱了人的胜任感和自我决定感。

　　大量的研究指出，如果我们事先答应儿童只要做他们所喜做的事，就一定给予奖赏，那么，相比起那些不曾期待得到奖赏或根本得不到奖赏的儿童来，他们从事这些活动的时间反而更短一些（Lepper & Greene，1975，Lepper，Greene & Nisbett，1973）。有些实验进一步研究了在产生这些效果中可能起作用的因素，这些研究取得了不同的成果。随着所涉及的活动以及应用奖赏的方式的不同，外在诱因会增加或减少活动的兴趣，或者根本不起作用（Galder & Straw，1975；Kruglanski，1975；Reiss & Sushinsky，1975；Ross，1976）。撇开这些不同的结果，人们还是普遍地承认：各种研究证明了诱因确实会降低内在动机。实际上，在归因理论所作出的假定中，外在诱因减弱操作的限制条件、内在动机的概念体系、所应用的实验方法、一些有矛盾的结果的解释以及它们与强化措施的关系，都还存在着不少问题。

　　让我们首先来考察一下经常从归因理论中得到的推论。如果个体在从事有趣的活动时得到了奖赏，他们就会推断自己一定对这些活动缺乏兴趣。不妨对这一主要论点和推理作一番细究：我喜欢操作某些活动，这些活动本身是有趣的，当我从事这些活动时，得到了奖赏，因此，我对这些活动缺乏兴趣。前面两个命题联系在一起，并不仅仅意味着一个单一的结果。的确，有些归因判断可能是这样。因为人们通常已经知道他们喜欢什么，什么时候不需要奖赏，所以，他们对奖赏者的价值观念、内情或者做法进行推论，要比对他们自己的兴趣进行推论更加容易一些。虽然各种因果归属被认为是操作的中介原因，但实际上由不必要的奖赏所引起的归因种类是很少加以考虑的。如果外部奖赏可以由于改变因果归属、胜任感或自我决定感而减弱操作效力的话，那么，这些中介原因是应该加以仔细考虑过的，而不是像人们所认为的那样，因为行为发生了变化，它们才发挥作用。

内在动机是一个很有吸引力但又难以捉摸的结构。人们通常将内在动机定义为并非为了明显的外部奖赏的操作活动。然而，在缺乏明显的外在诱因时，要从持续不变的行为中看到内在动机的存在，也不是一件容易的事。首先，要想找到一些对行为缺乏外部动机的情境，就相当困难。情境的物理结构和社会结构、它们所包含的要素、别人的期待，以及其他各种刺激决定因素，都对行为产生很大的影响。一个人在某一特定活动中所持续的时间，将随着情境中有效途径的不同而发生变化。当人们在没有更好的事情做的时候，他们的内在动机可能被激起，因而去从事某一特定的活动，但是在他们有了更吸引人的选择途径时，也许就不会对同样的活动在内部激动起来。因此，行为的激活和持久性最好从人与情境因素之间的不断相互作用方面去理解。

大多数的人类行为是由预期的结果而不是即时的结果来维持的。运动员、学生和表演者为了将来的名誉和幸福，常常在准备工作上大下苦功夫，尽管他们的辛劳在眼前的实惠方面并不带来什么好处。在某一特定时刻很难说一个活动到底是为了固有的兴趣，还是为了预期的未来利益。更为复杂的是，内在兴趣和内在动机这两个术语常被交换使用，它们都是从操作过程中推论出来的。将激发兴趣和促动行为的能力归之于活动，与激起内在动机是明显不同的。例如，人们花很多时间看电视，并没有什么外部的奖励，但我们一般不会认为这种活动起源于内在动机。

如果我们假定某一动机引起了行为，而后又从这一行为中来推断那个动机的存在，这样来建立和体验一种动机理论，就有了一些问题。这是因为行为是受很多不同因素影响的。在归因研究中，操作下降被当作内在动机减弱的证据。强化的作用可以导致后面操作的减弱而不改变动机的性质。这由几种过程所引起。首先涉及强化与效果的对比。诱因的促动潜能是相互决定的，而不是由其孤立的价值所决定的。因此，同样一个结果可能是奖赏性的，也可能是惩罚性的，这要取决于以前是怎样强化这一行为的。奖赏的突然撤销并不是一个中性事件。在行为得到持续的奖赏后，无奖赏行为就能够作为一个惩罚物而发生作用，它能减弱操作，直到人们习惯了强化上的这一变化。通常由于诱因的减弱能够用改变诱因的价值来暂时性地影响动机水平，所以，我们应该在一段时间之后来评价对某些活动的偏好。这减少了下列错误的可能性：人们把动机水平的暂时变化误解为由强化所引起的内在动机的持久性变化。在一项专门针对这一问题的研究中，菲戈尔德和麦霍尼（Feingold & Mahoney, 1975）发现，偶联的奖赏增加了儿童对某项活动的偏好，但在撤销奖赏以后，他们立即回复到以前的兴趣上。但是，在几周以后再次测查他们的偏好时，尽管没有任何奖赏，但儿童对以前强化过的活动的自发兴趣要比原先的兴趣高出一倍。

影响以后从事的一项活动的另一个因素就是由餍足而产生的厌倦。当我们用诱因使人们一次又一次地操作同样的活动时，他们最终会对之厌倦。研究者为了使受试者在奖赏和无奖赏条件中所经验到的单调的重复量相等，他们对作业进行了安排以使得奖赏不增加操作。这种办法解决了不同的餍足问题，但却减低了研究的贴切性，因为利用诱因的理由，就在于提高行为功能的水平或扩大行为功能的范围。如果诱因在被应用的那一时刻不影响行为，那么，应用它们又有什么作用呢？当研究者在奖赏不起诱因作用的情况下研究诱因的效果时，他们的研究结果就限制了对强化措施的应用。从社会学习观点看来，似乎很值得探索一下，积极的诱因是怎样帮助那些作为个人满足的一个持久来源并使之形成功效感的技能和潜能发展的。

操作的降低也能反映出这是对诱因如何呈示的反应，而不是对诱因本身的反应。我们可以一种强迫的方式来使用诱因（"除非你做些什么，否则你就不能得到某些好处"）。强迫性偶联倾向于激发相反的行为。积极的诱因也能作为支持性的帮助而出现（"这是为了帮助你做些什么"），作为赞赏的表示而出现（"这是对你得到些什么的答酬"），或者用它们来传递评价性反应（"我认为这就是你操作价值之所在"）。音乐会上的钢琴师不可能因为人们给他较高的演出报酬而对键盘失去兴趣。但的确，低报酬将会使他们感到降低了价值，受到了侮辱。奖赏的给予不只是一个在别人身上激起积极或消极反应的社会行动。它能降低或提高活动本身的价值，这取决于奖赏物给人造成一个什么样的印象：受强化的活动是没趣的，还是当取得一定娴熟后再从事这一活动会觉得乐在其中。因此，同样的诱因，由于所传达的信息不同，对行为具有不同的效果。

在归因研究和传统的强化措施中，如何使用诱因还存在着其他差异，提出了一些有关研究结果的普遍性和贴切性方面的问题。在归因研究中，受试者获得奖赏并不管他们是如何操作的，或者，假如在操作和奖赏量之间存在一种偶联的话，这一奖赏量也并不是严格地规定好的。受试者通常只得到一次强化。相反地，通常应用诱因，参加者按他们的操作水平或质量来决定他们所得到的奖赏量，而且他们有很多受强化的机会。雷斯和苏辛斯基（Reiss & Sushinsky, 1975）发觉以归因方式分配的奖赏会减弱兴趣，而当儿童在偶联中受到奖励，过了一段时间，在中止奖赏后，儿童对强化过的活动的自发兴趣，是对其他无强化活动的兴趣的两倍。罗斯（Ross, 1976）也得到了类似的结果,他是在检验下面的假定中得到这个结果的:当外在的奖赏能够促进对一种活动的掌握时,它们就能培养内在兴趣。当实验者对儿童和成人的操作成就进行奖励时,他们都增加了对这些活动的兴趣,但如果对他们从事的活动进行奖励而不管操作的质量,他们的兴趣就降低了。

格里尼(Greene,1974)在归因领域里所进行的一项研究,与适当的诱因措施紧密地对应。实验者在规定时间内,测量了儿童对四组数学游戏材料的兴趣。在实验阶段,一组儿童操作他们规定时间中最喜爱的两种活动,实验者对他们进行奖赏,第二组操作他们最不喜欢的活动,给他们以奖赏,而第三组选择他们想得到强化的那两种活动。奖赏是一些学分,可以兑换有价证券和奖品,这些东西都陈列在会议室里。之后就停止奖赏。把从事得到过奖赏活动的儿童所花的时间与控制组儿童在最喜欢和最不喜欢的两项活动上所花的时间相比较。

在奖赏被取消的时候,那些为低兴趣活动所强化的儿童,比控制组儿童完成这些活动要少。但是,与归因预言相反,那些为高度喜爱的活动所强化的儿童却与无强化的控制组儿童处于相同的兴趣水平。

人们曾用偶联的突出性和现象学来解释这些矛盾的结果。按照突出性假设来看,当偶联性奖赏非常明显时,人们最可能把他们的行为看作是由外在因素促动的。罗斯(Ross,1975)曾研究过,那些安排很明显的奖赏和不太显著的奖赏对行为是否具有不同的效果。他发现,只有在第一次操作一项活动中确实给受试者看过,或者他们曾想象过所期待的奖赏,这些奖赏才会减弱其后的操作。可惜的是,诱因不出现时与诱因出现时相比,这些偶联是否对儿童不显著,没有加以测量。实验者事先对一部分儿童许下诺言,在他们操作某种活动时将给予奖赏,与那些既没有许诺,也没给任何奖赏的儿童相比,他们所显示的兴趣水平是一样的。这一额外的证据既与其他归因研究的发现有矛盾，也与突出性假设有矛盾。在格里尼的研究中，那些儿童在完成每项任务后都可获得一定的分数，在学校会议室公开用一些有价证券和奖品对他们的成绩进行奖励，这些儿童并不知道他们为什么得到奖赏，这似乎是不可能的。其他的证据也显示，随着诱因偶联越来越明显，对所强化的活动的兴趣就会逐渐增加（Reiss & Sushinsky, 1975），偶联突出性也不能恰当地解释归因研究的不同结果。

现象学解释（它说强化的效果需视它是怎样被知觉的）降低了归因理论的预言价值，除非这些解释能说清楚究竟是什么决定人们是怎样看待诱因安排的。在这样一些解释中，动机的变化被归因于主观的知觉，但正是在这些实际的诱因措施上发生了问题。如果只是一个主观现象的问题，那么决定外在奖赏将如何影响动机的，正是人们用作诱因的东西，而不是诱因本身。

不应该把前面的讨论说成全部是赞成应用外部诱因的。人们可以举出一些不加思考地不是为着个人发展的目的而是为了社会调节的目的来应用物质性诱因的例子。如果有必要的话，诱因应该首先被用来加强能力和持久的兴趣。有些本来就给人们带来很大的兴趣的活动，或者人们追求符号性奖赏的活动，如果给从事这些活动的人们以物质性强化，这不仅是不合适的，而且也是强化理论所禁忌的。滥用奖赏会惹来不必要的麻烦，时间将逐渐使其失去作用。诱因激励人们参加那些要不然就会忽视的活动，因而，它们从来不会形成人们对这些活动的兴趣。随着在活动中的经验和技能的增加，社会性、符号性以及自我评价性奖赏就承担了诱因的功能（Bandura, 1969）。

在诱因的归因研究中，人们主要因为操作同一种活动而一次又一次地得到强化。当我们评价诱因措施的持久效果时，在同一种行为的反复操作与胜任能力的获得之间作出区别是很重要的。如果积极诱因能够促进泛化了的技能的发展，那么，在撤销诱因之后，这些技能就会持久下去。例如，那些在积极诱因帮助下学会了阅读的儿童，绝不会因为它们不再得到外在的奖赏而失去其阅读能力。从社会学习理论中得到的方法，也同样适合于对个人能力的开发，这些能力可以作为自我决定的执行和知觉的一个坚实的基础。

人们在谈到行为的泛化及其持久性这两个特征时，就好像它们完完全全是好东西一样。其实不然。当受强化的活动主要是为了别人的方便和利益时，很难获得泛化了的持久性变化。当然这并不完全是一件可悲的事。如果一个人能通过简单的强化而逐渐导致持久地有益于发动者而不是接受者的行为变化，人们就会全部听从任意的控制。因为各种强化措施只是充作行为的诱因，而不是插入物，所以，人们可以保留对他们有用的东西，而抛弃无用的东西。有些活动虽然对个人不方便或者没趣，但对普遍的幸福却是重要的，在这种情况下，人们必须在一个连续的基础上，予以鼓励以及奖赏的支持。为了这一目的，每个社会都会采纳一些偶联结构。在很多并不是社会规定的服务活动和生产活动中，情况也是一样。我们没有办法能使低贱的劳动带有内在的兴趣，从而使劳动者日复一日地从事同样的工作而只得到很少的报酬。如果有可能这样做的话，人们就很容易地被那些有能力操纵内在兴趣为其目的服务的人所剥削。

心理功能中的多重诱因

虽然人们知道具有强化性质的东西也经历着一些发展变化，但应该指出，诱因的不同组合和不同水平能调节人的行为的不同方面。很多活动受其身体的效应的支配。人们为了减少或消除令人厌恶的条件，为了获得身体的舒适、性满足、美味佳肴等等，能做出各种各样的事情。大多数行为的部分是由光、声的感觉强化以及它们所产生的强化来维持的。

人们为了金钱或是为了增进娱乐活动能做很多的事情。那些社会评论家口口声声反对应用外在诱因，但如果不再给他们外在诱因的话，他们也会停止很多所从事的活动。为了得到别人对自己的积极的关注或者逃避社会谴责，人们什么事情都会去做。如果有人对别人的意见能够保持彻底的麻木不仁，那么他将是一个难得的冷酷的人。

日常交往中所经验的许多结果是以别人的行为为中介的。诉诸说服行为或强迫行为，人们能够获得有价值的物品和差使，能够使别人为他们完成繁重的任务，能够随心所欲地改变规则，能够消除那些对他们的健康产生有害影响的条件，还能够抵抗那些不为其利益服务的行动途径所造成的压力。在这样一些情况下，社会行为也能够在其成功地影响别人行为中得到强化。

人们把很多时间和精力花在那些可带来有造诣的成就从而产生自我满足的活动上。最终，在决定一个人如何行事中，一个人的自我尊重常常会压倒金钱、社会认可，以及身体的舒适等诱因。因而，经验的发展能扩大有效诱因的范围并改变这些有效诱因的优越地位，但却不会代替那些在强化层次中被认为较低级的诱因。

偶联中的结构变化

某一特定行为的频率和持久性与当时强化偶联的结构情况有关。我们可以根据时间程序表来安排结果，或者把它们与操作联系起来。大多数成为日常生活部分的活动，如每天的饮食、乘公共汽车和飞机的旅行以及娱乐消遣等，只是在适当的时间里进行。人们相应地根据有时限结果的时间程序表来调节行为，因此，当人们知道那些他们要做的事情不是时候时，他们就不必去做这些事情。强化的时间程序表也适合于有组织的活动，但不适合于在任何特定时段里维持这些活动。为了后一目的，人们必须根据质量或效力而不只是以一定的次数对行为加以强化。当结果与一个人自己的行为有关时，他的进取心就能很好地得到维持。

反应结果变化的另一个方面是它们的可预言性。行为一直受到强化的人往往期待着即时的结果，一旦他们的努力失败了，他们就很容易泄气。相反地，那些受到不规则强化的人倒反而不顾多次的挫折和仅仅偶尔的成功，倾向于坚持到底。不可预料的结果所产生的行为是不会轻易改变的，因为当一个人坚信他的努力最终会成功时，这种信念就可以维持他的不断尝试。如果行为在一个低级的、变化的水平上得到强化，而且又没有更好的获得强化的手段，那么，这种行为是最能持久的。

在一个更广泛的社会水平上，某些主要的奖赏和权利是与等级的而不是特定的操作相联的。在这些层次结构中，其成员按各种特征，如教育、资历或能力被安排到各种位置上。地位越高，所得利益就越大，如社会的或金钱的报酬更多，拥有的特权更多，得到的服务越好。等级偶联强化比那些个别强化的特定反应措施，能够对行为产生更大的影响（Martin，Burkholder，Rosenthal，Tharp & Thorne，1968）。由于对某项工作的疏忽而失去某一特定的奖赏，并不是什么了不得的事。但是，如果因一些愚蠢行为或者错误行动导致等级地位上的降低，从而丧失各种权益，那么，对那些操作行为儆戒，失去地位的威胁会产生普遍的压力。

人们可以在个体或集体的基础上组织各种强化，但不同的社会以及其中不同的亚群体在组织的程度上是有差异的。在个体化体制中，人们是按他们自己的行为而受到奖赏或惩罚的。就个人去决定其结果，这种社会安排会助长人们的自恃心和自私心。集体偶联的体制使个人的私心服从于群体的利益。群体利益是从奖励和惩罚整个群体中获得的，因而成员的行为都是相互影响的。在这里，个体利益建立在群体成就的基础上，个别成员的不良行为会给整个群体带来消极的后果。当人们共享其决策与行动的结果时，若能将他们的努力指向共同的目标，相互帮助，承担共同的责任，就能最大限度地获取他们的利益。群体定向的偶联在那些推崇集体主义伦理观的社会里占主导地位（Bronfenbrenner，1970）。

人们还能按照建立或操纵当时的各种偶联来进一步分化强化措

施。在自我管理的强化系统中，群体成员本身在决定应该鼓励或阻止哪些价值观和行为中扮演着一个主动的角色。在更加权威主义的系统中，只有那些大权在握的人才能炮制各种偶联来限定人们应该如何行事。

由于不同的社会目标需要不同的诱因措施，所以无法规定哪个单一的结构是最好的。例如，个体定向的强化很适于养成独立的、自我追求的人。另一方面，如果人们要想培养一种共同的责任感和关心别人的品质，那么，以群体的基准的结果更为合适。若是结合使用个体和群体定向的诱因系统，就可减少极端个人主义或集体主义的消极后果。在这种安排下，人们的结果是由他们自己的贡献大小和群体的全部成就共同决定的。

替代性强化

人们可以从别人的成功和错误中，也可以从自身的经验中得到益处。在日常情境中，有很多机会观察别人的行动，也有很多机会看到这些行动得到奖赏、忽视或惩罚。为什么探究观察到的结果，对理解强化影响至关重要？这有好几个理由。观察到的结果本身与直接经验到的结果差不多一样能够改变行为。一般说来，看到别人行为的成功，能增加自己以同样方式行事的倾向，而看到别人这一行为受惩罚，则减少这种倾向。

更为重要的是，观察到的结果能部分地决定外部强化物的力量和功能特性。某一诱因的价值，主要依赖于它与其他诱因的关系，而不是仅仅依赖于它的内在性质。对强化的关系的性质研究表明，同样的结果对行为或具有奖赏的，或具有惩罚的效应，这要取决于以前行为被强化的类型、频率以及数量的程度。因此，某些奖赏物若与更有吸引力的奖赏物比起来，它们就起着惩罚的作用，而当它们和非奖赏物或惩罚物发生关系时，它们就起着积极强化的作用（Buchwald,

1959，1960）。

观察到的结果和经验到的结果之间的不一致所引起的诱因与效果相比之下的悬殊情况，是以类似的方式起作用的。在决定特定的外在诱因将充当奖赏物还是惩罚物时，观察到的结果提供了一些参照标准。例如，同样是对一项成绩的赞扬，当有人看到别人的类似成绩得到更高的赞赏时，就可能使他们泄气，而在别人的类似成绩未能获得过誉时，就可能具有奖赏的性质。有些条件产生不公道强化的效果，下面我们还将讨论其中的部分条件。

强化的关系特性不仅影响着行为，而且影响着个人满意或不满意的水平。如果在生活早期，当儿童还不明事理的时候，他们常常受到不公平待遇，那么，在他们身上会逐渐形成一种不同待遇的敏感性。有些儿童经常看到他们的哥哥姐姐可以迟些睡觉，可以做更有趣的事情，以及享有更大的自由，即使他们懂得某些奖赏和权利与年龄和能力有关，但也不会轻易地被成人的解释所说服。如果不公道建立在任意偏袒的基础上，就会使他们更不舒服。日后在谋求服务、社会认可、薪水高低以及职业好坏上的不公道等这些不公平对待的不愉快情况会继续得到强化。公道的奖赏会增加一种幸福感，不公道的强化会产生一些怨恨和不满。人们觉察到不公道所产生的主观效应是我们之所以重视强化的相互比较方面的另一个理由。

替代性强化

当观察者由于看到别人的某一行为得到强化而增进这种行为时，这就是一种替代性强化。大量的研究结果普遍表明，在养成类似的行为模式中，奖赏性示范比单独的示范更为有效。观察到的积极结果最有可能养成人们采纳那些具有不愉快性质的行为，所以，如果人们要操作这些行为，还需要一定的诱因。仅举几个实验室研究中的例子，如果人们看到原型为了采纳会减低自我满足的高操作标准，为了选择不喜爱的食物，为了牺牲物质利益，为了揭露个人问题，以及为了采用以前抵制过的行动程序而得到赞扬，比起如果原型为了这些行动而没有受到认可来，人们将更加愿意从事这些行为。但是，观察到的结果所产生影响的程度，会随着观察者如何看待这些结果的价值以及正在被示范的行为类型的不同而发生变化。

当别人在从事那些通常受社会法令禁止的娱乐活动时，如果观察者看到这一行为没有受到惩罚，他们就会增加从事相似行为的程度，与看到原型获得奖赏时一样（Bandura，1965；Walters & Parke，1964；Walters，Parke & Cane，1965）。由于结果是在关系中得到其价值的，所以虽然没有预期到的消极结果，确也是一种有意义的结果。那些等待惩罚而避开了惩罚的人，将很少发生反应，好像他们没有受到奖赏一样。人们在预期结果的情况下，无奖赏在期待惩罚的背景上可能起着积极强化的作用，在期待奖赏的背景上可能起着惩罚物的作用。

替代性惩罚

观察到的结果既能增强行为，也能抑制行为。在替代性惩罚过程中，观察到的消极后果具有减弱人们以相同或相关的方式来行事的倾向。这一现象在身体的攻击行为方面得到了最广泛的研究。当人们看到攻击受到惩罚时，他们的模仿性攻击行为一般比看到攻击受到鼓励或者不伴有明显结果时，要少得多（Bandura，1973）。

由于社会影响的复杂多变，人们对攻击行为的反应并不总是一致的。罗斯克兰斯和哈特普（Rosekrans & Hartup，1967）对观察了不一致的结果怎样影响模仿性攻击行为进行了探究。那些看到攻击行为一直受到奖赏的儿童最具有攻击性，那些看到攻击行为一直受到惩罚的儿童基本上没有干什么攻击行为，而那些看到攻击行为时而得到奖赏、时而受到惩罚的儿童，具有中等的攻击性。

已经证明，各种替代性惩罚对于犯过行为都有类似的抑制效应。当人们看到原型由于违犯禁令而受到惩罚时，比起看到范例的违法行为受到奖赏或完全被忽视来,他们以身试法的倾向会减弱一些(Walters & Parke,1964; Walters, Parke & Cane,1965)。本顿(Benton,1967)的一项比较研究结果表明,观察到的惩罚和直接经验到的惩罚在某些条件下,在减少犯过行为方面可能具有相同的效力。当儿童看到同伴由于从事某些禁止的活动而受到惩罚后,他们在诱惑情境中所显示的反应抑制和受惩罚的犯过者的反应抑制程度上是一样的。

在前面的例子中,原型的行为是由别人或是从口头上或是从身体上加以惩罚的。在很多情况下,原型是对他们自己的行为作出惩罚反应的,这也能对观察者产生抑制作用。当观察者看到原型批评自己的某些成绩不应该自我赞赏时,这些观察者对他们自己的同样一些成就随便加以赞赏的倾向,就会有所减弱(Bandura,1971b)。在犯过行为方面,普罗(Porro,1968)发现,如果儿童看到一个原型对她自己违反禁令的行为加以赞许,这些儿童以后就会从事80%的被禁止的活动,相反地,如果儿童看到同样的原型对自己的犯过行为作出自我批评的反应,那么,对这些儿童来说,以后的犯过率只有20%。

无论是通过直接的方式还是替代的方式,对行为的解除抑制比起对行为的抑制来,一般地说要容易得多。这是因为人们常把消极的制裁用于那些对行使者赞赏的行为而对别人的方便或利益受到压制的行为。因此,要替代性地减少对某些活动的约束,并不需要很多犯过行为的成功示范,因为人们认为这些活动对个人是有利的。相反地,当抑制涉及对行使者有用的作罢的行为时,要通过惩罚来诱导和维持这些抑制就困难多了。

诫例性惩罚与法律上的威慑因素

法律上的威慑系统主要依赖于诫例性惩罚的抑制效应。惩罚的威胁和诫例是用来为一种广泛的防治功能服务的,如果有人遇到那些引诱他们作出犯过行为的情境时，这一功能就会约束他们（Packer，1968；Zimring，1973）。

正如我们已经看到的，观察到的惩罚能够加强对被禁止行为的约束。然而，诫例的影响却能减弱威胁性法律后果的威慑功效。因犯罪行为而被抓住和受到惩罚的机会是相当少的。在那些犯过行为层出不穷的地区，人们都各自有一些作了许多案而不被败露的知识。这种没有惩罚的犯过行为的出现就增加了观察者的被禁止的行为。

有些人主要用一套反社会的手段去取得有价值的奖赏，如果他们观察到惩罚的发生是不常有的，那么，这种惩罚对他们只有一个极其微弱的约束效力。观察到的惩罚是信息性的，同时也是抑制性的。当缺乏更好的选择而被禁止的行为又有某些成功的可能时，看到别人的失败将更可能引起人们对不被许可的行为进行精心设计以提高它成功的机会，而不太可能由于观察到的惩戒而不再去干它。

如果对诫例性惩罚的约束能力进行系统的研究，我们可能会发现，诫例性惩罚对于那些最少需要它的人最为有效。这里包括那些追求有丰富收益的生活方式的人，这样的生活方式是不愿任何罪犯光顾的，这里还包括那些在他们的社会里下过巨大赌注的人，不会去冒因罪犯的污名而招致灾难性的结果，这里还包括那些和犯了法而没有被发现的案犯接触最少的人。有些人缺少社会上所许可的手段以得到他们所寻求的东西，对他们的最好的防治方式，就是将威慑因素和开拓更有作用的途径结合起来。由自由选择的亲社会的威慑因素要比用法律制裁的威胁，更可能产生最顺从法律的行为。

经验性结果与替代性结果的相对有效性

学习的效果

观察到的与直接经验到的结果的相对力量，部分地取决于人们是根据学习还是根据操作来测量其结果的。观察者从留心别人的成败模式中，一般会比操作者本人学得更快。如果操作的任务更多地依赖于概念性技能，而不是手工技能的话，情况更是如此（Berger，1961；Hillix & Marx，1960；Rosenbaum & Hewitt，1966）。要为替代性强化的相对优越性寻找一些理由并不困难。由于操作者至少得将一部分注意力花在创造、选择以及执行反应上，以及花在对操作者有一定影响的结果的反应上，所以，操作者要发现行动和结果之间的联系，就有一些困难了。另一方面，观察者就能将其全部注意力集中到发现正确的答案上去。

观察到的惩罚，一般说来，可以作为操作抑制物，但它能通过集中和加强对那些正在受罚的行动的注意而促进对这些行动的学习。假如最初只有很低的注意状况，那么，观察到的奖赏和惩罚都能提高人们对示范行为的注意力，而反过来，这又可以加强观察学习（Yussen，1973）。另外，观察到的结果可能会激发人们对可强化的反应进行内隐的复述，使这些信息能够保留下来，以便将来再用。但是，消极的后果并不总是能加强注意和练习的。如果原型所经验到的结果达到令人烦恼的程度，就更可能引起逃避而不是警觉（Bandura & Rosenthal，1966）。观察者往往会轻易地逃避操作者所不能逃避的东西。

动机的效果

在长时间地维持行为方面，直接诱因比替代性诱因具有更大的动机力量。例如，人们不会劝告雇主在每月月底要雇员去看部分工人领薪水来维持这些雇员的生产力。看到别人获得奖赏可能会暂时地加强反应性，但它本身并没有多大的维持行为的力量。但是，对别人结果的观察就能对直接经验到的结果的效力产生很大的影响。由于日常生活中直接的强化和替代性强化不可避免会一起发生，所以具有主要意义的是它们的相互作用的效果，而不是它们的单独的效果。

观察到的与经验到的结果的相互作用

替代性强化把一些比较判断过程带进了强化影响的操作中。也就是说发生在别人身上的一些观察到的结果为人们提供了一个标准,去判断一个人通常所接受的强化究竟是公道的、行善的,还是不公正的。因而同样的结果就能作为一种奖赏或者作为一种惩罚而起作用,这取决于他们用哪一个观察到的强化样本来进行比较。

如果我们仔细考察一下直接强化和替代性强化联合影响的作用,就会发现,人们对这些不同模式的心理效应所给予的注意实在少得可怜。那些既受过直接强化又经受过替代性强化的人在遇到无奖赏时,要比那些只经受过直接强化的人能坚持更长一段时间。观察到的和经验到的结果水平上的逆差,虽然一时间可以加强操作(Bruning, 1965),但是,对连续的不公平的强化条件的反应却是变动不居的。

当出现使人不满的做法,而且这些抱怨会遭到报复的危险迹象时,人们就采取措施来纠正这种不公正状况。那些拥有强制权力的人可能会诉诸强制办法如抗议、罢工以及抵制这些手段,来达到某些更好的改善。在有限的权力以及抗议可能会带来威胁性后果的情况下,人们的不满最终会屈从于不公平的处理(Bandura, 1973)。当那些得到不公道的低报酬的人发现自己因为缺乏更好的工作而陷入不满情境时,他们可能会通过降低其工作效率或工作质量来对明显的剥削作出反应。

构成不公道的强化条件常常是社会性的,而且人们可以设计各种方法为它们进行辩护,以减少其消极影响。当社会习俗把人们划分为不同的社会等级,并且根据地位而不是根据操作来予以报偿时,人们就开始接受不公道的强化了。如果能使低报偿的人相信他们为了点什么不应该得到平等的待遇,那么他们也可能会容忍一些专断的不公道对待。经过劝说而证明合法的不公道要比公认的不公道具有更有害的个人影响,因为它们会使人们在受虐待中产生自我贬值。

即使是人们公认不公道的强化是不正当的,但采用拖延时间的办法也同样可以减弱人们对它的消极反应,如果能使人们相信这种不公道待遇在不久的将来一定会得到改正，那么，这种强化对他们的厌恶感会少一点。如果有很多因素决定着人们对不公道强化的反应，那么从建立在观察到的和经验到的结果基础上的一种简单关系系数中，不一定能全面地预示他们的行为。

替代性强化的解释

到目前为止，社会学习理论已建立了好几种用观察到的奖赏和惩罚改变别人的思维、情感和行动的机制（Bandura，1971b）。有关替代性结果的事件可能在有些方面是不同的，包括正在示范的行为类型、原型和强化动因的特征、结果的类型和强度、结果的合理性、结果发生的前后条件关系，以及原型对他们所经验到的结果作出的反应。因此，在任何特定情境中起作用的各种机制的数量和类型将依赖于各种条件的特定组合。

信息功能

别人经验到的反应结果会给观察者传达关于各种行动种类的信息，有些行动可能是受到报偿的，也有些可能是受到消极的制裁的。当人们观察性地获得了有关可能的反应结果的知识之后，他们会倾向于做他们知道别人会很好接受的事，而避开那些他们知道会受到惩罚的事。如果观察者有理由相信，由于在年龄、性别、社会等级以及合法地位上的差异这类因素的作用，因而对原型是可接受的东西但对他们来说可能是不合适的，那么，观察到的结果所起的作用可能会降低。

同样的行为会有明显不同的结果，这取决于行为所出现的场合、它所指向的人以及它所操作的时候。在某种环境中许可的东西可能在另一种环境中是受谴责的。如果在一种情境中别人的某一行为得到奖赏，而在另一种不同情境中，同一类型的行为却受到忽视或惩罚，观察者就能获得关于那些表示人们如何能接受相似行为的环境方面的信息（McDavid，1964；Wilson，1958）。其结果是，替代性强化在以后那些表示着优遇的情境中会加强反应性，而在那些表示着警告惩罚的情境中却会减弱反应性。

动机功能

观察到的强化不仅会给人以信息,也会给人以动力。看到别人受到强化能够起着一种动因的作用这是由于在观察者身上触发起一些期待:他们有了相应的成绩,也将得到相似的收益。

观察到的结果在数量、类型和频率上的变化,提供了关于产生某些结果的活动种类的相同信息。但是,这些在诱因上的差异却具有不同的动机效果,这反映在观察者自身行为的积极性和持久性上。一般说来,观察者看到别人的工作只是偶尔得到奖赏,比起别人一直受到强化来,他们在困难和失败面前更能坚持不懈(Berger,1971;Borden & White,1973)。

情绪学习功能

原型在经受奖赏或惩罚经验时一般都会表现情绪反应。观察者往往会轻易地被别人的情绪表现所触动。前面已经指出,替代性激起的情绪触动如何与操作者的忧虑反应有规则地联系着的示范行为或环境线索建立固定的关系,当人们学会这些偶联之后,仅仅预示线索的出现,就可以对观察者起威胁和抑制作用。

通过对反应结果的观察,既能减少恐惧和抑制,也能获得恐惧和抑制。示范作用的临床应用为这一过程提供了一个最好的例子。那些观察原型从事危险活动而没有什么不利的结果,起初会激起强烈的情绪触动,但随着原型的多次呈示,这种情绪触动就逐渐减弱了。恐惧情绪的触动替代性地消退得越是彻底,防御行为的减弱程度就越大,行为改变就越普遍(Bandura & Barab,1973;Blanchard,1970b)。这些发现表明:由观察的情感结果所发生的那些变化部分是由于情绪触发的替代性学习和替代性消退的结果。

评价功能

行为部分地为价值偏好所决定。用强化示范行为的方法能形成观察者个人的价值观念，也能改变已有的价值观念。如果儿童看到范例的偏好得到奖赏，比起这些偏好没有得到奖赏来，他们更容易对以前所不喜欢的事物发生兴趣（Barnwell，1966）。通过对厌恶的事物安排积极反应的示范，会将成人中由来已久的厌恶的评价变成中性的或赞同的评价（Bandura，Blanchard & Ritter，1969；Blanchard，1970a）。

在上面的研究中，例示的结果改变了观察者对原型所用事物的评价。随着观察到的结果而出现的某些行为变化可能是以原型本身地位的改变为中介的。一般说来，人们更多地仿效那些具有较高地位的人，而不是那些处于从属位置的人。采用强化人们的行为的方法就能赋予他们一定的地位（Hastorf，1965）。惩罚会降低原型及他们的行为的价值，而当同样一些原型的行为被完全接受时，他们就会成为被仿效的对象。

在某些情境中，观察到的惩罚会提高而不是降低原型的社会地位，有的人为了维持一个团体所珍爱的信念和行为，或者为了反对那些违背社会公共价值观念的社会风尚而甘冒受惩罚的风险，这种人会得到别人的赞美。正是这个原因，有权的人通常都小心地采用不至于训练出一些会折磨他们的反对者和违法者的方法。

观察到的结果会改变观察者对强化施行者和强化接受者的评价。对别人滥施奖赏的人会被认为是不真诚的人、奉承的人或者是没有标准的人，这反过来损害了他们的影响。行使惩罚的权力甚至会更强烈地改变评价。有节制地和有原则地应用强制权力能够得到尊敬。如果社会官员误用其奖惩权力，他们无意中就损害了其权威的合法性，并且激起了人们强烈的怨恨。因此，当观察者看到不公道的惩罚时，更可能使他们产生敌对行为，而不是顺从行为。

有影响力的功能

人们通常不仅看到原型所经验到的结果，而且也看到他们对自己的待遇作出反应的方式。例示性反应是替代性强化的一个组成部分，我们在解释观察到的结果的作用时，必须考虑这个方面。先呈示对范例的反应，观察者对在直接强化中的变化的敏感性容易增高，而先呈示对范例的抵制，这种敏感性则易于减弱。迪特布里希、西蒙和格里尼（Ditrichs, Simon & Greene, 1967）提供了这方面的证据。他们发现，如果观察者以前看到过原型对奖赏作出积极的反应，他们就会增加奖赏的行为，而他们在看到原型抵制类似的影响活动后，对积极强化就显得很冷淡。

尽管前面的讨论只是涉及替代性结果影响观察者的可能性机制，但有些解释也可以用来说明直接强化是如何影响操作者的行动的。例如强化会给操作者传达有关那种合适的反应的信息，选择性强化会将操作者的注意集中到那些预示替代性行为可能结果的环境线索上；以前经验到的结果会产生一些期待，以促进那些用来获得渴望中的奖赏物以及逃避痛苦结果的行动，经受了惩罚的经验会告诉操作者哪些人物、地方和事物会威胁和抑制他们的反应，多次的成功和失败可以改变人们在很多方面的自我评价，以致影响他们从事那种与自我态度相违背的行为的决策和意愿；一个人所受到的待遇会改变对他施加影响的那些人的威信，对他们产生好感或产生反感。

》自我强化

前面的讨论分析了观察到的或亲身经验到的外部结果是如何调节行为的。如果行动仅仅由外部奖赏和惩罚来决定，那么，人们就会像气象风标那样不断地改变自己的行动方向以顺从施于其身的一时的影响。他们就会像无耻之徒那样腐化地行为，会像正直的人那样诚实地行为，以及像自由主义者那样开放地、专制主义者那样专横地行为。

然而，对社会互动（除了强大的强制压力之外）的进一步探究就会表明，人们坚定地持有一些思想观点，而并不总是经受着反复无常的顺从行为。任何人要想把一个和平主义者变成一个攻击者，或者把一个虔诚的教徒变成一个无神论者，他就会很快地重视行为控制的个人根源。

行为受其结果调节的观念常被误解为行动完全受情境影响的支配。有些理论就认为，人类行为完全是外部奖励和惩罚的产物，这些理论只呈示了一个不完整的人的形象，因为人们还具有自我反应的能力，使他们能够对自己的感情、思想和行动施加某些控制。因此，行为是由自我生成的和外部的影响根源的相互作用调节的。

行为通常是在没有直接外部强化的情况下操作的。有些活动是由预期的结果来维持，但大多数活动是由自我强化控制的。在这一过程中，人们为自己确定某些行为标准，并且是以自我奖赏或自我惩罚的方式来对自己的行动作出反应的。

写作活动就是一个熟悉的例子，它可以说明，人们是怎样通过评价性的自我强化来连续不断地对自己的行为进行调节的。作家们无需某个人坐在身边对他们所写的每一句话进行选择性的强化一直到他完成一篇满意的原稿。相反地，他们对于哪些东西可以构成一篇受欢迎作品有一个标准。他们在行文之前，思想上就几次三番地涌现了某些观念并进行了构思。作者常常是不断地修改最初的构思，直到他们对所写的东西感到满意为止。对个人标准要求越是严格，改进就越多。自我校订往往多于为使别人受欢迎而提出的外部要求。的确，有些人是严格的自我校订者，他们实际上在使自己的写作活动无法进行下去，有些人缺乏适当的标准，因而也谈不上什么自我修改。

由于人类具有符号化的和自我反应的能力，他们的行为较少地依赖于直接的外部的支柱。因此，在学习理论中包含着自我强化过程，这就大大地增加了强化原理应用于人类功能的解释能力。

自我调节中的各种子过程

个体在达到自我规定的标准时，常用自己控制的奖赏物对自己进行奖赏，自我强化就是指个体通过这种方法促进和维持自己行为的过程。由于通过消极的自我反应也能减弱行为，所以广义的自我调节概念在应用时将包含自我反应影响的增强和减弱效果在内。

在社会学习理论（Bandura，1976b）看来，自我调节的强化主要是以它的动机功能来加强操作的。通过使自我奖赏以达到一定操作水平为条件，个体产生自我诱导以使其努力持久不懈，直到他们的操作达到自我规定的标准。采用这种手段所产生的自我动机水平将随诱因的类型和价值以及操作标准的性质而发生变化，图6简述了在自我安排的诱因下行为的自我调节中不同的子过程。

行为可以沿着一些评定维度发生变化，图中只列了其中的一部分。这些维度的重要性将随着活动的变化而有所不同。例如，那些追踪实验作业就可以根据速度来加以测定。成就定向活动可以在质量、数量或独创性的基础上加以评价。社会行为可以沿着真实性、序列性和异常性等维度加以评判，刚才提到了一些。

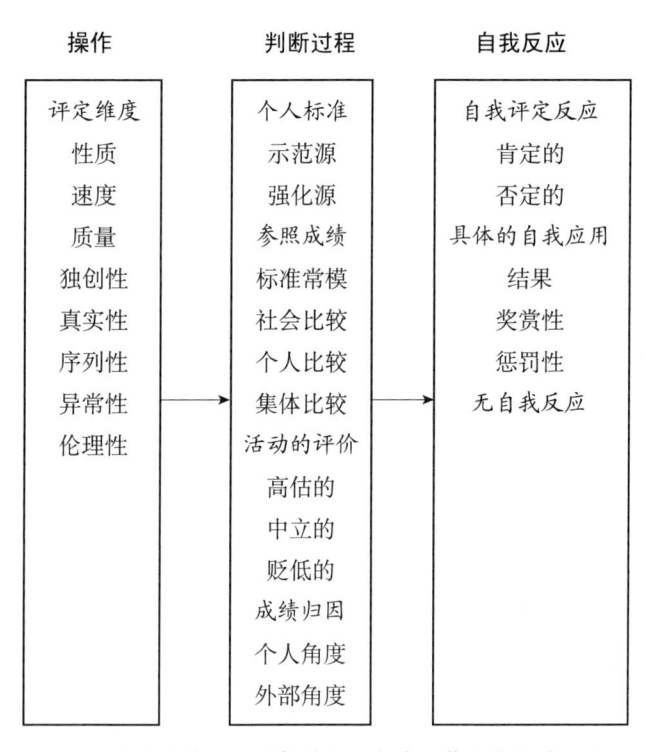

操作	判断过程	自我反应
评定维度 性质 速度 质量 独创性 真实性 序列性 异常性 伦理性	个人标准 示范源 强化源 参照成绩 标准常模 社会比较 个人比较 集体比较 活动的评价 高估的 中立的 贬低的 成绩归因 个人角度 外部角度	自我评定反应 肯定的 否定的 具体的自我应用 结果 奖赏性 惩罚性 无自我反应

图6　由自我生成结果引起的行为自我调节中的各种子过程

第四章 | 后继的决定因素

行为通过一种判断功能而产生各种自我反应,这一判断功能包括好几个附属过程。一个特定的操作到底会被看作是可奖赏的还是可惩罚的,这取决于评价它的个人标准。符合内在标准的行动就会产生肯定的评价,而那些不符合标准的行动,就会得到否定的评价。

对大多数活动来说,并不存在绝对的合适的量度。跑完 1 英里(约为 1.6 公里)路的时间,在某些任务上的得分,或者慈善捐献的多少,这些活动本身并不能为自我评价提供充足的信息。当我们从关系上来定义合适性时,那么,从某人的得分和别人的得分的比较中就可以评价他们的操作。因此,如果一个学生在一次考试中得了 115 分,他想排在小组的 10% 以上的名次上,那么,如果不知道其他学生的成绩,他要进行肯定或否定的自我评价就没有基础。当我们用社会标准来测定成绩时,自我鉴定就需要对至少三个信息源从关系上去进行比较,这三个信息源就是绝对操作水平、一个人自己的个人标准,以及一个社会参照物。

对不同任务的参照比较可能要采用不同的形式。对某些有规则的活动来说,人们常用在一些代表样组基础上建立的标准常模来决定一个人的相对位置。但是,人们更加常常将自己与类似情境中的特定的同伴相比较。因此,操作判断将随着被选作比较的那些人的能力大小而发生重大变化:在同能力较低的人比较时会提高自我估价,相反地,如果以更有才能的人的成绩来做合适性的相对标准,那就会降低自我估价。

一个人以前的行为也常被用作评判后继操作的参照。在这一过程中,自我比较提供了合适的量度。过去的操作主要是通过它对标准情境的影响来决定自我评价的。在获得一定的操作水平之后,对这种操作就不再有什么要求了,人们就要从逐步的提高中去寻求新的自我满足了。人们在成功之后就要提高他们的操作标准,在多次失败之后,就会将这些标准降低到更加现实的水平上。

人们普遍认为，应该确立一些社会学习的措施以使人们根据自己的能力和标准，而不是通过与别人的比较来评判自己。然而，在竞争性的和个人主义的社会里，一个人的成功就意味着另一个人的失败，在自我评价中明显地反映出社会比较来。在以集体主义伦理观为中心的组织化的社会里，评判行为的标准可采取其他的形式。在这种安排下，比较过程仍然在一定程度上发挥着作用，但自我评价主要是按一个人对共同目标的相对贡献以及整个群体的成就水平来进行的。

在自我调节的判断成分中，还有另一个因素与活动的评价有关。有些活动对人们只有很小或没有什么意义，人们对于如何从事这样活动并不十分介意。而且，人们也不会花多少精力在那些没有多少价值的活动上。只是在那些影响到一个人幸福和自尊的领域中，自我评价才会产生个人的结果。

自我反应也将根据一个人如何认识其行为的决定因素而发生变化。当人们把他们的成功归因于自己的能力和努力时，他们会以他们的成就而自傲。但是，如果他们把成功归因于外部因素，他们就不会从行为中得到多少自我满足。对于失败行为或过失行为的判断来说，也是这样。就不合适的操作而言，如果他们自己要对之负责，他们会作出自我批评的反应，但是，如果他们知道这些不合适的操作是由于不完备的条件或不全面的能力而引起的，他们就不会作出自我批评的反应。关于人们是怎样通过重新组织动作，歪曲它们的效果或者掩盖对它们的责任，而将自我评价的结果从不端行为中解脱出来，这一章的后面还将提供一些证据。

操作的自我评价为自我产生的结果提供了机会。赞许的判断会产生奖赏性自我反应，而否定的评价则会激起惩罚性自我反应。那些被认为没有个人意义的操作不管怎样都不会激起任何反应。大量的人类行为是通过自我评价的结果来调节的，它可有各种不同的表现，如自我满足、自我骄傲、自我不满以及自我批评。人们也可能以作出确实的结果来达到目标为条件使自己做他们本来不想做的事情。

虽然真实的结果和评价的结果都能个别地影响行为，但它们并不是完全独立的。为了真实的结果而达到目标也可能会激发肯定的自我评价。自我评价的反应若与真实的结果相关联也会获得和保持它们的奖赏和惩罚价值。也就是说，人们在获得自豪感之后通常会沉湎于自我满足，而当他们自我批评时，又会不恰当地对待自己。

自我调节功能的形成

讲授或者示范都能建立一些行为标准以决定自我强化的反应。人们会学会部分地根据别人如何对他们行为的反应来评价自己的行为。成人规定了一些有价值的行为标准。一般说来，当儿童达到或超过这些有价值的标准时，他们会为之高兴，当儿童的行为没有达到有价值的水平时，他们就会感到失望。由于这一分化反应的结果，儿童最终学会以自我认可和自我批评的方式来对自己的行为作出反应，这取决于这一行为是怎样同别人建立的评价标准相比较的。采用自我强化措施进行直接训练的效果，在坎费尔和马斯顿（Kanfer & Marston, 1963）所做的一项研究中得到了证明。那些受到宽容待遇的成人比起那些受到严格训练的成人来，在以后对自己的操作所给予的自我奖赏会更加慷慨，即使两组的实际成就是差不多的。

人们不仅为别人规定一些自我评价的标准，当他们对自己的行为作出反应时，他们也同样拿出这些标准来。各种各样的标准为自我强化反应提供了基础，在这些不同标准的传递中，原型的作用受到了极大的注意。在主要用来研究这一过程的典型性模式中，儿童观察着原型所操作的一项任务，原型为自我奖赏所采择的，或者是一些高的成绩标准，或者是一些低的成绩标准。当原型达到或超过这一成绩时，他们自己会感到满意，他们实事求是地奖励自己，并且啧啧赞赏自己，但在他们没有达到自我规定的要求时，他们就会主动否认面临的奖赏，并且作出自我批评的反应。之后，观察者单独操作这项活动，并且记下他们奖励或惩罚自己的成绩水平。

结果表明，儿童倾向于采用别人所示范的评价标准，他们用那些相对的标准来判断自己的操作，并相应地对自己进行强化（Bandura & Kupers，1964）。当儿童看了那些坚持高标准的原型，他们就只是在获得优异成绩时才给自己奖赏，而在其他儿童看了那些认为低成就也足够了的原型后，他们会对自己哪怕最小一点的成绩进行强化。示范影响对成人的行为标准也能起同样的作用（Marston，1965）。

人们将从大量的示范影响中抉择自我评价标准的类型，有一些选择性因素影响着这一决定。原型和观察者在能力上的差异就是其中的因素之一。一般说来，人们更喜欢那些与自己能力相近的参照原型，而不太喜欢那些相差很大的原型，因为他们只有经过很大的努力才能与这类原型的行为相匹配。在班杜拉和瓦伦（Bandura & Whalen，1966）的一项研究中，儿童乐意接受低成就原型所呈示的标准，这些原型常为那些一般的成绩所满足，或者，儿童也乐意采纳那些中等能力的原型所呈示的标准，这些原型将自我奖赏标准限定在儿童可及的范围之内。但是，儿童拒绝那些熟练的原型所规定的高标准，在他们可及的成绩范围内规定自己的要求。

如果使自我满足以高成就为条件，那么，要达到可奖赏的行为水平必须花费相当多的时间和相当大的精力。因此，人们不愿意仿效严格的标准是可以理解的。尽管如此，人们还是经常预定一些高的标准。的确，在很多包括大学和其他各种行业在内的机构里，都有很多人在他们所承担的任务中只对优异的成绩感到自我满足。

由于高标准是在人们的社会奖赏中主动培养出来的，所以，不管它们会招致怎样苦恼的后果，它们还是会被竞相仿效的。人们为坚持范例的标准而自豪，而骄傲，而当他们对无意义的操作进行自我奖赏时，他们就会受到批评。除了直接的结果之外，替代性强化也能作为支持标准确立行为的一个社会根源。观察别人为了追求优异成就而得到公众的认可激励着人们的竞相仿效行为。

　　社会环境包含着大量的示范影响，这些影响可能是协调的，也可能是冲突的。正如后面将要看到的，示范的一致性会促进标准的社会传递。复杂的示范对社会学习有一定的影响，人们常在成人与同伴的冲突影响情境中讨论这些影响。由于前面提到过的原因，在产生冲突时，儿童可能会喜欢同辈的标准。因为成人标准相对来说要高一些，所以，如果儿童采纳成人标准，他们就会把他们较低的成就定在标准之下，因而会经受很多的自我失望。

　　对竞相仿效的标准有利的条件通常是在相互联系中出现的，而不是单独出现的。有很多因素影响着人们去采纳自我奖赏的严格标准，班杜拉、格鲁塞克和曼洛夫（Bandura，Grusec & Menlove，1967）的一项实验揭示了这种影响发生的方式。当儿童只观察到成人原型坚持一项严格的成绩标准时，比起给他们呈示冲突的标准（成人例示以高标准，同伴例示以低标准）来，他们对自己的低成就进行奖赏的意念要小得多。当儿童看到成人原型为坚持高标准而受到赞扬时，他们也更可能对自己的自我奖赏提出高的操作要求。另外，如果儿童与成人原型有过一段纵容的关系，那么，这些儿童会更加肆意妄为。

　　这项研究还对各种决定因素的结合进行了分析，分析表明：同伴示范有一种减弱成人示范影响的趋势，当儿童观察到社会对高标准规定的行为加以认可时，他们就会加以抵制。达到下列三个条件的儿童才会采纳最严格的标准：他们观察到那些维持高标准的成人原型得到了社会的认可，没有给他们呈示冲突性的同伴标准，以及他们没有受到成人原型的纵容对待。在这些社会条件下，即使儿童很少能达到或超过成人的标准，他们也不大会认为低于这一水平的成绩也值得自我奖赏。当自我评价的标准高到不现实的程度时，仍然采纳或继续坚持这一标准，很明显特别要注意的是：儿童会独自地作业，而且只要他们愿意，他们会自由地奖励自己，周围没有人能去评判他们的行动。

相反地，当研究者在成人纵容、同伴自我放肆的气氛中示范严格的标准时，儿童会将这些标准置之度外。

不同的人或同一个人在不同的场合所例示的自我评价反应的类型可能会不一致，这些不一致就使得学习标准的过程更加错综复杂了。因此，观察者必须对冲突的信息进行加工，最终达到一个个人标准，对照着以测量他们自己的成绩。当人们知道期望的成绩是什么，但却看到别人所坚持的那些标准并不相同时，上述的不一致更可能在示范中产生一些冲突。示范影响的不一致会减少对高标准的采纳（Allen & Liebert，1969；Hildebrant，Feldman & Ditrichs，1973），但影响的相对效能是由一些相互作用的因素决定的。其中包括观察者的特性，如他们的成就定向，以及把事物看作是个人决定还是外部决定的偏好，等等（Soule & Firestone，1975；Stouwie，Hetherington & Parke，1970）。

虽然榜样和讲授都能单独地传递标准，但这两种影响方式通常是共同起作用的。人们并不总是言行一致的。例如，在一些熟悉的情境中，有些父母自己生活很严谨，但对其子女却很纵容。还有些父母自己很放纵，但却希望其子女坚持严格的成就标准，多干活，多牺牲。其他一些场合里也会不断出现相信的东西和示范的东西之间的矛盾。

成人往往为儿童规定高或低的成就要求，但对自己自我奖赏的多寡却不遵守这些要求。有人对在这种条件下的标准的传递进行了研究（McMains & Liebert，1968；Rosenhan，Frederick & Burrowes，1968），结果显示，当人们始终一致地规定和示范高标准时，儿童倾向于接受严格的操作要求，对自己的奖赏也很有节制。当成人的言行都很随便不拘时，儿童就会自我满足于一般的成绩，并赞赏自己的这种成就。

在相矛盾的措施中，原型对别人提出严格的标准，但却按照宽大的标准来衡量自己，或者反过来，为自己规定了高标准，而为别人则规定一个低标准，这些都会减少人们在自我奖赏中采纳高标准的可能性。在上面的两种不一致类型中，伪善的形式具有更强烈的消极作用。宽已律人会降低原型的吸引力，加强对他们所宣扬的标准的抵制（Ormiston，1972）。

自我奖赏的操作标准的泛化

如果操作标准和自我强化措施从来不泛化到它们最初为之设置的特殊活动范围之外，那么，它们的发展将只有有限的价值。实际上，社会发展的主要目标就是传递一般的行为标准，使之作为在各种活动中指导行为的自我调节。

通过改变所操作的活动性质但对自我奖赏仍然要求达到类似的操作水平，人们就能最有效地传递一般的标准（Bandura & Mahoney，1974）。因而，共同的标准是从一些特殊的活动中分离出来的，正如从一些事件中抽象出规则一样，它们在别的方面就会有所不同。有些标准即使是在一项单一活动中获得的，它们也会在一定程度上进行泛化。有些儿童经过示范作用采纳自我奖赏的高操作标准，这些儿童以后即使在不同的活动和不同的情境中，也倾向于应用类似的标准（Lepper，Sagotsky & Mailer，1975）。

米契尔和利伯特（Mischel & Liebert，1966）研究了自我奖赏模式在一连串的原型中传递的方式。有些儿童采纳了较高的自我奖赏的成人标准，他们以后就在同伴中示范和应用同样的标准。马斯顿（Marston，1965）在一项成人实验中也同样证明：看到原型或者慷慨地或者吝啬地强化自己的操作，不仅影响了观察者如何大方地奖赏自己行为，也影响了他们如何慷慨地强化别人的行为。

包括操作标准的跨文化示范方面资料的现场研究与实验室的结果是一致的（Hughes，Tremblay，Rapoport & Leighton，1960）。在那些自我改善伦理观占主导地位的同类社会中，人们坚持很高的自我要求并以他们的成就而自傲，为他们的成就而乐观。相反地，在另一种盛行更为大方的自我满足的社会里，人们不管自己的行为如何随意地奖赏着自己。

自我评价与现象学

行为理论的分析一般说来是一种现象学的研究，在这些分析中，主要强调的是自我概念，它与想象中忽视自我评价经验的行为的研究方向是不相容的。当然，行为理论内部在研究选题上也有差异。正如我们已经看到的，自我评价反应主要是在社会学习理论中描述的。自我评价除了作为行为诱因之外，其本身也有一定的意义。仅仅一个人的成就，并不能决定自我满足和自我不满的水平，它还要受到判断成就时所用的标准的影响。由于采用不同的标准，使某个人高兴的成绩可能会导致另一个人的高度不满。在传统的自我概念的评价中，研究者通常以形容词校对表、Q 分类或者调查表的形式向人们呈示评价的项目，并要求他们评出适合于自己的项目，然后将个体的反应汇总起来以获得一个完整的自我概念。

社会学习理论根据一个人降低自己价值的倾向来定义否定的自我概念，而将肯定的自我概念定义为积极评价自己的倾向。由于人的能力和评价标准对不同的活动来说会有所不同，所以在不同领域（例如社会的、学术的、职业的和运动的）成就可能会产生不同的自我评价。举例来说，在职业专长上，人们可能将他们自己看得很高，在社会关系上可能作一般性肯定，而在运动竞赛上的自我评价可能是否定的。甚至对于同类活动的不同方面，一个人的自我概念也可能发生变化。正因为如此，在功能作用的特定范围内对自我评价进行测量会比一个笼统的指标更有意义。

人格理论倾向于将行为上的变化归因于价值观的差异，但他们都不能适当地解释价值观是怎样调节行为的。在社会学习的分析中，有一种操作方式就是根据诱因偏好来定的。人们对称赞、金钱、物质占有、社会地位、免除束缚等所赋予的价值各有所不同。价值观决定行为的方式是：为人所珍视的诱因能促动那些用来获得它们的活动，失去价值的诱因则不能，诱因的价值越高，操作的水平就越高。

活动本身可以使之具有一定的价值，就像外来诱因也可以使之具有一定的价值一样。正如我们已经知道的，行为本身并不具有价值，而是它所产生的积极和消极自我反应具有价值。因此，评价性的自我强化提供了第二种机制，价值观念就是通过这种机制来影响行为的。评价标准就代表了价值观念；有些行动符合了所采纳的标准，有些行动没有达到这些标准，对这些行动的期待性的自我夸耀或自我批评具有对行为的调节性影响。

功能失调的自我评价系统

如果自我调节的分析主要集中在操作标准、条件性自我评价、力量的调动以及诸如此类因素，那么这一过程听起来像是一件自我承受的难事。实际上，自我反应功能的发展提供了一个重要的和连续的有关个人满足、个人兴趣以及个人自尊的根源。操作上的造诣构成了一种个人效能、增加在活动中兴趣和产生自我满足等情感。如果活动中没有标准和评价，人们就不会被激动，就会感到烦闷，也只能依赖一时的外部刺激来得到一些满足。不幸的是，过分严格的自我评价标准的内化，也能作为个人烦恼的一个持久的根源。

功能失调的自我评价系统主要被某些病理心理学中描述为激起过度的自我惩罚或带来自我产生的烦恼，从而激起各种防御反应。很多有关心理治疗的求医者是很有才干而且没什么焦虑的，但他们经受着相当大的个人烦恼，这些烦恼来自过高的自我评价标准以及与那些以非凡成就而著称于世的原型所作的不利的比较。正如一个不知其名的圣人所言："如果你将自己与别人比较，你要么会得意，要么会痛苦；因为总是有比你更伟大和更渺小的人。"但社会比较是不可避免的，特别是在那些提倡竞争和个体成就的社会里。那些有才能的人往往具有很高的抱负,这些抱负有可能实现,也有一定的困难,可笑的是,这些人往往不顾他们的显著成就而特别容易产生自我不满。博伊德(Boyd,1969)曾对这一现象作了一个形象性的描述:"每一个第二小提琴手都像一个身穿轻柔的扎口短裤的神童一样,沉溺于自己的幻想中,他期待着有一天能在疯狂的观众投来的鲜花中绝妙地独奏着。一个鼻子上架着眼镜、头顶中央光秃的 45 岁的老小提琴手是世界上最失望的人。"《花生漫画》(Peanuts)中毛毯不离身的莱纳斯(Linus)也提到过这一现象,他说:"才能是一个最沉重的负担。"

在更加极端的情况下,苛刻的自我评价标准会导致抑郁性反应、长期性沮丧、毫无价值的感觉以及目的性的丧失。实际上,过度的自我鄙视是抑郁症的一个明确的特征。正如洛布等(Loeb, Beck, Diggory & Tuthill, 1967)已经证明的,即使对于相同的成就,抑郁性成人往往比非抑郁性成人把自己的成绩评价得更差一些。那些过分追求和轻视自己实际成就的人都是最容易产生抑郁症的。有些治疗促进正确的自我观察,促进对肯定的自我评定现实的子目标,以及促进对可获得的成就进行自我奖赏,这些治疗可以减弱抑郁性反应(Fuchs & Rehm, 1975; Jackson, 1972)。只要人们针对现实的子目标而不是根据很高的最终目标来评价目前的成就,较高的抱负就不会带来自我沮丧。

当人们由于年龄或机体损伤而经受着能力的丧失但却继续坚持他们最初的成就标准时,他们也会遭受自我贬抑所带来的巨大痛苦。其结果是,他们对自己的成绩进行了非常严厉的自我批评,以至于他们最后变得冷淡无情,并且放弃了以前曾给他们带来极大个人满足的活动。

当一个人的行为作为自我批评的一个根源时,那些挡开或降低烦恼的防御反应因此就得到了强化。所以说,自我产生的烦恼可以为各种形式的偏常行为的发展提供条件。有些人的成就反而给他们带来一种失败感，他们沉溺于酒精的自我麻醉之中，另一些人往往逃避到夸大观念中，他们在那里从幻想中获得现实中得不到的东西。很多人放弃了那些具有自我评价意义的追求而沉沦于那些信奉反成就规范的群体之中，另有一些人将他们自己指称的过错归罪于陷害阴谋以保护他们自己不受到自我谴责。可悲的是，还有些人甚至被残酷的自我鄙视逼得去自杀。自杀而死的欧内斯特·海明威就曾深受这类自我产生的暴虐之苦（Yalom & Yalom, 1971）。在海明威的整个一生中，他给自己提出一些无法达到的要求，逼迫他自己做出非凡的功绩，同时又不断地鄙弃他自己的成就。

前面的讨论描绘了一幅个人的惨景，它来自于严格的自我赞赏标准。欠缺的或者偏常的标准也会产生问题，虽然结果的有害影响更可能是社会的，而不是个人的。信奉一种权宜主义道德观的那些无原则的人、那些对自己擅长于反社会活动而自傲的人，很容易从事伤害性行为，除非受到外部制裁的阻碍。

从自我产生的结果中调节行为

当个体学会为自己规定标准并产生条件性的自我反应之后，他们就能通过自我产生的结果来影响他们的行为。因此，自我反应功能的发展可赋予人们以自我定向的能力。

偶联性自我奖赏的动机效应在实验室和自然条件下都得到过研究。班杜拉和珀洛夫（Bandura & Perloff, 1967）在一项实验中曾针对自我执行的强化和外部执行的强化，进行了有效性方面的比较。这一实验过程如下：安排儿童从事一项手工作业，他们在作业中所操作的反应越多，得分就越高。儿童在自我强化条件下选择他们自己的操作标准，并且，只要他们达到了自我规定的目标，他们就可以对自己的成绩给予一些代币性奖赏。外部强化组的儿童和自我奖赏组的成员是匹配起来的，以使两组儿童都应用同样的标准，在外部强化组儿童达到预定的水平时，由别人来对他们进行奖赏。其他几组儿童执行同样的任务，但要么接受不附带任何条件的奖赏，要么根本没有奖赏。

强化的两个主要特性之一就是维持要花力气的行为的能力。因此，各组儿童都是单独地执行任务，直到他们不想再继续下去为止。那些成绩由自己或别人奖赏的儿童所生产的产品，比那些无偶联地受到奖赏或没有奖赏的儿童所生产的产品要多出一倍。

儿童为自己规定的操作目标越高，要得到同样的自我奖赏，他们就必须越加刻苦地工作。特别有趣的是，自我定向组儿童普遍地给自己提出难以达到的操作要求。虽然他们都单独地工作并且可以随意地选择任何目标，但没有一个儿童选择只要花极小力气的最低的标准。很多人选择最高的成就水平，因而只有极少的成绩值得自我奖赏。还有些人在自我奖赏的数量并没有提高的情况下，将他们的最初标准提高到一个更高的水平，因而就要求他们必须做更多的工作才能获得同样的报酬。

为什么在别人并没有要求的情况下，人们会强求自己达到很高的操作水平？一旦人们受榜样和教导的影响而采用了一定的成就标准，自尊动机就要以有价值的成就为条件了。有的行为的自尊动机价值是低的，当人们用这种行为来增加物质利益时，就可能产生一些冲突。在这种情况下，人们就想降低他们的标准花最小的努力予以最大的奖赏。但是，奖励一般的成绩要付出自尊的代价。在刚刚引用的研究中，儿童宁愿不给自己奖赏，虽然可以完全有权处理这些奖赏，但也不愿为了不值得的自我奖赏而遭受自我非难。事实上，很多儿童是在最小的物质报偿需要花费很大精力的条件下规定他们的目标的。有一些功利理论是根据最佳的奖赏—代价平衡来解释行为的，这些理论与上述的结果不相符合，除非它们的表述把奖励一个人为贬值的行为所付出的自尊代价也包括在内。有些活动只具有很小的个人价值，不能激起自我评价的结果，当人们从事这些活动时，他们更多的是根据外部的奖赏—代价准则（即对每一个物质性的自我奖赏）花费最小的努力来行事的（Felixbrod & O'Leary，1974）。

自我强化措施有很多应用，目的在于教儿童和成人在为自己安排诱因的条件下如何调节自己的行为。这些研究的结果表明，人们可以凭借自己的力量长时期地改善和维持自己的行为，其效果与别人应用诱因而产生的变化是一样的（Bolstad & Johnson，1972；Drabman，Spitalnik & O'Leary，1973；Glynn，1970；McLaughlin & Malaby，1974）。那些通过偶联性自我奖赏来影响自己行为的人，比起那些操作同样活动但却没有接受强化而无偶联地获得奖赏的人来，或者比起观察到自己的行为并规定了一些目标但却不对自己成功的努力作自我奖赏的人来，能达到更高的成就水平（Bandura，1976c）。自我执行的消极后果已在一定程度上被成功地用于减少口吃、强迫性思维和由来已久的坏习惯（Thoresen & Mahoney，1974）。

虽然外部的和自我定向的方法都能改变行为，但自我强化措施在发展自我调节的泛化技能上具有额外的优点，就是它可以被长久地应用。也许正是这个原因，相比起外部强化的行为来，自我奖赏的行为能更有效地得到维持。而且，主要通过一个人自己的努力而获得的个人变化能增强一种个人的因果关系感（Jeffrey，1974）。

证明人们能对自己的行为施行某种控制的证据为自我调节技术的发展提供了动力（Goldfried & Merbaum，1973；Mahoney & Thoresen，1974）。在这类研究中，人们凭借为想要做的活动创造环境诱因、认知支柱和合适的结果，从而改变他们的执拗行为，自我强化在成功的自我定向变化中扮演着一个主要的角色。

由于个人行为的改变至少在开始易于与不利的强化条件联在一起，所以它往往很难获得。像过度吸烟和过度饮食这些活动由于它们的直接强化效果而得到强有力的保持，而它们的有害后果慢慢地积累致使在一段时间里觉察不到这些有害后果。努力去控制这些行为会产生直接的烦恼，一些戒烟的好处就明显地消失了。因而，偶联性的自我奖赏可被用来提供自我控制行为的动机诱因,直到最终获得的好处承担起强化功能为止。

获得自我定向变化的方法主要依赖于自我安排的具体强化物。很有意义的是,也有些证据证明符号化的结果在调节外显行为中也能作为诱因而起作用。韦纳(Weiner,1965)报告了一项实验,其中有三种情况,一种是成人的不适当反应由于别人对他们处以罚款而受到惩罚,第二种是他们用想象同样的罚款来惩处自己,第三种是他们的行为没有效率。内隐性自我惩罚和实际惩罚都能减少不适当反应,虽然内隐的形式相对来说要稍微弱一些。

现在有很多理论工作和研究工作都指向内隐的自我影响在调节行为中的作用以及把认知事件扩大到自我控制技术(Bandura,1969;Mahoney,1974;Mischel,1973)。有关自我调节过程的一些研究成果表明:社会学习方法在提高人们调节自己情感、思维和行动能力方面大有前途。

维持自我强化系统的条件

在分析自我强化的行为调节中,把在这一过程中起作用的两个诱因源区分开来是很重要的。一是,自我奖赏偶联在指定的操作上的安排,为一个人从事这些活动创造诱因。另一是,存在着一些坚持操作偶联的诱因。有一些有趣但研究得不够而需要解释的问题是:为什么人们完全能掌握奖赏但又不给自己奖赏?为什么他们坚持需要艰苦操作才能达到的严格标准?为什么他们惩罚自己?

消极的制裁

坚持自我奖赏的操作要求部分地是由各种形式的周期性环境影响维持的。当人们正获得自我强化反应的标准时,或者当人们后来应用它们不相一致时,不该得的自我奖赏往往会产生消极的后果。对自己的不适当或不该受奖的操作进行奖赏,更可能激起别人的批评反应。人们不大会认为降低一个人的操作标准是值得称赞的。

在类人猿身上做的一些自我强化研究，揭示了消极制裁在维持偶联性自我奖赏中的作用。这些研究为分析自我强化的几个基本过程提供了一个典型模式，而这些基本过程在经历了多年社会学习的人身上是无法得到圆满解释的（Mahoney & Bandura，1972）。凭借选择性强化，即仅仅在达到预定的操作水平后才能享受它们所控制的奖赏，动物能采用一定的操作标准并维持它们的进取行为。在全部环境支持物被撤销之后，它们用自我奖赏将它们的行为继续维持一段时间，但最终放弃了这些自我设置的偶联，在它们承受大量的工作时尤其是如此。然而，对不该得的自我奖赏进行周期性的惩罚有助于维持偶联性的自我强化。对非偶联性的自我奖赏所施行的消极制裁的确定性越高，这种消极制裁的维持能力就越强（Bandura & Mahoney，1974）。

预示性的情境决定因素

为不该得的自我奖赏预示着可能结果的那些情境因素，影响到人们在满足操作标准之前不给自己奖赏的可能性，在某些环境场合中，人们以前要获得自我奖赏就需要一定的操作，现在即使对非偶联地奖赏自己的消极制裁已不复存在，这些环境场合还是养成了人们对那些自我设置的偶联的坚持性（Bandura，Mahoney & Dirks，1976）。因此，由于某些背景因素代表了以往的环境的规定（即应根据操作成绩作出自我奖赏），所以它们为操作提供了一些额外的支持。

消极制裁的威胁并不是建立自我调节系统的最可靠的基础。幸运的是，有好些可以用来说明通过自我安排的诱因对自己的行为施加某些影响具有好处的理由。有些好处对行为来说是外在的，有些是来自行为本身的。

个人的利益

如果人们要求改变的行为是令人厌恶的行为，那么他们会被促使给自己施加一些必要的自我奖赏条件。例如，对超重的人来说，不舒适、疾病以及对过度肥胖的社会舆论就为控制吃得过多提供了各种诱因。身体疾病和对癌症的恐惧促使严重的吸烟者减少他们的吸烟量。当学生没有完成作业给他们的学习生活带来极大的烦恼时，他们就被促使改变无效率的学习习惯。

人们凭借在操作成就上作出自我奖赏，就能减少令人厌恶的行为，从而为他们的努力带来了一个自然的强化源：他们减轻了体重，他们减少或停止了吸烟，以及他们以改善学习习惯提高了他们的学业成绩。如果人们在必须完成的任务上拖延时日，就会总是想着被耽搁的事情，以致妨碍了他们从事继续工作中的乐趣。为自己规定一定的自我奖赏的成就标准，人们就能集中自己的精力来完成需要做的事情，因而免除了侵入脑际的自我担心的东西。

在有价值的活动以及令人厌恶的活动中，自我调节变化的好处能为连续的自我规定的偶联提供自然的诱因。人们通常是凭借偶联性的自我奖赏来促使自己提高他们在那些渴望掌握的活动中的技能，以及提高他们在处理日常需要中的胜任能力。在这里，从改进了的熟练技能中所得到的个人成就会加强偶联的自我规定。类似的自我诱导可用来保证创造性活动的不断进步。欧文·华莱士（I. Wallace，1976）在评论小说家的写作习惯和自我训练时，说明了著名的小说家是怎样通过使自我奖赏与每天完成一定的写作量偶联而调节他们的写作产量的。

正如前面的讨论所指出的，由于自我调节的强化涉及暂时的自我克制，所以它不一定要制造一个不利局面。从自我定向变化的全部效应中将自我缺失挑出来，这就过分强调了这一过程的消极方面。让我们来比较一下在有和没有条件性自我奖赏支持的情况下行为的全部结果而不是一时的结果有些什么差别。在非偶联的安排下，奖赏对于任务的完成是有用的，但由于缺乏自我动机，人们从事潜在的有利行为的可能性就会减少。如果不能履行义务，除了损失一些利益之外，还必须付出一些惩罚的代价。相反地，自我定向的变化既能提供一些受到暂时抑制的奖赏,也能提供一些从逐渐增加的熟练中得到的好处。对于那些具有某些潜在价值的活动来说,自我强化就能提供更有利的全部的结果。因此,如果再细究一下,执行暂时的自我克制并不像起初那么令人迷惑不解。然而,有些行为并没有任何价值,对这些行为的自我调节也谈不上有什么特别的好处。在后面的一些事例中,持续的外在支持对于坚持自我奖赏的偶联来说,应该说具有特别重要的意义。

一系列包括赞扬、社会认可以及各种奖品的奖励积极促进对高标准坚持,对一般的成绩作自我奖赏,人们就不会得到多少好处。称赞培养人们对高操作标准的坚持,而且看到别人为了坚持高标准而得到公众的认可也有助于人们对高标准的仿效。因而,替代性强化能作为以自我规定的偶联来支持对高标准的坚持的另一个来源,以补充周期性的直接结果。

由于人们常选择一些其成员也具有类似的自我强化行为准则的参照组,所以他们的自我评价会受到成员们对价值判断的实际的反应和预期性反应的影响。如果直接参照组很小,人们似乎还是"内部定向的"(Riesman,1950),因为大多数人的观点没有强烈影响到他们的自我评价。事实上,这样一个小组的成员只是高度关心他们所尊崇的少数人的好意见。那些高度看重自己的行为以至于同伴的反应对他们的自我评价没有影响的人,确实是很少的。

示范性支持物

现已证明,示范是塑造行为的一个有力的手段,但却很少有人把它当作一个维持因素来研究。有一些证据表明人类行为广泛地受到示范刺激的控制,从这些证据看来,我们有充足的理由来期望:看到别人凭借坚持偶联性奖赏而成功地调节了自己的行为,将会增加观察者坚持自我规定的偶联的可能性。

社会学习理论并没有把自我操纵的强化概括为一个自动的行为调

节者，而是把它理解为与环境因素在一起操作的个人的影响源。虽然外部影响产生并偶尔支持自我强化的功能，但这并不否定下面的事实，即自我强化功能的执行却部分地决定着人们如何地行为。对那些执拗习惯的矫正，单是环境诱因往往不能促使这种习惯发生改变，而伴有偶联性自我强化的同样诱因却被证明是成功的。在另一些事例中，在自我奖赏帮助下形成的行为能加强环境影响，否则，这些环境影响就不会起作用。在这里，除非在操作中增强自我强化以产生这种潜在的好处，否则的话，这一潜在的好处就不会发生。还有另外一些事例，凭借偶联性自我奖赏形成的行为能改变环境。那些原来消极的人通过条件性自我奖赏促进了自信行为的发展，就会用他们的坚定行动去改变他们的社会环境。

由于人和环境的决定因素以交互的方式相互影响着，因而企图指出这两个影响源中哪一个在先，哪个在后，那就成为"鸡和蛋"的争论了。情境影响能激起自我产生的影响，而自我产生的影响反过来又能改变情境的决定因素。例如，体重过量的人由于自我强化的帮助会忍着不去跑商店买一批花色巧克力，与家中贮有供应充足的高热量佳品的人相比，他们为自己创造了一个不同的环境。对自我调节过程的完整解释必须包括环境的自我控制决定因素以及自我控制的环境决定因素。要为那些被自我奖赏所调节的活动寻找最终的环境偶联是一种倒退的做法，它绝不能解决正在讨论的问题，因为对于所引起的每一个最终的环境偶联来说，人们都能找到一些产生它的先行动作。职业谋求的宣传系统、学习活动的计分方式以及对苗条的人的看重都是人所造出来的东西，而不是自动的、不具人格的环境所规定的。

操作理论家总是反对将行为归因于遥远的未来原因。但是，在解释自我强化行为的增加时，这一观点的某些拥护者却只强调未来行为的最终利益，而忽视了此时此地行为的自我反应的决定因素（Rachlin，1974）。虽然未来成就的预期利益无疑为寻求自我定向变化提供了某种诱因，但连续而直接地促使行为变化的决定因素恰恰就是自我调节的诱因。

自我惩罚的决定因素

人们为什么惩罚自己的问题甚至比他们为什么暂时地进行自我剥夺还要复杂得多。根据阿隆弗里德（Aronfreed，1964）提出的解释，人们之所以惩罚自己是因为这种行为由于以前的条件作用而赋予了焦虑减轻的价值。这一条件性减轻学说假定，在父母训诫他们的孩子时，他们常在停止惩罚时提出口头批评。如果口头批评与惩罚的终止多次相联，那么批评就成了解除信号，表示惩罚的结束，因而减轻了焦虑。以后，当过失行为引起预期性恐惧时，人们会批评自己，这是由于自我批评具有条件性的镇定作用的缘故。根据这种解释，自我批评之所以能持久就是因为它自动地受到了焦虑减轻的强化。

阿隆弗里德在检验这一观点时发现，如果人们在惩罚停止时使用一个代表谴责的词，那么，儿童在犯过时要比他们在惩罚的开始时听到这个批评的词，更倾向于说这个词。这些发现和经典条件作用观点是一致的，但其他方面的资料对这个解释提出了怀疑。儿童在犯过以后很少自己使用批评的词，他们只是在惩罚者通过怀疑他们的行为而刺激了他们之后才这样做。一个人的焦虑情绪一旦被触发，他就会期待尽快而自发地使用一个焦虑减轻物。为什么人们在通过一个抚慰性的自我批评的词而减轻了焦虑之后仍会感到不安？

儿童起初不愿使用但后来又在特定意义上使用这一批评性的词，这一现象如果用这个词所具有的功能价值来解释，要比用这个词的条件性镇定作用来解释会更好一些。对某些儿童来说，批评的词会带来惩罚，这些儿童自然没什么理由使用它，但那些观察到批评性语词能使惩罚停止的儿童，则倾向于把它当作一种安抚试探性惩罚者的方法来使用它。如果儿童看到使用批评的词至少可以在表面上终止惩罚者的口头责备，他们将倾向于重复这个词，就因为它具有了工具性的价值。

给儿童呈示自我批评的原型，他们就会学会采用自我惩罚行为（Bandura & Kupers，1964；Herbert，Gelfand & Hartmann，1969）。由于观察者实际上并没有受到任何苦痛的待遇，因而条件性减弱理论还需要几个复杂的假定来解释自我惩罚行为是怎样通过观察获得的。

用社会学习观点来说，自我惩罚是通过它减轻思虑产生的烦恼和减少外部惩罚的获得性能力而得到维持的。当人们不适当地操作或者违反他们自己的行为标准时，他们就会产生自我批评的和其他苦恼的思虑。在社会化过程中，人们反复地经受着过失行为—内部烦恼—惩罚—减弱这样一个系列过程。在这一过程中，错误行为引起了预期性恐惧和自我贬抑的反应，这些恐惧和反应的强度在错误行为受到谴责之前是不断变化着的。惩罚不仅能终止人们对发现错误行为及其后果的忧虑，而且还会恢复别人的好感。

因此，惩罚能够将人们从持久的而且比谴责本身更为痛苦的由思虑产生的极度烦恼中解脱出来。下面这些事实可以生动地说明这一过程：人们常为一些小的过失而长年地折磨自己，直到他们作了某种补偿之后才得以解脱。自我惩罚具有类似的烦恼—解脱功能。人们在批评或者惩罚了自己的过失行为之后，就有可能不再继续对他们的过去行为进一步触动心烦意乱的思虑。

在精神失常情况下，自我惩罚常受到与现实毫无关系的妄想性偶联的有力支持。下面引一个病例：有一位把一些微不足道的小动作看作是十分重大罪行的精神病人，他只能凭借长时间地操作自我折磨的行为才能减轻他的自我受辱和憎厌的折磨的幻想。

自我惩罚在减少烦恼的思虑中的作用的分析可被应用到自我沮丧的操作上，也可被应用到道德行为上。像过失行为一样，错误的操作也会引起烦人的思虑，可以经过自我批评而减弱。

自我惩罚常常可作为减少别人消极反应的一个有效的手段。如果某种行为几乎肯定会受到惩戒的话，那么，自我惩罚可能是两种苦痛中较轻的一种。斯通和霍坎逊（Stone & Hokanson，1969）指出了为什么自我惩罚行为确实能为其自我保护价值和心理压力减弱价值所维持。如果成人对自己执行强度较弱的电击就能逃避痛苦的电击的话，他们就会增加自我惩罚反应而在情绪上变得更少烦恼。

成功地挡开预期性威胁的那种自我惩罚会阻碍现实的检验，以至于它在威胁撤除后仍然持续下去。桑德勒和夸格利安诺（Sandler & Quagliano，1964）报告了在动物研究中预期性自我惩罚的持久性。当猴子学会按横杆以逃避电击之后，插进了供学习自我惩罚的条件。动物会用按横杆来阻止电击，但它们做这个动作时却使自己遭到一个较弱的电击。在继续实验中逐渐增强自我启动的电击直到它与正要逃避的电击的强度相等。然而，动物并不减轻它们的自我惩罚，尽管这种自我惩罚已不再是两种苦痛中较轻的一种。在所要逃避的电击永远消失以后，动物继续以它们以前曾极力去逃避的电击强度毫无必要地惩罚自己。这些发现证明了自我惩罚会怎样通过它排斥事实上已不复存在的预期性威胁的能力而与目前的强化条件分离的。

另外，人们还能应用自我惩罚从别人那儿得到赞美，人们通过批评和贬低自己能使别人来列举批评者的优良品质和有价值的成就，从而保证他们未来的成功。因此，凭借主观创造的各种偶联以及各种外部因素就能断断续续地强化自我惩罚的行为。

个人的和外部的强化源之间的相互作用

在人们形成了自我强化系统之后，一个特定的动作一般都能产生两种结果，即自我评价反应和外部结果。个人的和外部的强化源可以作为两个互补的或相反的影响而对行为起作用。

当人们自己所贬低的行为得到社会的或物质的奖赏时，他们都会经受到一种冲突。对违反一个人行为标准而产生自我非难的预期会提供一个动机源,以保证当他面临相反的诱因时,他的行为能够和这些标准保证一致。自我蔑视可以说是一种最严厉伤人的惩罚了。当自我贬抑的后果压倒了对顺应行为的外部奖赏力量时,外部影响相对来说就无效了。另一方面,如果某些行动的步骤比自我责备能够带来更大的奖赏,结果就会是一味的顺从。但是,人们具有一些认知技能就能调解标准与行为之间各种令人心烦意乱的矛盾。凭借这些认知技能,人们就能减轻因为自我贬抑行为而造成自尊心丧失的矛盾过程,下面就要讨论这一过程。

当人们认为很有价值的行为受到惩罚时,在外部的与自我产生的结果之间会产生另一种冲突。在原则性上不随和的人和不从众的人常常会发现自己正处于这一苦境之中。在这里,自我认可与外界非难的相对强度决定着人们是抑制这一行为还是表现这一行为。如果威胁性后果很严重的话,自我赞赏的行动就会在冒极大的处罚危险情况下受到抑制;但是,如果逃避惩罚的可能性比较大,人们就会情愿操作这些行动。有些人将他们的某些信念赋予了很强的自我价值感,以至于他们会屈从于长期的虐待而不认同他们认为不正当或不道德的事。托马斯·莫尔就是历史上的一个著名的例子,他曾为拒绝改变他的坚定信念而被斩首。我们能举出很多历史人物和当代人物,他们为了不屈不挠地坚持思想原则和道德原则而忍受了巨大的惩罚。

另一种常见的情况就是,对某些活动的外部强化是极其微弱或者没有时,人们主要是用自我鼓励来维持他们的工作。这可以那些革新者来说明。他们不顾一次又一次的失败,坚持不懈地从事他们的工作,几乎在一个相当长的时间里完全得不到一点奖赏和认可。为了坚持下去,他们必须坚信其活动的价值,由此而对他们的努力进行自我奖励,而不去过多地考虑别人的意见。

如果外部的与自我产生的结果没有矛盾,外部结果对行为就会产生最大的影响。在外部该受奖赏的行动提供了自我满足以及外部该受惩罚的行动受到了自我责备时，就会出现这种情况。为了提高人的影响和社会的影响之间的相容性，人们常选择那些与自己具有类似标准的人作自己的同事，因而为他们自己的自我强化系统保证了社会支持。

选择性激活和自我评价结果的分离

自我反应能力的形成并不是在一个人身上产生一个不变的控制机制，就像内化理论所说的那样，把一些综合的实体（例如良心或超我）描述成行为的持续的内部监督者。自我评价的影响在被激活之前是不会发挥作用的，而且，有很多因素对这些影响的激活执行着选择性控制。因而，人们不会对同样的行为进行千篇一律的自我奖赏或自我惩罚而不顾操作这种行为的环境。

关于获得自我制裁的过程，前面已经有所讨论了。但是，内部控制的选择性激活和分离只是最近才得到系统的研究的，它们都具有很大的理论意义和社会意义。当人们采纳了一些行为的伦理标准和道德标准之后，如果他们违背了这些个人标准，他们就会产生预期性的自我谴责反应，通常都把这些反应作为针对该谴责行为的自我制止物。人们一般是抑制那种产生自我贬抑性后果的行为，而追求那些可作为自我满足来源的活动。

如果该谴责行为和它的有害后果之间的因果联结很明显，自我制止的结果就可能会得到强烈的激活。但是，有各种方法能将自我评价的结果与可非难的行为分离出来。图7显示了这一过程中出现分离的几个点。

首先，应受谴责的事在认知的重新构造中能使之看上去是荣耀的。一种方法就是把那种该谴责行为描绘成有利于一定的道德目的，为个人和社会所接受的。千百年来，多少正派的、有道德的人在宗教原则、公正观念以及社会秩序的名义下作恶多端。自我悔恨的行动与更为罪恶昭彰的残忍行为相比较，也会变得具有一定的正义性。比较

156

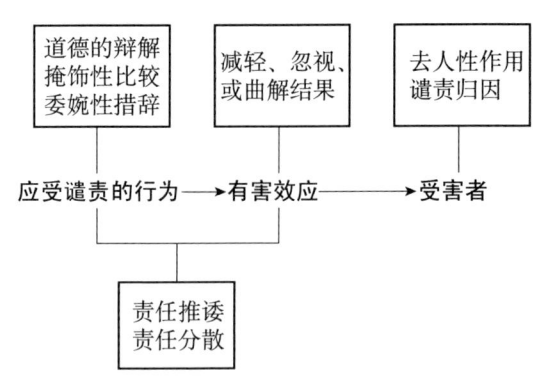

```
┌─────────┐  ┌─────────┐  ┌─────────┐
│道德的辩解│  │减轻、忽视│  │去人性作用│
│掩饰性比较│  │或曲解结果│  │谴责归因 │
│委婉性措辞│  │         │  │         │
└────┬────┘  └────┬────┘  └────┬────┘
     │            │            │
     ▼            ▼            ▼
  应受谴责的行为──→有害效应──→受害者
     │
     ▼
 ┌─────────┐
 │责任推诿 │
 │责任分散 │
 └─────────┘
```

图 7　行为过程中在不同点上从自我评价后果中分离出来的行为机制

措施越是反常，自己的该谴责行为就越有可能显得微不足道。委婉的语言为掩饰那些该谴责的活动或者甚至赋予它们一个高尚的地位提供了另一种方便的手段。通过转弯抹角的措辞，恶劣的行为可以变成慈祥的，那些干这种事的人因而就从一种个人的能动作用感中解脱出来了。

道德辩解和掩饰性比较是极其有效的解除抑制的手段，因为它们不仅能消除自我产生的制止物，而且能使自我奖赏为残忍行为服务。道德上不可接受的东西成了自我骄傲的一个来源。

人们利用掩盖或歪曲行动与其结果之间的关系来进行另一套分离措施。如果一个官方权威制裁了某些人的行为，而且对其结果承担了责任，那么，这些人会以正常情况下他们所拒绝采取的方式来行事（Kelman，1973；Milgram，1974）。人们会用推诿责任的办法认为自己不用对他们的行动负责任，因而就免除了自我抑制的反应。如果传播恶劣行为的责任使行为与其社会后果之间的联系搞糊涂，人们也就缺乏理由来进行自我谴责了。人们也会采用劳动分工、决策扩散以及集体行动的方式进行诽谤中伤而没有一个人感到自己有责任。因此，当用集体的手段搞混了行为责任时，他们会干得更加粗鲁（Bandura，Underwood & Fromson，1975）。

将行动的结果加以颠倒是用来削弱自我制止反应的另外一些方式;如果人们在为了个人利益或因为其他诱因而选择一种自我指责的行动步骤,他们就会最大限度地降低它们所造成的危害程度。只要他们忽视其行为的有害效果,就不大可能激起自我谴责的反应。

自我评价反应的强度部分地取决于行动者是怎样看待行动所指向的人。有些被视为低级而下贱的人,与那些被视为具有高尚品质的人相比,他们受到的虐待更不容易激起他们的自我责备。那些被看作卑贱的人一般被认为是感觉迟钝的,只能对粗鲁的对待作出反应。因此,把没有人性嫁祸于受害者就成为减弱残忍行为的自我惩罚的另一种手法(Zimbardo,1969)。对惩罚行为的认知伴生物的分析表明:去人性作用(dehumanization)助长了各种各样的自我解脱策略(Bandura,Underwood & Fromson,1975)。常与那些仁慈博爱的人相互交往的人会强烈反对惩罚行为,并很少为实施惩罚进行辩解。相反地,当人们将其行为指向缺乏人性作用的人时,他们就不大会去谴责自己的惩罚行为,而且会为惩罚行为进行自我解除抑制的辩护。

当代生活的很多条件助长了去人性化的行为。官僚主义化、自动化、都市化和高度的社会变动性使得人们以缺乏个性特征的、非人性的方式相互联系着。另外,各种社会措施将人们划分为内群体和外群体成员,这就导致了人与人之间的疏远,使人助长了去人性的作用。人们对陌生人要比对自己的熟人更容易当作无感情的人。

有些社会措施会使人们丧失人的品质,心理学研究倾向于集中在这类措施的解除抑制效应上。如果我们考虑到人们相互之间缺乏人性的盛行及其严重后果,强调这一点是可理解的,人性化的力量在抵制诽谤中伤行为上也具有同样的理论意义和社会意义。一些探讨这一过程的研究表明:即使在通常会削弱自我制止的条件下,如果人们是以人格化和人性化的方式来看待另外一些人的话,他们就不易残暴地对待这些人(Bandura,Underwood & Fromson,1975)。

将过错归因于受害者也是一种权宜策略，它能为自我解脱的目的服务。伤害性的交往总要涉及一系列使双方升级的行动，受害者在其中不会一点错误也没有。一个人总能被反对者从一连串理由中选出防御行为的一个例子，而且把它看作最初是由它挑起的。然后，因为受害者给自己带来了痛苦，所以他们应该受到谴责，或者是，用特殊的情况为自己不负责任的行为辩护。责怪了别人，自己的行动也就变得可原谅了。

由于内化了的调节机制容易受到分裂，因而在没有改变人们的人格结构、道德原则或者自我评价系统的情况下，人们也能获得道德行为上的明显的改变。所以，只有自我解脱过程而不是品格缺陷才能说明大多数的非人性行为。

第五章
认知的控制

如果根据先行诱因和反应结果就能完全解释人的行为,就没有必要再假设任何其他的调节机制。但是,大多数的外部影响是通过中介的认知过程而对行为发生作用的。认知因素部分地决定着人们将观察哪些外部事件,他们将如何理解这些事件,这些事件是否会留下什么持久的影响,它们具有什么作用和功效,以及人们将怎样组织它们所传递的信息以便来日应用。人们以符号的形式运用那些来自经验的信息就能理解外部事件,并得到有关这些事件的一些新的知识。本章讨论的那些认知事件是指意象、符号形式的各种经验表象以及各种思维过程。人们对认知功能参与调节人的行为的各种方式早就有所注意了。这些问题以及其他一些问题将在这一章中得到进一步的探讨。

以认知为基础的动机

动机主要就是如何激起和维持行为。有些行为的动因来自环境事件和机体状况的刺激作用——渴、饥、性情绪触发、疼痛以及各种使人厌恶的外部刺激物都可以促动人们的行动。但是,大量的人类行为是在缺乏有力的、直接的外界刺激作用时被促动并长时期地被维持的。在这些情况下,行动诱因源于各种认知活动。

在思维中表现未来结果的能力为人们提供了一种具有认知基础的

动机源。未来结果的认知表象能作为当前的行为动因而起作用。我们做的很多事情是为了获得预期的利益和逃避未来的困难。我们可回顾前面所讨论过的，即条件性行为会引起想要得到的结果的期待，强化操作主要就是通过产生这些期待来影响行为的。

第二个在认知基础上产生的动机源是通过目标确立和自我调节强化的中介影响而发挥作用的。自我动机需要一些针对评价操作的标准。当人们委身于追求明确的目标时，如果他们发现在所作所为和企求得到的东西之间存在着消极的矛盾，他们就会感到不满，以此作为行为改变的动机诱因。

动机效果并非得自目标本身，而是来自人们对自己的行为作评价性反应的这样一些行动。目标为肯定的自我评价规定了条件性要求。人们一旦使自我满足与目标达成相偶联，他们就会坚持自己的努力，直到他们的成绩和他们企求得到的东西相匹配。对想要达到的成就的预期性满足和对不够标准的成绩的否定性评价，都能为行动提供诱因。大多数的成功并不能带来持久的满足；人们在达到了一定的成绩水平后通常就不再满足这一水平了，他们就会再作进一步的肯定性自我评价以与达到更高的成就相偶联。

目标并不能自动地激起那些影响操作的评价过程。目标的某些特性决定着某一活动引起自我评价的可能性。目标特异性部分地决定着目标会产生行动诱因的程度。明确定义了的目标按规定所需工作的类型和数量来调节着成绩，这些目标凭借为个人成就提供的明确的指标来促进自我满足。另一方面，一般的意向并不能为调节一个人的工作或者为评价一个人如何行动提供什么基础。

在一项活动中所花费的工作量以及随目标变化而出现的满足程度与人们将这些目标确定在什么水平上有关。当人们将自我满足与难以达到的目标相偶联时，即使采取对他们比较合适的较低的目标，也得花费很大的努力。对那些易于服从自主控制的活动来说，目标越高，操作水平就越高（Locke，1968）。但是，在艰难的任务上，人们不应期望意向与操作之间具有一种线性的关系。如果人们把目标不现实地规定在很高的水平上，那么大多数的操作将会是令人失望的。如果很大的努力只是屡遭失败，这种努力就会降低功效期待，因而也降低了完成这一活动的动机。所以，一些中等难度的子目标可能会给人以最大的动机和最大的满足。

目标接近是另一个重要的因素。意向在调节行为中的有效性随着受这些意向所指向的未来的远近而不同。当前的目标可以将一个人的精力集中起来而指向此时此地正在做的事情上。遥远的想法往往在时间上相隔太久，以至不能作为有效的行动诱因，尤其在大家所熟悉的是在手头有很多竞争性影响的时候。一个人如果把注意力集中到遥远的将来，就容易避开眼前的事情——人们总是从脚踏实地的明天开始的。明确的、最近的子目标有助于实现更大的、未来的目标，因而，它们能够最好地维持人的自我动机。子目标有助于产生目前的行动诱因，而子目标的实现能提供自我满足，它能强化和维持人们在这一方面的努力。

在由自我反应影响引发的自我动机中，人们能观察到他们自己的行为，规定目标以及强化他们的操作，这是各种动机现象中的一个主要因素。成就动机就是这样一种动机现象。人们为自己规定的操作标准越高，他们的成就可能就越大。高成就者会把自我满足与难以达到的目标相偶联，而低成就者会采取容易的目标以自足。

自我反应影响调节着各种外在反馈的效果，人们一般认为这些效果具有强化的性质。一个人目前的操作是正确还是错误的知识能够改进和长时间地维持行为。这种反馈的有些好处来自它能在一个人所犯错误的类型以及如何得到改正等方面提供信息。但是，即使在反馈信息规定了成就水平但却不能为纠正错误提供一个基础的时候，关于结果的知识也能促进人们的操作。在这些情况下，信息的反馈起着一种动因的作用而不是一种反应矫正的作用。

信息的反馈作用并不是靠它本身所固有的奖赏性。相反地，成绩的知识若与操作者的标准有关就具有了意义，并且为自我评价的强化提供了基础。因此，如果个人贬低某些作业或者认为它们微不足道，那么，对这些作业的正确反馈甚而至于会降低花在它们上面的工作量。相反地，信息的反馈告知着一个人的成绩与他的个人标准相匹配，就会通过产生对子目标成就的自我满足以及通过提高后继操作的目标来维持他们的努力。

有些证据指出，自我反应影响甚至能部分地说明由外在结果所产生的变化。在别人正在强化自己的操作的过程中，人们为自己规定一些目标，并对自己的成就作出评价反应。当伴随着强化而来的目标规定上的变化受到控制或偏离时，那些可归因于外在诱因的操作效果将大量减弱（Locke, Cartledge & Knerr, 1970）。因此，诱因可以部分地通过它们对个人目标和意向的影响而发挥动机作用。

某些理论家用先天的促动机制这个概念来解释自我动机。在皮亚杰（Piaget, 1960）看来，在新的经验和已建立的认知结构之间的适度差异就能自发地促使人们去推进认知发展。由此而来的不平衡就会促使人们对差异源进行探索，直到使内部结构与不协调的经验协调起来。至于我们为什么对这种形式的动机体系持保留看法这有好几个理由。一个自动的自我动因所能解释的要比我们所观察到的还要多。如果环境事件和心理结构之间的不一致真的能够自动地发挥动机作用，那么学习将会是不加选择的过程了，而实际情况却并非如此。有些活动与人们所知道的或所能做的有一定的距离，一般说来，对于大多数这类活动人们是不会去从事的。教学上的失败可能会促使一个教师去更好地理解学生是如何学习的，但他却不可能因为一辆小汽车的机械故障而对内燃机的运转发生兴趣。当人们面对事实与它们的概念之间发生矛盾时，他们常常对"事实"进行斟酌和重新解释，而不是改变他们的思维方式。如果真是某个内部动机促使他们去认识事物，那么他们都应该对周围世界具有渊博的知识，并且不断地提高他们的理论水平。但实际情况似乎并不支持这一论点。自我促动的行为对于不同的人以及对于同一个人在不同的功能领域会各不相同，如果我们把这种自我促动的行为归因于一种普遍的胜任（White，1959）或自我决定（Deci，1975）的动力，一些类似按照理论来修改事实这样的问题就产生了。

只有当人们为决定最佳的不平衡状态规定了一些标准之后，皮亚杰的自我动机理论才能谈得上进行经验的证明。如果观念与现实之间的不匹配不能激起并维持人们去改变它们的努力，那么，我们总认为这个不一致并不是在最佳的范围内。当人们在掌握一些高度新奇的活动之前从事这些活动时，他们倾向于把这样的学习小看成是"肤浅的"。已经知道的东西会使儿童们厌烦，而超出他们能力的东西又会使他们泄气，这种简单现象其实不需要什么自动的自我促动机制就可以得到解释。兴趣的激起绝不仅仅限于人们所偏好的熟悉的东西。单是经验中的适度差距也不能保证学习的进行。至于由于不平衡而产生的动机在教学上有多少意义，这与其他别的理论也差不多：儿童将最乐意学习那些仅仅稍微超出他们所知道的或所能做的东西。

在社会学习理论看来，人们是以他们自己的自我动机作为积极的动因而起作用的。他们所规定的标准决定着哪些差距是在起着促动的作用，决定着哪些活动是他们企图把握的。自我诱因的强度曲线式地随着标准与实际能力之间的差距的水平而发生变化：相对容易的目标不足以激发很大的兴趣，中等难度的目标则通过那些子目标的成就来维持积极的努力，并带来满足，而如果规定的目标较高地超出一个人所能及的范围，它们就会使人泄气。自我调节的动机虽然相当重要，但它不过是开发能力的几个诱因源之一。那些能使人们安排他们的环境的技能，由于它们具有泛化的功能价值，因而它们能被迅速地完善起来。

各种偶联的认知性表象

前面已经说过，有些行为上的变化来自环境事件的联结或反应结果的联结，这些变化主要与偶联的认知表象有关。人们除非认识到各种事件是相关联着的，否则他们不能从反复的配对经验中学到很多东西。如果他们不知道正在强化的是什么，他们也不会受到反应结果的很大的影响。强化偶联的发现导致合适行为的突然增加，这就表示已获得了顿悟。

分析认知控制过程的另一种方法就是用信念的力量来对抗人们在行为调节中所经验到的结果。有几个研究者探究了认知影响如何减弱、歪曲和抵消反应结果的影响。考夫曼、巴隆和柯普（Kaufman，Baron & Kopp，1966）进行了一项研究，其中所有的参与者由于完成了一些手工操作反应都得到大约每分钟一次的奖赏（可变间隙时间表），但实验者给予他们有关奖赏时间表的信息却各不相同。其中有一组被正确告知他们的操作将受到奖赏的时间表。而其他组则使他们错误地以为他们的行为或者是每分钟得到一次强化（固定间隙时间表），或者是平均操作150次反应后才得到一次强化（可变比率时间表）。有关强化的主要条件的那些信念胜过了人们所经验到的结果的影响。虽然每个人实际上都是按照同样的时间表来得到奖赏的，但那些以为他们正以每分钟得到一次强化的人所作出的反应率很低（均数=6），那些认为实验者是根据可变比率时间表来奖赏他们的人在同样的时间里保持极高的产量（均数=259），而那些被正确告知他们的行为平均每分钟将得到一次奖赏的人表现出介于中间的反应水平（均数=65）。根据强化期待调节着手工操作的水平和分布的参与者，在同样的实际强化偶联下产生着明显不同的操作。

上述研究改变了行为可能被强化的时距的信念。同样的环境结果会具有不同的行为效果，这取决于有关行为为什么发生的信念。当人们相信那些具体的使人厌恶的结果代表正确方面时，这些不愉快的结果会增加他们的反应，如果他们相信这些结果表示错误方面，那么这些同样的结果会减弱他们的反应（Dulany，1968）。具体的愉快的结果也同样能加强和减弱行为，这取决于人们认为这些结果是表示着合适的反应还是不合适的反应。

人们常说，行为受其结果的支配，这句话对预期结果比实际结果更加合适。当人们观察到强化的频率和可预期性不断发生变化时，他们就会在期待将来出现的结果基础上调节他们的行为。在大多数情况下，惯常出现的结果就是行为的最好预言者，因为人们所预期的东西正就是来自于因而也紧密地对应于这些主要的强化条件。但是，信念和现实并不总是一致的，因为预期的结果也会部分地从别人所观察到的结果，从一个人所读到的和听说的以及从其他可能的结果迹象中推论得来。

人们可能会正确评价现有的强化条件，但由于他们以为行动最终会带来可喜的结果这样一些错误的希望，因而在行动上却并不能与这些强化条件相符合。在一项研究中，某些儿童错误地以为他们持续不断的模仿可能会改变成人的强化措施，因而他们一直坚持从来没有得到过强化的模仿行为（Bandura & Barab，1971）。如果人们错误地以为坚持（或作某些改变）他们的行为就会改变未来的结果，他们就常常会被错误的期待引入迷途。

信念与现实之间有差距也不是罕见的。在它们存在差距时，行为的实际结果对行为的控制比较弱，只有等到在反复的经验中产生了现实主义的期待之后，这种情况才会改观。根据错误期待去行动也会改变别人的行为，使之在期待的方向上形成一种社会现实。

在某些更为严重的行为障碍中，怪诞的主观性偶联强有力地控制看精神病人的行动，以至强烈的外部结果也不能影响他们的行为。下面所引的一段文字生动地说明了这一过程（Bateson，1961），这段文字摘自 19 世纪初一位病人对他在精神病院的发病经验的陈述。这个病人曾受过严格的道德教养，他把无害的行为也认为是有罪的，甚至足以激起上帝的愤怒；因此，他的许多无罪行动唤起可怕的忧虑，使得他没完没了地做着那些痛苦的赎罪仪式，借以防止想象中的灾难性后果。

> 夜间，我被最可怕的梦境所惊醒，我听到一个声音在呼唤我，我被迫去想象；在昨晚吃药时，我违背了信誓，这不仅触犯了神，而且由于它在我的精神和情绪上所发生的影响，也使我的拯救工作更为艰难。我还听到，现在我只能成为一个精神体才可以得救。一个精灵向我走来并要指导我的行动。我朝天躺着，这个精灵似乎在我的枕头上，靠近我的右耳边闪闪发光，并且指挥着我的身体。它使我采取一种吃力的姿势，完全依靠我的两只脚支撑着，我的膝部被抬起放在我的头上，整个身体不停地左右摇摆。同时我从我的外部和内部都听到一些声音，好像是铁器的敲击声、铁匠店风箱的吹风声，以及火势声……但是，我被告知：我的得救需要我尽可能地保持这一姿势直到早晨为止；哦！当我看见第一道晨曦时，我是多么高兴啊，我简直不能相信它来得这么早！(pp. 28-29)

自我折磨仪式及其强化结果的诱因却是由内部产生的。病人接受药物的行动，后来他认为这是对全能之主的不信任和背叛，激起了他的可怕的、痛苦不堪的幻觉，只有履行了那些艰苦的、稀奇古怪的仪式后才能排除这种幻觉。

通过消除主观上可怕的但客观上却并不存在的威胁能减弱剧烈的忧伤，这又为其他类型的精神错乱行为提供了一种强化源。假如在思想上产生并巩固了一些强有力的偶联，那么，即使面临严厉的处罚和明显的不坚定经验，行为仍可能在恶劣的环境控制下保持下去。医护人员对病人施加的惩罚，与他所想象的哈德斯①的酷刑相比就失色了。当神灵启示的预言没有实现时，病人就会怀疑这些不那样不坚定的经验是对他的宗教信念强有力的万能之主的考验。

　　当我开门的时候，我发现一个壮实的男仆人站在前面，他告诉我，他的朋友 P 医生派他到这儿来禁止我外出。在我的抗议声中，他随我进了我的房间，站在房门的前面。我坚持要出去，他坚持不让我出去。我警告他，如果反抗圣灵的意愿，将会惹来危险，我请求他让我出去，否则灾难将降临到他身上，因为我是上帝的先知。我的话一点也没震动他，因此，在我一次又一次地恳求他之后，为了遵从我听到的圣灵的话的意愿，我抓住了他的一只臂膊，希望它软下去；我的话微弱无力，没有发生任何效果，我感到羞愧和惊讶。

　　于是，我想，我是多么可笑啊！但是我不能因此而怀疑圣教，虽然正是它使我犯这个错误的。我想，圣教是真的；而是因为我没有听从这些圣教而招致万能之主的嘲弄，而且同时，由于我顺从了嘲弄神，或者，由于我对圣灵的不顺从，致使对真理怀疑，我有罪恶和灾难；因为常听到一些声音对我说：奇迹剧②之所以没有发生，是由于我没有在圣灵说这话时等他来指导我的行动，还有就是我抓那个男人的臂膊时用错了一只手(p.33)……

　　那些声音告诉我，我的行为正是由于嘲弄神和亵渎神占有了我……因而，我必须凭借圣灵的力量来解救自己，并使自己摆脱亵渎神和嘲弄神对我的统治。我要做到这一点的方法就是把我自己放在我的头顶后部，因而只依靠头顶和双脚来支撑，然后使整个身体左右摇摆，直到颈骨折断。我想这时我正处于一种狂热谵

---

① 哈德斯（Hades），古希腊的神，主宰阴间的冥王。——译者注
② 奇迹剧（miracle＝miracle play），中世纪表演《圣经》故事的戏剧。——译者注

妄状态，但我的善意和审慎仍然拒绝采取这一奇怪的动作。于是我被指责为不忠诚和胆小，被指责为害怕人胜于害怕上帝……

我企图拥有支配权，但那个仆人阻拦我。我不顾他就在面前，仍旧躺了下来，甘愿表示我愿意服从；但现在我又受到指责，说我不敢用拳头揍他。我再一次企图按告诫的去做。这个男人揪住我，我挣脱了他，告诉他这对于我的拯救是必需的；他撇下我，下楼去了。这时我企图进行我已经开始了的事情，但现在我发现，我既不能绕着头转动我的身体，又怕折断颈骨的恐惧对我来说实在是太强烈了。在这种情况下，我以后肯定要受到嘲弄，因为我的努力是不真诚的……

我的企图失败后，有人要我剧烈地咳痰，以摆脱我的两个可怕的敌人；于是又有声音告诉我去喝水，这时，万能之主满意了；但这些声音又说，如果我自己不满意（也许不能真正地满意，因为我知道我没有履行他的命令），我将重新采取那一姿势；我这样做了；我的医护人员带着两个助手上来了，他们强迫我穿上一件硬直的背心。即使在这个时候，我也想恢复那一姿势，于是再次被他们怀疑。但他们把我的腿绑在床柱上，就这样监管着我。（pp. 34-35）

怪诞可笑的动作进一步说明了认知是怎样奇妙地控制行为的。这类悲剧性插曲时常发生，人们总是受到妄想性信念诱使去从事暴力行动。有的人听从神灵的启示，甚至去杀人。有的人受妄想型怀疑的驱动，猜疑别人在蓄谋伤害他而保护自己。还有些人受夸大信念的促动，以为他们具有崇高的责任去消灭那些身居要职的邪恶的人。

一项对谋杀美国总统的刺客的研究（Weisz & Taylor, 1970）表明，除了一次例外，所有的谋杀行动都部分受到妄想的控制。这些凶手都是在执行神的命令，他们被警告总统正和一些叛逆的外国间谍一起蓄谋推翻国家政权，或者他们抱有这样的信念，即他们的不幸正是来自于总统的迫害。由于这些凶手的行为非常隐秘，因而他们掩盖了正确的影响作用而有效地保护了自己的错误信念。

》行为的表象性指导

认知过程在行为的获得和保持及其表现中都起着重要的作用。人们通过以符号形式对记忆表象的编码和贮存使暂时性经验留下持久的后效。人们从观察到的榜样和信息性反应结果中构成一些行为的内部表象，在以后的场合里作为外显行为的指导者。表象性指导在学习的早期和中期阶段具有特别重要的意义。在反应模式通过反复练习而常规化以后，就能在回想的情境中操作这些反应模式而不需要以前的视觉形象和思维。在学开汽车时是用思维来指导行动。当开车成为一种熟练的习惯动作之后，人们在街道上或公路上开车时就能想其他事情。当人们的操作达到熟练以后，再去专注于他们正在做的机械原理，就会甚至可能阻碍熟练的操作。并且，如果一个人在执行每一种常规功能前一定要想一下，那么，这将消耗他的大部分注意力，而且将产生一种呆板而又沉闷的内部生活。能同时考虑和执行不同的事情明显会有很多的好处。

虽然没有觉知以及没有思维的帮助就很难学习，但一旦很好地建立了行为的模式，人们就主要在无需很多意识的思虑下进行学习了。因此，人们在没有完全意识到他们在做什么的情况下能操作常规事务，这方面的证据并不影响在行为的最初掌握中思维和觉知的作用。

》通过内隐的问题解决过程而进行的行动的思维控制

如果一个人只能通过实际操作一些可能的途径并经受各种结果才能获得问题的解决，那么，人们在应付日常生活中的各种要求时将是极其吃力的。幸运的是，高级的认知能力可使人们在思维中而不是在行动中解决大多数的问题。例如，他们在设计坚固的住宅和桥梁时就不一定需要将它们逐个建造出来，直到他们碰巧遇到一种结构没有塌下来。相反地，他们先考虑有关的知识，再对它进行认知操作，从而产生可能的解决办法。这种选定的解决办法主要是运用符号性探索加以检验，并且在计算出来的结果基础上加以舍弃或保留的。因而，人们实际所建造的是那些令人欣羡的符号性解决办法。

作为符号构成物的思维

代表事件、认知操作以及各种关系的各种符号都是思维的工具。思维在很大程度上与语言符号有关。思维也能用数符和音符以及其他符号而发生。从操作那些传达有关信息的符号中，人们能够理解因果关系，产生新的知识形式，解决问题以及推导出结果而无需实际操作任何活动。思维的功能价值依赖符号系统与外部事件之间的紧密对应，所以，前者可以代替后者。因此，从10这个数中减掉2这个数与从10个物件中移走2个物件这样一个具体操作所得的结果是一样的。

操作符号比操作它们的具体对应物自然要容易得多，因此，符号能大大加强认知上的问题解决的灵活性和有效性。符号提供思维以工具，经验的内部表象就是组成思维的符号构成物的重要来源。

人们学习用符号解决问题的过程尽管在人类功能作用中扮演着主要的角色，但人们对它的注意却很少。由于思维是一种私有活动，因而难以进行经验研究。一般说来，人们首先用实物进行操作，然后把外部功能转换成具有越来越大的复杂性和概括性的内隐的符号功能，就能逐渐发展出必要的认知技能。例如，在算术原则教学中，儿童从具体地组合和删去实物以及接受正确的操作反馈中首先学会加与减的形式运算。在学习算术原则的早期阶段，也可以用图形的表象来作为具体参照物。当儿童学会通过具体操作来解决问题之后，物体就被数字符号化了。现在，在纸上操作数字符号就可获得正确的解决办法了，在这里，认知操作的每一步都可以得到检验和改正。这一阶段的活动仍是偏向外观的,但解决的办法则是在内部产生的。最终,当儿童能在没有任何外界支柱的情况下独立地思考问题时,解决办法就完全符号地产生了。

在这样的情况下,思维过程逐渐变成独立于直接的具体参照物。然后就能操作符号以产生思维,这些思维就不一定限于那些可直接转换成外部事件的符号上。很多幻想和奇怪的思想实际上都是一些超越现实界限的新异的符号构成物。一个人可以轻易地想到一头牛跳过月亮,一头大象在乘飞机,即使这些事情是不可能发生的。符号化的突出的灵活性以及它从现实约束中独立出来,从而扩大了思维的界限。

在人们获得了加工信息所需要的认知技能和操作之后,他们就能表述可选择的解决办法,就能对不同的动作过程的直接的和长远的结果进行评价。权衡所需要的努力、相对的危险和利益以及获得理想结果的主观概率,其结果会影响到人们从各种可能的选择中选择哪些行动。这并不是说,所作的决策都是最佳的,或者所根据的理由都是最有说服力的。人们也可能在不适当的信息评价和对预期结果的错误判断的基础上进行决策。而且,人们常常知道应当做什么,但却被直接的非相信不可的环境所操纵,因而表现出不同的行为。

语言发展

由于大量的人的思维是以语言为基础的,所以,语言发展的过程具有非常重要的意义。直到最近,人们还普遍认为,学习对语言的发展只起一种辅助性的影响。这一结论主要是以学习过程的一种片面观点为根据的。分化性强化不会产生语法言语,但是,实验室结果和现场研究都表明,正确的反馈对于语法学习会很有帮助。关于示范过程,心理语言学的理论工作和研究工作基本上都局限于言语的仿效。儿童常重复他们所说到的语言,研究者对这些活动进行了严格的分析,从而得出结论:人们只能从示范过程中学习特殊的发音,而不能学习言语的语法规则。实际上,儿童并不仅仅仿效别人的发音,他们还能够学习各种规则，促使他们产生五花八门的他们所从未听到过的新句子。正是抽象的示范过程以及包括在这一过程中的知觉的、认知的和再现的组成过程，而不是简单的言语仿效对生成性语法的发展具有最大的影响。

也有人在某些观察的基础上贬低学习因素对语言发展的贡献。在最初的语言学习中，儿童通常将成人言语转换成更为简单的语法。他们能够获得语言规则而无需从事任何运动性言语活动。另外，有人声称，儿童在语言方面的模仿绝不比他们的非模仿的自发发声更为高级。因此，他们认为，模仿不能产生新的语法形式。一般认为，强化在语法学习中也不是非常重要，因为成人更倾向于对儿童语声的实际内容的正确性而不是语法的正确性进行评价。而且，还有一点，获得语言的速度是如此之快，远非讲授的结果所能及。

有些模仿理论强调对示范的反应进行逐字的重复，有些理论则认为学习需要强化的操作，如果把上面的很多批评应用到这些模仿理论上，它们倒是有道理的。从已经充分讨论过的材料看来，示范过程的社会学习解释与心理语言学家提出的规则学习理论明显是一致的。两种理论观点都十分重视从不同的言语中抽象出创造性的语法规则。心理语言学家在语言能力与操作之间所作的区分跟社会学习理论中学习与操作之间的区别是对应的。由于观察学习并不需要操作，所以它能为新的能力的迅速获得提供一种媒质。

有些归因于社会学习理论的缺陷实际上是由于人们没有在反应仿效和抽象示范之间作出区别。让我们来考察一下广为引用的论点，即认为由于自发模仿在生命的第二年就消失了，而这时语言却正以一个急剧的加速度在发展，所以模仿不能作为语言学习的手段。父母最初会对幼儿的发声和简单动作的仿效感兴趣，但随着他们越来越大，父母会认为这种仿效就不合适了。随着儿童的辨别能力的增长，他们就不愿去仿效所见所闻的每件事情了。但是，人类并不是在两岁时停止观察学习的。相反地，当儿童的注意的、认知的和念动功能随年龄而发展时，他们的观察学习的能力也得到了很大的提高。

榜样在语法学习中的作用也受到怀疑，其根据是，儿童常常会产生不合语法的言语，这种言语当然不可能是由成人示范的（例如，"I runned"①）。很多这样的错误表明儿童将学到的规则从有规律的语法结构上过度地泛化到无规律的语法结构上。这种异常言语的产生是因为儿童模仿得太好了。只要对规则的例外进行改正性反馈就能很容易地消除不适当的迁移（Sherman，1971）。有关学习决定因素的其他异议主要来自有关儿童言语的有限的证据或粗糙的测量。更加新近的一些发现对儿童不能模仿超出现有语法的语言特征的观点提出了怀疑，这些发现认为儿童是能够通过示范过程采纳新的语言形式的（Bloom，Hood & Lightbown，1974；Kemp & Dale，1973）。

由于在语言获得中确实存在一些普遍规律性，而且在学习机制上确实存在一些缺陷，因而就有人提出先天语法素质来作为语言范畴的来源。但是，共同的语法特征并不一定产生于先天的程式，在所有的文化中都会发现一些具有普遍功能的行为。例如：人们不大会提出一种应用工具的先天倾向来解释为什么所有的人都应用工具（Rosenthal & Zimmerman，1977）。在环境事件中存在着一些基本的一致性，它包括作用者、行动和对象，这些东西在每个社会里都以相似的方式相联着。因此，在不同的文化背景中用于表述这些事件的言语将包含一些类似的句法特征（如名词和动词）。人们掌握包含不同语法特征的一些规律性，也许反映了学习各种不同概念的容易分化的程度，这些不同的概念更多地来自认知的复杂性而不是语言的特征。

心理语言学家关于语言获得的先天成分的性质有不同意见，有些

---

① "I runned"在英语中是不合语法的言语，应该是"I ran"。——译者注

人认为，基本的语法范畴是生物学上预先安排好的，只需要极微的环境输入去激活。从这一理论推下去，就会得出仅呈示言语就足以产生语法能力，而不需要任何正确的反馈。另一些人对预先准备并不那么迷信，他们认为，人们先天备有的是一些信息加工能力，这些能力能使他们去发现那些语言的结构特性。根据这一观点，认知能力是先天赋予的，但语言熟练的形成需要教学上的榜样和某些正确反馈。无论先天潜能到底是什么，很少有人怀疑社会学习经验对语言发展速度的影响。有关词汇之间语法关系的规则，如果不通过原型的言语来例示，就无法得到发展。

研究者已经开始系统地探究儿童如何通过社会学习过程来学会理解和应用语言。在儿童学习用符号交往时，他们必须获得关于事物和事件的适当的语词符号以及表示其中关系的句法规则。获得语言的过程不仅涉及学习词汇之间的语法关系，而且涉及语言形式和它们所应用的事件之间的相互关系。因此，语言学习依赖于各种语义性支柱以及对语言所指事件的非语言性理解。正因为这个原因，仅仅依靠口头示范来传递儿童不知道的语言形式是很难的。当然，成人不会同言语理解很差的幼儿进行抽象的交谈。人们常把传递语法关系的言语表达与儿童对之已有一定知识的有意义的后继活动匹配起来。在呈示言语的语义参照物时，比起不呈示这些参照物来，言语的语法特征更能增进知识，也更容易辨别。例如，年幼儿童在理解复数形式时，如果他们听到一些用于单复数的标志分别应用于单个和多个物体时，他们就会得到帮助。

布朗（Brown，1976）在一项实验研究中证实了将语言示范和知觉参照物配对起来能大大促进语言的获得这一事实。实验中的幼儿对被动语态结构理解很少，或者没有理解，在儿童们听到原型以被动式叙述一系列事件的同时，这个原型例示一些相应的活动，或者呈示一些描述同样活动的图片，或者不用任何参照性辅助物。示范同时例示参照物确实加深了儿童对被动结构的理解。对于那些早就有些理解被动结构的儿童来说，语言示范不例示参照物就能增进他们的理解，而语言示范同时例示参照物，即使对那些以前不知道语法形式的儿童也能促进他们对这种语法形式的学习。布朗所得到的结果和莫塞尔与布里格曼（Moeser & Bregman，1973）用人工语言所得到的结果都表明，早期的语言学习需要一些参照性辅助物，但在进一步获得某些言语能力之后，学习就不那么依赖于直接的知觉参照物了。

父母在努力促进儿童的语言学习中通常使自己的言语适合于儿童的言语技能。对于将词汇组织成句子的一些规则，儿童在简短的言语中比在使他难于理解的冗长的用语中更容易发现这些规则。当父母与幼儿交谈时要比他们与年长儿童交谈时所用的语句更短一些、更啰唆一些，在语法上也更简单一些（Baldwin & Baldwin，1973；Moerk，1974；Snow，1972）。误解了人们所讲的东西会导致不合适的行动，它反过来又为增进言语理解产生了信息反馈。因此，凭借按言语的提示而行动的结果以及凭借语言示范和例示参照物都可以加速语言规则的获得。

对父母与其年幼子女之间言语交往的偶联分析揭示，父母是积极的语言教师，他们常在其子女发出不完整的或不正确的言语后对他们进行语音、语义以及语法上的矫正（Moerk，1976；Mann & Van Wagenen，1975）。教学方法和矫正方法包括教学示范、提示、提问、提供信息、回答、标号、图形构造以及着重强调那些在语法上很重要的言语元素。随着其子女的语言能力逐渐提高，父母可相应地减少他们的教学活动。

矫正性反馈既包括语言示范，也包括那些对儿童言语的水平和正确性具有积极影响的社会性反应。心理语言学理论的目前趋势已远离一种居支配地位的结构定向转向对蕴含在语义关系的句法编码之中的一种心理过程的分析。这一变化加强了人们对决定语言发展的经验因素的兴趣。但是由于早先在赞成对语言进行结构研究与赞成对语言进行功能研究的研究者之间产生了一种对立，因而，强化影响对语言行为的贡献至今仍没有得到很好的研究。人们在重视言语的形式时，忽视了它的社会功能。

成人并非将人为的奖赏与正确的语法相偶联，但这不是说，语法的正确性没有分化的作用。儿童的语声受其自然结果的影响比受其人为的外在结果的影响要大得多。最有效的自然结果是得益于重要的人物和事件的影响。例如，具有有限语言技能的年幼儿童就不会仅仅为了得到表扬而采用所示范的语言特征。但是，当成人规定他们只有用具有高级的语法形式的语言才能得到所想要的玩具时，他们会很快地吸收这些更为高级的言语形式（Hart & Risley，1968）。合乎语法的表达比难以理解的言语更可能在影响别人的行为上取得成功，它具有强烈的强化效果。对言语交往正确性的要求，虽然开始是很低的，但随着儿童的成长而逐渐提高。

有些理论家怀疑直接模仿、理解和生成是否能在语言获得中形成一个发展的因果系列。目前，关于是模仿产生理解还是理解导致模仿的问题还存在一些争论（Bloom，Hood & Lightbown，1974；Whitehurst & Vasta，1975）。在社会学习的分析中，理解和模仿性操作都被看作是观察学习的结果，它们并不在因果上有联系。儿童在参照性示范的观察中，能对语法关系获得理解，这有助于以后的模仿性再构造。暂时的仿效既不需要学习也不需要理解。它更能反映短时记忆的能力。由于起初具有模仿性质的语法特征后来自发地得到应用，这就不能证明语言能力来自仿效。

虽然生成的言语与语言规则的知识有关，但这种知识不会自动地迁移到言语操作上。正如前面所述的，学习和操作要受到不同组成过程的调节。为了完善一种生成技能，人们必须形成一种将知识转换成合适的操作的能力。因此，把示范和语言生成及矫正性反馈联系起来，语言技能就会很好地形成。

无论是单独的示范，还是将示范与矫正性反馈结合起来，对鼓励儿童去应用他们理解的但在日常言语却不常用的语法形式，都证明是非常成功的（Zimmerman & Rosenthal，1974；Whitehurst & Vasta，1975），把这些方法用在言语有缺陷的儿童身上以建立普遍使用语法形式的习惯同样是有效的（Sherman，1971）。在这些社会学习的影响下，儿童就能辨认出那些原型的言语所遵循的规则，并且能产生具有同样结构的言语。

各种验证过程与思维

人们在对环境事件的规律性进行观察和抽象中形成了对自己及其周围世界的概念。他们用符号来表示从这类经验中得到的信息，从中获得有关对象的特征、各种关系以及如何预言在一定条件下可能会发生的什么事情的知识。有效的认知功能需要某些能从不正确思维中区分出正确思维的手段。关于思维的思维是在验证过程中进行的。正如我们所指出的那样，关于自己和环境的知识是在符号构成物中表示出来的。在把各种思维的表象与经验性证据进行比较中形成了对这些表象的有效性和价值的判断。思维表象如与经验性证据一致，这些瞬时的思维就得以证实，如不一致，这些思维则受到驳斥。

验证思维的证据会有好几个不同的来源。人们从其行动所产生的结果的直接经验中得到很多知识。例如，人们不一定需要一次又一次地用火柴划出火焰才能知道火柴的性质，才能知道擦火柴会点燃别的东西。人们在关于物体何时将燃烧何时不燃烧的经验的基础上，形成了一些关于火的概念以及关于它可能发生的条件的概念。其他的概念，诸如时间、性质、因果等概念，都是通过一种类似的过程而形成的。

大多数认知发展理论几乎全力集中在通过从直接试验的反馈中所

产生的认知变化上。按照皮亚杰的理论来说，儿童把弄环境的经验是认知发展的主要信息源。有趣的是，虽然行为主义和皮亚杰的行为概念常常表现为对立的，但它们有一个共同的假定，即人们主要是通过自己行动的实际影响而不断发展的。在社会学习观点看来，人们自己行动的结果并不是知识的唯一来源。在前面几章中已广泛地论述过，有关事物性质的信息往往是从替代性经验中抽取出来的。应用这种验证方式，观察别人行动所产生的结果能为一个人自己的思维提供检验的根据。利用语词或图形作为手段的符号性示范大大扩展了验证经验的范围，由于社会禁令或者时间、来源以及能力的限制，个人行动是无法获得这些经验的。很多人类发展理论是在近代通信技术的革命性发展之前形成的，由于上述原因，它们不一定能适当地说明当代生活条件下认知发展的决定因素。

验证的第三种方式就是同别人的判断相比较。通常，没有什么容易的方法来检验一个人思想的有效性。有些情境往往涉及这样一些事情：由于这些事情的复杂性或者不太好接近，因而限制了人们去更多地了解它们。其结果是，每个人各有他们自己的特殊经验以至于人与人之间的观点各不相同。另一些思维就是形而上学观念，这些观念用客观的方法无法得到证实，例如，对于超自然力量的信念。当经验验证很困难或者不可能时，人们就将自己的观点和别人的判断进行比较来评价自己观点的正确性。社会验证会培养出习俗的、非正统的，甚至怪诞的思维方式，这取决于一个人所选的参照组的信念。

在发展过程中，人们逐步获得许多推理规则。然后，他们就能在思维上通过逻辑验证来检察某些错误。思维传达有关事件的信息。如果人们提出的命题所含有的信息被认为是有效的，那么，它们就会产生一些逻辑含义来评价衍生命题的正确性。应用这种验证的方式，思维的逻辑性就为检验人们推理的适当性提供一种方法。应用推理规则既可以产生也可以评价知识。有些普遍的法则已被公认是正确的，从这些法则中推论出一些结果，人们从这些结果中能得到一些超出自己经验的知识。因此，如果一个人知道柿子树是一种落叶乔木，而落叶乔木在秋天是要落叶的，那么他不需要观察不同季节的柿子树叶就可以得到这样的知识：这种植物在冬天一直是光秃秃的。

前面的讨论涉及通过亲自经历的、替代的、社会的和逻辑的验证而获得的真实思维的发展。在某些条件下，这些检验思维的方法违反了现实，就会导致错误的思维。首先，表面现象就会迷惑人，尤其是对年幼儿童，他们缺乏正确解释所见所闻所必需的经验。儿童对环境事件的概念往往会发生变化，对这些发展变化的研究主要还是集中在皮亚杰传统上。很多这类研究涉及守恒原则，它反映了儿童在外部变化使得某一特性看上去也发生变化的情况下认识到某一特性保持不变的能力。例如，在研究数量守恒时，实验者将等量液体倒入不同形状的容器（比如一个高而细狭的烧杯和一个矮而宽阔的烧杯），再问儿童两个烧杯是不是盛有等量的水。年幼儿童倾向于从表面现象上评价事物（他们相信高而细狭的烧杯盛了更多的水），而年长儿童对虽然外表已发生了变化的事物判断为相同的。

还没有学会守恒的儿童可以通过矫正学习经验来获得这种能力。采用单独示范合适的守恒判断或者将这种示范和辅助性解释结合起来，采用纠正儿童的错误概念或者对达到正确解决途径的规则进行解释等手段都可以提供这些矫正学习的经验（Brainerd, 1976; Zimmerman & Rosenthal, 1974）。儿童通过示范所形成的守恒判断与他们在日常经验中获得的守恒概念并没有什么不同（Sullivan, 1967）。如果我们考虑到在自然条件下示范判断在概念学习中无疑起着一个重要的作用，上述现象就不足为奇了。

主张固定的阶段理论的发展理论家认为，思维是依照不变的认知阶段序列发展的，他们又认为这些统一的心理结构限制了人们从有益的经验中去学习的内容。因此，阶段理论家倾向于将教学经验所引起的推理的发展误认为仅仅反映言语表达上的变化,而不是人们如何思考问题上的变化。思维上的变化根据推测来自成熟和来自自己积累的自发经验。

将发展描述成一个自发的自我发现过程具有很大的吸引力。但是,人们很少想到过阶段理论的消极特征。这些理论喜欢把人们归入预定的类型,这样就会导致这些理论家们用阶段归类而轻易将人们加以定型。人们被归类之后,就倾向于按照他们的类别来看待他们,而不是按照他们的思维和行为的个别性来看待他们。其结果是,归类的做法往往害多于益。那些阶段理论也能为这些薄弱方面作一些适当的辩解,说这种方法也可能用来促进智力的发展。当认知学习发生困难时,它们可以把这些困难归因于"认知性准备"的缺乏。某些阶段观点的信徒不想去创造利于学习的环境而是喜欢等待儿童在学习上准备好。对很多人来说,这个等待需要很长的时间。

正和道德判断的情况一样,随着先进方法所积累的证据越来越多,阶段观点理论的基础就变得越来越不稳定。例如,在同样的守恒作业中,儿童的守恒判断随项目的不同会发生变化(Baker,1967;Uzgiris,1964)。因此,在判断某些材料而不是其他材料时,外表的变化会使儿童迷惑不解。根据统一的思维结构就不太容易解释这种判断上的变化。前面所引述的一些研究证明,那些被说成是缺乏阶段准备的儿童能够学习抽象的概念,能够将它们泛化到新的情境中,能够长时间地保留它们。这些发现足以说明我们对决定认知功能的社会学习因素的详细分析是有道理的。这些研究进一步证明为什么研究者不应该过早地将操作上的缺陷归因于儿童认知能力的局限。在我们进一步探索这一过程时,我们发现,学习方法的改变常常引起认知功能的提高。这并不意味着任何年龄的儿童都能教给任何东西。所有的学习都需要一定的先决能力。现在的问题是变化的前提是认知技能还是统一的心理结构,这是所有的理论都承认的。还应该指出,认知学习的实验研究并不是为了使儿童闯过各个"阶段"这样一种实用主义的目的，而是为了使人们加深对决定思维的因素和思维过程的理解。

很多思维上的错误产生于令人迷惑的表面现象。当人们从不充足的证据中得到信息时，即使他们正确地了解了各种事件，也会产生思维的错误。谚语中几个蒙住眼睛的人摸同一头大象的不同部位，他们会产生对应于其特定部位的不同看法，但他们都被自己有限的经验迷惑了。替代性获得的知识也是这样。给受试者呈示一个限定范围的别人的活动和经验，如果加以过分泛化，人们就常常会在观察中形成一些有倾向性的概念。从各种大众媒介所传达的形象中产生的学习就是一个很好的示例。人们根据社会的电视表象可以部分地形成他们很少或者没有什么接触的社会现实的印象。由于电视里的世界充满了卑鄙无耻的小人，因而它歪曲了真实世界的面貌。一直在研究电视是怎样塑造人和生活形象的格伯纳报告了一些有关这一过程的证据（Gerbner & Gross，1976）。他发现：经常看电视的人比不常看电视的人更不信任别人，并且更高地估计他们受害的可能。经常看电视的人，不管他们的教育水平、性别、年龄，以及阅读报纸的数量如何，倾向于把世界看得更加危险。通过定型的符号性示范同样可以产生很多人们从职业、种族群体、社会角色以及生活的其他方面所形成的错误概念（McArthur & Eisen，1976；Siegel，1958）。

无论是从直接的还是替代的经验形式所产生的信息，都不能被人们自动地吸收。人们的先入之见能够部分地决定他们将会抽取经验的哪些方面以及如何认识它们。由于人们对自己正在期待着的东西有一种选择性偏向，因而，错误的先入之见很容易成为自我永存的东西。一个指导错误的验证过程不只涉及信息的选择性加工和变换，当然还要涉及其他很多东西。如果人们根据错误的信念来行事，他们就会为自己创造一些支持他们的思想的现实，避免一些会提供矫正性现实检验的情境。一旦人们很好地建立了交互性偶联，错误概念就只能用那些不得不被忽视或曲解的未经证实的经验来改变（Bandura，1977）。

在某些条件下，社会验证促进那些没有什么现实基础的思维方式。这种情况主要发生在人们由于喜爱或缺乏更好的选择自由，而完全依赖于一个坚定地维护一个拥有超凡魅力的领袖的一些特异信念的群体。这种群体成员把自己与其他群体和外部信息源割绝开来，以遮住同他们对抗的信念，从而保护他们的错误观念。经常出现的各种迷信崇拜和救世主团体典型地说明了这一过程。

思维上的谬误也会在错误的信息加工中发生。关于事件的推理涉及人们通过对观察到的一致性的教学和诱导所获得的知识，以及通过从已有的知识中推论出来的新信息，我们早已探究过，到底有多少思维上的谬误来自不正确的归纳推理。人们常用他们的个人偏好来歪曲他们的所见所闻。他们可以在不充足或不适当的证据基础上形成对事物的坚定的信念。他们经常过分地泛化他们有限的经验。很多主要是由于一些不合逻辑的因素构成的不正确的假定，将产生一些推论过程是正确的但实际上本身是错误的推理。举个例子，一个人坚信所有的运动员都缺乏学习兴趣，他就会合乎逻辑地得出结论说棒球手对于动脑筋的事没有兴趣。当人们从他们具有的有效信息推论结果时，他们也可能产生错误。在这些情况下，思维上的错误反映了不正确的演绎推理。但是，人们对其所推理到的东西的信念比他们的逻辑直觉更可能使他们迷惑。

>> 各种调节系统的相互作用

组织和控制行为的调节系统并不是独立地操作的。大多数的行动同时要受到两个或多个信息源的控制。各种调节系统都能影响行为，而且它们在获得和保持这种能力时是相互紧密依赖的。同样的行动在不同的情境中必须产生不同的结果，这样才能建立和维持预示性刺激的有效性。如果我们在绿灯信号时过马路，被汽车撞倒的可能性与红灯信号时一样，那么，行人会很快会无视交通信号灯，而去依靠其他信息源来指导他们安全地通过像纽约城中繁忙的交叉路口了。早先我们就说过，言语和其他社会影响的功效是怎样被错误的强化措施抵消的，又是怎样被保证适合环境的行动所产生的可预期的结果恢复的。

前面的一些例子说明了决定行为的先行因素是怎样同它们的反应结果相关联的。刺激和认知影响也会反过来改变有效强化条件的作用。有时，吓人的情景对防御行为会产生如此强大的影响，以至于人们极力避免与那些可怕的人物、地点及事件再次相遇。如果鼓励人们去做现实性检验，就能最终在行为上恢复与环境的接触（Bandura，1976a）。

即使在人们不能完全逃避他们所憎恶和恐惧的对象时，强烈的激动情景也会引起防御行为，致使产生通常不可能有的敌对的偶联。我们可以从报上的劝告栏里再引一段以说明怎样从一个人自己心目中的现实产生出那些预期的反应。

亲爱的艾比：

  我与金发女人纠缠不清。每次我找到一个姑娘，只要她是金发的，结果就证明她总归是一个为金钱而谈情的骗子。我在电视上看到，无论何时，只要是一个骗取男人金钱的人，她总是一个金发女人。最后一个和我在一起的金发女郎，每次我带她出去，她都要我买录音磁带。为了给她买磁带我同她的关系中断了。我该从现在起远离所有的金发女人吗？

受金发困扰者

亲爱的受金发困扰者：

  很多黄金般的头有着黄金般的心。

艾比

刊登劝告者对金发女人的不信任使他以一些激起金发女人不友好的对应反应的方式来行事，金发的预示性意义反复得到证实，从而又反过来促进了带有交互性消极后果的预期性拒绝。因此，先行的和后继的影响过程是相互支持着的。对那些具有人际麻烦的各种交往活动的系列分析表明，预期是在自我证实中塑造现实的（Toch，1969）。

信念可以加强、歪曲，或者抵消强化结果的影响，其作用的方式，我们已经考察过了，无需再加陈述。但是，认知事件并不是自发产生的，它们也不是作为行为的自主原因而发挥作用的。它们的性质、它们的效价以及它们的发生都要受到刺激和强化影响的控制。因而，如果不详细说明什么因素调节着认知活动，那么，所有对有关行为的认知控制的分析都是不完全的。

举个例子，如果作为情绪触发来源的思维没有激活的潜能，建立在认知基础上的情绪学习就不能发生。米勒（Miller，1951）和格罗斯（Grose，1952）的一些研究证明，把那些与外观反应相联的经验加以泛化，思维就能成为情绪触发的因素了。与那些惩罚性言语表达相应的思维激起生理上的情绪触动，而代表非惩罚性言语活动的思维则激不起情绪反应。但是，如果痛苦经验强烈到一定程度，它们就变得如此令人厌恶，以至连困扰的思维本身也受到了抑制（Ericksen & Kuethe，1956；Marks & Gelder，1967）。

思维部分地受外部刺激物的控制。因此，在医院里发生的认知明显不同于夜总会里激起的认知。过去经验中的一个简单的线索能构成一个关于过去事件的幻想。把一个人的注意力指向引人入胜的事情上会切断令人困扰的思想流，因为这些引人入胜的事情引起了替代性的认知活动。在这种自我控制的形式中，由于专心于有趣的书本、电视节目、职业性和娱乐性活动以及其他动人的事业，因而消除了在思想上产生的情绪触动，这种自我控制的形式已被广泛地用于恢复一种幸福安宁感。

人们用来指导他们行动的规则和原则并不是在真空中产生的。当人们没有明显地规定那些合适行为所遵循的规则时，他们就从观察到的或经验到的反应结果所表示的信息中得到这些规则。如果临时的假设所产生的反应导致特别喜爱的结果，这些假设就会得到保留，那些部分正确的假设可以在区别性反应反馈的基础上不断得到精炼，直到忽然想出正确假设，而那些将导致错误操作的错误假设就被抛弃了。当内隐的规则真正控制行为的时候，规则本身也就从反馈经验中部分地形成了。

凭借结果来影响思维的一个困难就是认知活动是不能公开地观察的。在上述过程中，思维是通过与之相关的反应结果间接地得到改变的。这在发自思维的行动产生了自然的结果时更为有效。如果关于怎样到达某一地点的观念使一个人到了那里，那么，这些观念将被保留。但如果使人迷了路，它们就会迅速地被抛弃。当结果是以社会为中介而不是行为的自然产物时，它就会随别人偏好的不同而有所不同。其结果是，人们经常公开地说和做他们并不相信的事情。由信念所引起的结果导致的信念敏感性的改变，随着这些信念是自然地还是社会地发生作用而有所不同。

认知活动并不仅仅限于对间接的反应结果进行调节。根据一个人正在思考的情况就能使思维成为可观察的，而且思维还能直接受自我强化的影响。由于对人的自我反应能力的识别逐渐增强，人们对于如何通过偶联性自我安排的结果而改变思维过程的研究也逐渐增多了（Mahoney，1974）。在这一过程中，各种建设性思维活动在它们出现时加以自我奖赏，就得到加强；各种导致主观上烦恼或行为上混乱的思维活动，诸如自我贬低、愤怒的或烦乱的苦思冥想、强迫症以及幻觉，可以用偶联性自我惩罚使之减弱，或者用奖赏其他认知活动的办法以取代它。

利用示范的影响以及思维自我生成的结果或行为结果都能改变思

维过程。当行为线索本身不能适当地传达思维过程的内隐成分时，用行为示范就不能轻易地使认知活动发生明显的变化。如果使原型在进行问题解决活动时大声说出他的思维过程，这个问题就能轻易地得到解决。内隐的思维成分从而就赋予了外观的表征。德巴斯（Debus，1976）用示范思维过程与行动策略相结合成功地使认知技能获得普遍而又持久的提高。

人们还设计了一些方法来改变由错误的思维方式所引起的心理功能失调，在运用这些方法中也逐步发展出一些其他研究改变认知控制的途径。许多人类的困难和烦恼都来自思维问题。人们可用激起焦虑的思虑反复地产生使人厌恶的情绪触动；他们用自我贬低以及其他自我失败的思想削弱自己的成就，他们可以不加思考地或者根据错误的概念去行动，而这从而给他们带来了麻烦。

梅肯鲍姆（Meichenbaum，1974）设计了一项自我教学程序作为改变认知和决定因素的一种手段。强调自我教学的根据来自埃利斯（Ellis，1962）的理性—情绪疗法和鲁利亚（Luria，1961）的言语自我控制的内化分析。在埃利斯看来，心理失常是由表现为消极的内部对话的非理性思维引起的，因此治疗就应该是反对那些非理性的信念并给病人规定一些抵制这些信念的行为。埃利斯认为，明察一个人的信念的不合理性会消除消极的自我陈述，从而减轻内心的烦恼和令人不安的行为模式。控制研究的结果指出，企图仅仅通过理性分析和认知调整来改变错误的观念活动，充其量也只能得到微弱的、不一致的行为变化（Mahoney，1974）。如果这一研究的临床应用能产生更好的效果，那么，这些效果可能也是更多地来自矫正了操作任务，使病人采用不同的行为，而不是由于医生规劝病人想得更好些的结果。改进行为功能会使认知发生变化（Bandura，1977）。

自我教学研究的第二个来源已得到更大的经验支持，这就是鲁利亚提出的言语自我控制发展序列。按照这一观点，儿童的行为起初是由别人的言语教学所控制的，后来他们是通过外显的自我教学以及最终变为内隐的自我讲授来调节他们的行动的。

梅肯鲍姆的程序正是在上述序列的基础上发展起来的。原型把行动策略大声说出来，同时演示一些合适的行为形式。原型的言语活动包括对任务要求的分析，对行动计划用符号加以复述，对操作的自我教学指导，妥善处理自我陈述以与自我削弱的思想相颉颃，以及对成就的口头自我奖赏。参与者在观察了行为示范和自我教学示范之后，实验者可告诉他们如何去操作合适的活动。以后，他们在完成任务时就首先大声地教自己，然后小声地教自己，最后内隐地教自己。各种实验结果都表明：将自我指导示范与从外显到内隐的符号性复述相结合会加强认知的行为的功能作用。

由于先行的、后继的以及认知的调节系统之间复杂的内在关系，通常在行为过程和认知过程之间区分出的明显差别更多是争论性的，实际并非如此。在心理学理论研究中，人们习惯于围绕一个单独的调节系统构成一套完整的解释方案，而相对忽视其他有影响的决定因素和过程。有些理论家喜欢集中精力研究主要是在联系着环境事件中所产生的先行的控制，有些理论家则主要集中于研究依靠外部强化的行为调节，还有一些理论家偏向于认知的决定因素，因而将其研究主要限于认知操作。热衷于局部过程促动了对附属功能的深入细致的研究，但如果孤立地探究这些附属功能，它们就不能对人的行为有一个全面的理解。

第六章
交互决定论

从社会学习观点看来，心理的机能就是人、行为以及环境这三种决定因素之间的一种连续不断的交互作用。"交互的"（reciprocal）一词是就事件之间相互行动的意义说的，而不是指那些狭义的相似或相反的对应反应。上文已大略提过，有些理论试图把人和环境这两种决定因素结合起来，它们通常把行为看作是这两种因素共同影响的结果。在这一范式中研究行为的决定因素，都是在各种不同的情境条件下测量个体的反应，然后通过分析研究所得的数据，来确定行为中有多少变化是由于本人的特性，有多少变化是由于情境条件，以及有多少变化是由于它们的共同作用。测定这些因素何者较为重要的工作，并没有提供什么特别的知识，因为人们可以根据所选择的各种人、行为和情境而获得各种各样的结果。例如，在一个大城市中会同时放映很多电影，要决定看哪一部，并没有什么限制，因而个人的爱好就成了主要的决定因素。相反地，如果几个人同时掉在一个深水池里，不管他们的认知结构和行为结构如何各不相同，他们的行为将是十分相似的。

▶▶ 人与环境影响的相互依赖性

为了讨论简便起见，我们把人及其行为所产生的影响一起称作人的决定因素。就我们所知，人的内部因素和行为也能作为交互决定因素而相互起作用。举个例子，人们的期待影响着他们如何去行为，他们行为的结果又改变着他们的期待。传统的说法的主要缺点是，它们把实际上相互决定着对方活动的行为倾向和环境当作两个各自独立的实体。大体说来，环境仅仅是一种潜在的性能，只有在特定的行动使之现实化之后才能起作用，它并不具有一种必然对个体发生作用的固定不变的性能。学生如果不听老师的课，老师就不会对学生有影响；人们如果不选或不读某些书本，这些书本就不会影响他们；如果人们不去碰火，火就不会烧伤他们；在条件性实验作业开始进行之前，奖惩的影响就处于停止状态。同样地，人的决定因素在被激发之前，也仅仅是一些潜在的性能，它并不发生什么影响。对某些问题能够侃侃而谈的人，只要他肯说，而不是虽有这种本事而仍保持沉默，他就能影响别人。因此，在很多潜在的环境影响中，行为部分地决定着哪一些环境影响将开始起作用，它们会采取什么样的形式；反过来，环境影响也部分地决定着哪些行为潜能能够得到发展和应用。在这种双向影响过程中，环境正如它所调节的行为一样是能起影响作用的。

潜在影响的选择性活动

即使在一些简单的实验情境中，比如在给动物设置的固定环境中，这种行为和环境发生相互影响的现象也是显而易见的。让我们来考察防御学习中的一个标准实验。规定每分钟给动物以电击，但是在电击前 30 秒钟揿一次横杆，就可以免除电击的惩罚。这样，动物就能通过自己的行动来决定其环境的惩罚效应。那些很快学会控制行为的动物，能够为它们自己制造一个环境，因而基本上可以避免惩罚。其他的动物由于某种原因，在获得必需的相应技能中学得很慢，这样它们就会遇到一个很不愉快的环境。

尽管潜在环境对所有动物都是一样的，但实际环境却依赖于它们的行为。究竟是动物控制环境，还是环境控制动物呢？我们在此提出的是一个双向调节系统，在这里，有机体作为一个控制的对象，还是作为一个控制的动因，就看你要查明交互过程的哪一方面。如果你要测量自我保护反应的速率，那么，环境的事件似乎是行为的控制者。相反地，如果你要测量每个动物所引起的惩罚次数，环境就受行为的控制和改变了。因此，对于不同的动物以及同一动物在不同时刻，环境的惩罚效应显然是不同的。在查明行为如何决定环境时，你可以在同样设置的情境中，测验迷醉的动物和清醒的动物，比较它们在迷醉和清醒状态下为自己所制造的环境的不愉快程度。

环境的奖赏作用，在作出适当的行为以前，也仅仅是一些潜能。有一位研究者曾经在一种特殊情境中研究过精神分裂症儿童和正常儿童。在这里有各种各样引入的器件设备，包括电视机、留声机、弹球机、电火车、动画机和电风琴。儿童要玩这些玩具，只需要放一些通用的硬币进去，但只能在器件上面的灯亮着的时候放；如果在灯熄着的时候放，放进去的硬币就会使这个器件不工作的时间增长。正常儿童很快学会怎样去利用环境所提供的条件，并且为自己制造一些独特的奖赏条件。相反地，精神分裂症儿童则无法掌握简单的控制技能，因而把同样具有潜在奖赏的环境，当成一个消极的、不愉快的场所。

在前面的一些例子中，潜在环境是固定的，因而行为所决定的，仅仅是环境对有机体所起作用的程度。行为能创造环境条件，同时也能调节它们的影响。社会环境为创造交互影响个体行为的那些条件偶联提供了一个非常宽广的领域。人们可以谈论很多话题，可以从事各种活动，他们的潜在反应在不同的方面是极不相同的。在社会交互作用中，每一个参与者的行为决定着他们潜能的细节，哪些方面表现出来，哪些方面不表现出来。众所周知，那些动辄惹是生非的人，由于他们的令人生厌的行为，在他们所到之处，可以断定会产生一些消极的社会气氛，而其他人在他们互动的社会气氛中也会巧妙地尽力表现出来。

人们通过他们的集体行动在制造那些影响其生活进程和性质的社会条件中，在组织上扮演着重要的角色。例如，工会协商他们所提出的工作条件和工资制度。其他团体同样利用集体权力用各种改善他们生活境况的办法来改变社会习俗。

因为人和环境两种影响的来源是作为相互依赖而不是各自独立的因素起作用的，所以那种试图估计行为变化中有百分之几是由于人、百分之几是由于情境的研究，并没有很好地阐明那些调节过程的相互作用方面。即使证明了有许多变化通常是由于人的特性和情境条件的共同作用，也不一定有什么特殊的意义。相反地，为了弄清人和环境影响之间的交互作用过程，就必须分析双方是如何各自制约着对方的。最适合这一目的的方法，就是详细分析相互作用的因素在发展序列中影响彼此可能发生的条件概率。

对社会关系的序列互换分析，提供了一个交互影响过程的事例。那些有关二元交换的研究，证实了一个成员的行为如何从另一个成员的行为细节中激起特定的反应。反过来，这些特定的反应又促进了交互的对应反应，这些对应反应在可预知的方向上共同形成着社会环境（Bandura, Lipsher & Miller, 1960）。劳希和他的助手也同样证明，一个人的先行动作，强烈地影响着别人的反应。因而它也决定着相互作用的进程（Raush, 1965；Raush, Barry, Hertel & Swain, 1974）。不友好行动一般会引起别人攻击性的对应反应。而友好的先行行动则很少引起攻击性反应。因而，攻击型儿童由于自己的行动制造了一个不友好的环境，而那些采取友好反应方式的儿童，就能产生一个和睦的社会环境。

交互过程并不是由瞬时的行为偶联事件单独决定的。对先行行动的对应反应，也受以后在一种特定方式下反应的结果的判断所影响。那些在强制行为中受到很好训练的儿童，一旦以为坚持下去就能最终得到他们所要的东西，那么，在遇到即时的惩罚时，他们会坚持甚至增强他们的使人讨厌的行为。当他们知道使人讨厌的行为坚持下去没有效果时,同样的瞬时惩罚就会成为抑制物而不是强化物。成人在互动中的攻击行动,会同样地引起反攻击,或是和解,或是某种别的反应,这要看这些行动进行中所预期的结果而定。因此瞬时交互效应的预示能力,部分地是从连续的互换过程所预期的结果变化中得来的。

当这些可能的结果的预示能力成为人的特性时,各人就能独自通过他们的刺激价值从活动中建立一定的交互作用序列。前面引用的研究表明,仅仅成人的出现就可以引起不同程度的合作行为,这要看他们以前有没有强化过这样的行为。这个研究正是这一过程的一个很好的例子。此外,那些角色规定(即人们在执行所指定的角色时应该如何行事)起着对相互交换的性质产生结构上的影响作用。例如,同一个人在同一场合,充当工作管理员和知心朋友的角色时,会产生不同的预料中的行为。因此,在分析一个人的行为如何影响另一个人的对应反应时,我们除了考虑每一行动的直接影响外,还必须考虑到一定时间内在共同结果上可能发生的各种变化、各种预见的线索,以及环境和角色对行为所产生的社会结构方面的种种约束。

前面的讨论,并不是说所有的研究,都应该应用那些交互影响的范式。相反地,我们首先应该懂得某些决定因素怎么会导致行为变化,而不管这些变化怎么会反过来影响这些决定因素的后继活动,这是很重要的。再以攻击行为为例,对于环境影响怎么会导致和引起攻击行为的问题,需要把该攻击行为怎么会改变环境撇开,进行单独的分析。起始效应和交互效应的研究是各自独立的,而且也需要不同的实验程序。在对行为的充分理解上,两种方法都是需要的。还应该指出,并非所有的交互过程都是在直接的人际交往水平上进行的。许多影响作用于人们,并导致认知上的变化,这些变化反过来又作用于后继影响的选择和符号加工过程。

也许有人认为，如果各人可以部分地创造他们自己的环境，就不会有人再受环境的影响了。当然，一个人的行为并不是后继事件的唯一决定因素。正如我们所看到的，情境的约束作用、人们所承担的角色以及许多其他因素，都可以部分地决定一个人在对别人的行动作反应时，能够做什么或是不能做什么。而且，正是因为有些影响能为交互作用所改变，所以，单向控制是罕见的。相反地，在互动的发展序列中。那些对应影响是会交相适应的。

对儿童执意要做的事，稍有疏忽，那些相互依存的影响就会随着连续反馈而发生变化，这是一个大家熟悉的交互强化过程作用的例证。儿童的合理要求，往往由于父母不感兴趣，或关心别的事情，而没有得到理睬，如果再吵着企图得到关心而仍然没有结果，一般说来儿童就会加剧他们的行为，以至为父母所厌恶。互动发展到这一阶段，儿童就会对父母施行强迫控制。最终以父母被迫对儿童作出关心来终止这种可厌行为，这样也就强化了这一行为。因此，父母的这些反应恰恰训练了儿童使用强迫的方法。由于儿童获得了父母的注意，父母也就得到了暂时的安宁，因而，双方的行为都得到强化，虽然长远结果对双方都没有好处。

当不恰当的社会习俗激起强制行为时，就很容易形成而且相互维持那些有害的交互系统。由于强制行为的可厌特性，它很可能制造一些强化条件来使它保持下去。帕特森及其同事（Patterson & Cobb，1971）对家庭互动中行为的序列概率作了分析，他们揭示了家庭成员如何在相互交织着的偶联事件中，双方都成为强制关系的助长者和牺牲者。这一模式在那些成员间相互使用使人痛苦的控制方法的家庭中最为明显。在一种激烈的权力斗争中，敌对行为很快地助长了攻击性的对应反应。在激烈的交互攻击中，每个成员都给对方提供可厌刺激，而每个成员又用更为使人痛苦的对应反应以压倒别人，从而使自己的强制性行为轮番地得到强化。这类有害的交互系统也可以转化为促进健康的系统，那就要减少支持强制行为的强化，同时采取一些更有建设性的措施来保证从别人那儿得到希望得到的反应（Patterson，1975）。

》交互影响与自我定向的执行

因果过程的讨论提出了有关决定论和个人自由的基本问题，在考察这些问题时，最主要的是应把自由的形而上学方面和社会方面区别开来。引起这一论题的许多争论的原因，属于所论述的自由的范围模糊不清，比起属于对决定论学说的看法的不同来，如果不是更多，也是一样多的。

让我们首先从社会意义上来考察自由。自由到底像某些作家所说的是一种幻觉，还是一种十分重要的社会现实，这要取决于你所赋予它的意义。在社会学习理论体系中，自由是根据人们所能享受的选择权的多寡以及实现这些选择的权利来定义的，人们所具有的行为的选择权力越大，他们行动的自由也就越大。

对个人自由的限制

个人自由会在很多不同的方面受到限制。行为上的缺陷就会限制一个人可能的选择范围，或者减少实现其选择的机会。因而可以通过开发人的潜能来使他获得更大的自由。另外，莫须有的恐惧和过分自责所导致的拘谨，限制着人们能够参与或者甚至渴望参与的活动范围。因而消除由于功能失调而产生的自我约束就会增进自由。

一个社会在最大限度地扩大自由的同时，还必须对人的行为施加一定的限制，因为对任何一个人肆意放纵，就会损害别人的自由。对于在社会上有害的行为设置一些公开的禁令，会对行为有所控制。对于那些直接损伤或严重危害别人权利的行动加以限制，几乎没有什么不同意见。但是，当很多社会成员怀疑现行习俗时，以及当法律条令更多地用来提倡某种特殊的品德，而更少地用来禁止那种在社会上有害的行为时，对于行为的各种限制就产生了争议。

是否应该允许人们进行那些对社会并无不利的自我行为呢？这个问题多年来一直争论不休。禁酒主义者认为除了遁世之外，任何人都不大可能只伤害自己而不附带影响别人。由于自戕必定要带来能力的丧失，所以最终社会往往要负担治疗和生计的费用。自由主义者认为这些论点不足以证明某种特殊的禁令是合情合理的，因为有些为社会所认可的自戕行为可能与那些宣布为非法的活动一样不好，甚至更坏。历次关于私人行为规范上的变化都倾向于支持一种个人主义的伦理观念，因而，许多受法律禁止的活动现在已免除了法律制裁。

有些社会歧视剥夺了某些人群组织团体的自由，因而一个人应享有的选择范围要受到肤色、性别、宗教信仰、种族背景或者社会阶层的限制，而不管他自身的能力。当自我决断受到偏见的限制时，那些受影响的人就没法去消除这些不平等，去改变那些顺从或迎合自称为平等的社会价值准则。

要实现自由，就会涉及各种选择权问题，还会涉及各种限制行为的条件问题。争取自由的斗争的主要目的在于建立各种社会偶联事件，以使某些行为方式可以避免令人生厌的控制。当制订了保护性法律并成为制度之后，社会对那些反对传统道德标准或现存权益的人，有些事情尽管很想去做，也就不能做了。那些反对非法社会控制的法令使自由成为现实，这不仅仅是主观愿望。不同社会对自由的规定以及法定刑免行为的数量和种类，是各不相同的。例如，当记者抨击政府官员时，那些保护他们不受刑事制裁的社会制度，比那些允许个人权力来压制批评家及其表达手段的社会制度就更自由些。那些有一个独立于政府机构的司法部的国家，比那些没有这样的司法部的国家，具有更大的社会自由。

自由与决定论

在一些哲学说教中，自由常常被看作是和决定论相对立的，当我们用选择权来定义自由时,自由和决定论之间就不存在矛盾了。由此看来,自由不能消极地被看作是缺乏权势,或者简单地被看作是没有外界约束。相反地,自由应该从积极意义上根据一个人在行动选择中所需要的支配和使用自我权势的本领来定义。尽管在同样的环境约束下,那些具有很多行为选择权并且善于调节自己行为的人,会比那些缺少个人机智的人经受到更大的自由。

那些对自由的心理学分析,最终将导致关于决定论的形而上学的说教。人也是自己行为的部分决定因素吗?或者说,他们完全是受自己不能控制的力量所支配的吗?对这个问题的长期争论由于斯金纳(Skinner,1971)提出的观点而更加激烈了。斯金纳认为,除了遗传素质外,人的行为完全受环境偶联事件的控制(例如,"一个人并不能对外界产生作用,而外界却能对他产生作用",p.211)。这种分析的一个主要问题是,它把环境描述成一种自主的力量,它可以自主地塑造和控制行为。

环境的形成有一定的原因,行为的形成也有一定的原因。行为确实受其偶联事件的调节,但偶联事件有一部分也是人的自己活动的产物。人们通过行动在制造那些对自己有影响的强化偶联中扮演着一个积极的角色。正如上文所述,行为部分地创造着环境,而环境又以交互的方式影响着行为。有这样一句名言:"改变偶联事件,你就改变行为。"这还应该加上交互的一面:"改变行为,你就改变偶联事件。"追究究竟先有鸡,还是先有蛋,纯粹环境论者认为先有鸡,而社会学习理论家则确认先有蛋。

心理学研究中论及人所起的作用问题,要看分析时所选择的交互影响系统的哪一方面来决定。在支持环境决定论的范式中,研究者着重分析环境影响如何改变行为 $[B=f(E)]$。而属于人决定论研究的范式,则偏重考察行为如何决定环境 $[E=f(B)]$,在前一范式中,行为是结果。在后一范式中,行为是原因。

社会学习理论根据交互决定论（$B \leftrightarrow P \leftrightarrow E$）来理解调节过程。虽然为了实验的目的，交互的影响可以分开来，但在日常生活中，双向控制总是同时起作用的。因此，在连续的交互作用过程中，同一个事件可以作为一个刺激、一个反应或者一个环境强化物，这要取决于选择这个序列的什么地方作为分析的起端。图 8 表示 A、B 二人互动的一种序列，它表明同样的行动在互动序列中怎样在各自的起端处发生变化，使它们的地位从刺激变成反应，再变成强化物。

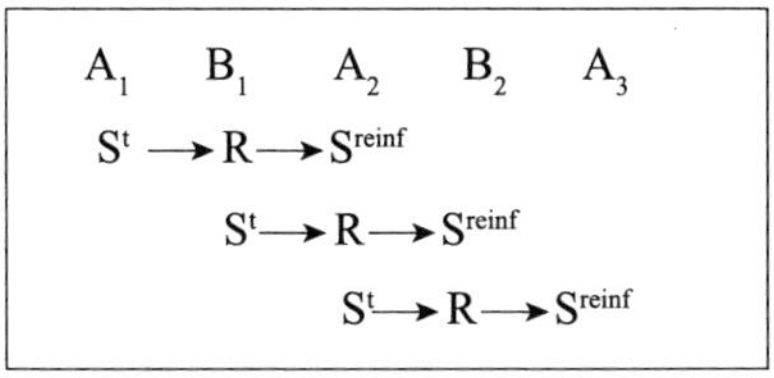

$$
\begin{array}{cccccc}
A_1 & B_1 & A_2 & B_2 & A_3 \\
S^t \rightarrow & R \rightarrow & S^{reinf} & & \\
& S^t \rightarrow & R \rightarrow & S^{reinf} & \\
& & S^t \rightarrow & R \rightarrow & S^{reinf}
\end{array}
$$

图 8　同一社会行为如何成为一个刺激、一个反应，或一个强化物

这一过程取决于你在社会互动的连续序列中从何处开始分析。在双方互动中，A 系列是某个人的连续反应，B 系列是第二个人的连续反应。S^t 代表刺激，R 代表反应，而 S^{reinf} 代表强化物。

纵观因果过程的研究，可以肯定，要描绘一个双向过程，就必须利用一个单向范式。环境的控制已详细地分析了，而关于人的控制却相对地被忽视了。举个例子，关于行为怎样在不同的强化程序作用下发生变化，已有无数例证，但关于人怎样通过个人或集体行动，成功地将强化程序和自己的喜好相协调，这类研究却一个也找不到。在人的控制方面缺乏研究，并不是因为人对其环境不发生影响，或者因为这些影响没有效果，恰恰相反，行为正是日后时偶联事件的一个更有影响的决定因素。

应该指出，有些认定环境担负着主要控制的理论，最终得承认个体是行使着某种对应控制措施的（Skinner, 1971）。但是，交互决定论的意义远远超出了对应控制概念的含义，对应控制把环境看作是一种个体对之作出反应的刺激力量。但是，我们早已知道，人们既能利用环境和创造环境，又能逆环境而行。

人们可以通过安排自己的行为来影响未来的条件，就这点来说，他们是有部分自由的。当然，从一个有效的选择范围内选择某些特定的行动途径本身是受客观制约的，但尽管如此，人还是能对制约他们选择的因素进行一定程度的控制。从哲学上分析，一切事件都服从于无限的因果轮回。这种论证通常强调，人的行动如何受先行条件的控制，但却忽视了这一过程的交互方面，那就是这些条件本身是部分地受人的行动所决定的。自我控制的实践证明，通过安排可能引起合适行为的环境条件，以及创造一些认知条件并保持这些条件的自我强化结果，人们就能够把自己的行动进程指向有价值的目标。自我控制能够告诉个人怎样着手这一过程，也能够在他们活动的开头提供一些外部支持，但这并不否认自我产生的影响对达到未来目标具有十分重大的意义。因而任何一种对人的行为决定因素的解释，都必须把那些作为一种积极因素的自我产生的影响包括在内。

像环境论者通常所做的那样，争辩什么人是受外部力量所控制，然后鼓吹人能够应用心理学技术重新设计社会，这就损害了这一论点的基本前提。事实上，如果人们不能影响自己的行动，那么，他们只能描述和预测环境事件，但却不能对这些环境事件进行任何有意的控制。但是，一旦出现什么社会变革的论调，所有的环境决定论者便都成了人在寻求美好生活中用来改造环境的能力的积极辩护者。

在后面的因果分析中，人们通常把环境条件看作是支配人的，而对人为自己设定的目标及其后继效果的前向的决定论分析，则揭示人们如何能为自己的目的而构成各种条件。有些人在这点上做得比另一些人要好一些。他们越有远见，越娴熟，自我影响的力量越大（这些都是可获得的效能），就越能达到目标。正因为人有交互影响的能力，所以他们至少是自己部分命运的设计者。对决定论本身并没有什么争议，所争论的是，应该把决定论当作单向的控制过程，还是双向的控制过程。由于行为和环境条件的相互依存性，所以决定论并不含有个体只是外界影响的附庸这种宿命论观点。

心理学的决定论观点和其他理论观点一样，影响到社会习俗的性质和范围。环境决定论者乐于将他们的方法首先用于制度上规定了的行为模式，而人决定论者却倾向于培育自我定向的潜能。后一种行为研究与人本主义有很多共同之处。但行为理论家认为"自我实现"决不局限于人的美德。人有大量的潜能，它们可能在有益的方面，也可能在有害的方面得到实现。很多人长久以来而且还将继续在自我实现的暴君手中深受其苦。因而一种关于自我实现的自我中心伦理准则，必须通过关心一个人行为的社会结果来加以调和。行为主义者一般强调环境的控制力量，而人本主义者试图将他们的兴趣局限在人的控制方面。社会学习理论则包含了双向影响过程的两个方面。

如果人们把环境看作是自发的，而不是看作能影响行为的决定因素，人的才能和成就之所以高贵的价值就要降低。如果人的创造力采自外界环境，那么人们的成就应归功于环境，人们的失败或无人性就应归咎于环境。与这种单向的观点相反，人的成就来自外界环境与许多人的因素的交互作用，这些人的因素包括各种天赋潜能、后天获得的各种能力、反省思维以及高水平的自我创造力。

例如，作曲家通过他们的创造性工作帮助人们形成一定的欣赏能力，而这些爱好者反过来又支持了他们的工作，直到新的音乐风格的倡导者使公众形成新的音乐爱好。每一种后继的艺术形式都来自同样的双向影响过程，既不能单归功于艺术家，也不能单归功于情境。

不论什么领域，卓越的成就都需要高度集中的自我训练。在人们接受一定的评估标准后，他们就要自觉地花大量的时间来提高他们的作业成绩，以达到自我满意的水平，在这一功能水平上，坚持不懈的努力要自始至终受到自我强化的控制，技能的完善使自己满意的程度应该达到或超过使公众满意的程度。

如果没有自我生成的影响,大多数的革新成果将难以保持,这是因为非成规的东西开始总是受到抵制,而且只有当这种东西在功用上被证明是有价值的或者赢得了权威性的支持后,才会逐渐被人所接受。因此,革新者的早期工作一般会带来抵制和漠视,而不是奖励和认可。在创造性研究的历史上,艺术家和作曲家因为突出地偏离成规的形式和风格而受到侮辱和攻击,这类事并非罕见。有些人的事业后来得到了认可,而另一些人尽管他们的成果终身没有得到肯定,但人们确信这些人孜孜不倦地为之奋斗的工作的价值。意识形态上的改变,小至技术上的改变,也会经历类似的过程。即使革新工作在早期阶段可能会得到偶然的社会支持,但仅仅环境也不一定特别地有助于非成规性研究的传播。

交互影响和社会控制的限制

交互影响的作用已经引起了公众的忧虑,担心心理学知识的进展,会不断增加对人的有计划的操纵和控制。这种担忧的一个共同反应,就是所有的行为都不可避免地要受到控制。因此,在以前没有控制的地方,社会影响并不使人承担强加的控制。每一行动必有其原因,在这个意义上说,这种论点是有道理的。但使人担心的却并非因果性原理。从社会角度看,他们的忧虑主要体现在控制权力的分配上,体现在使用权力的手段和目的上,以及体现在对社会习俗中执行交互控制的机构的效率上。从个人角度看,他们对人际关系进行程序设计的心理技术学的涵义感到不安。

个人的保护措施

人们通常是根据个人的保护措施来论述对滥用心理技术做出补救的可能性的。不断给人们增加更多有关影响方式的知识,被认为是对那种操纵控制的最好防御。只要把关于行为如何受到控制的知识告诉人们,他们就会抵制那些施加影响的明显意图,从而使得操纵控制更加困难。但是，单是觉察到行为受控，还不过是一种微弱的对应的抗力。大多数人都十分清楚，广告商总是想利用夸大其辞、仿造证书、证明其产品优越的虚拟实验、与其他事件配对联系以及对产品用户受益增长的描述等，来影响人们的行为，但这种知识并不能使人们免受广告的影响。通过各种反应结果来加以劝说，其效果也差不多如此。即使人们知道那些诱因正在激起他们的行动，但胁迫仍会带来服从，奖赏仍会诱发出顺应行为。

在心理学科能够从理论上表述行为改变的原理和实践以前，这种滥用的情况就被有效地挫败了。对抗操纵性控制的最可靠的力量源泉，存在于人们交相作用的双向结果中。人们拒绝被人利用，而且在将来还会继续拒绝，因为顺从行为会给他们带来一些不利的后果。施加影响的工作做得再精细，也绝不会减弱这种不利于个人的对屈从的厌恶。由于交互作用的结果，就不会有人能随意地操纵别人，而且，每个人在得到他们的期待之物时，都会产生某种无权的感觉。不论从个人的和集体的作用上看都一样。父母不能使他们的孩子完全服从于他们的意愿，而孩子在做他们想做的事情时，会觉得受父母的限制。在大学里，管理人员、教员、学生和其他人都觉得别人在追求自我利益时对自己产生了极大的影响，但他们又没有足够的力量来改变那些机构的成规。在政界，国会认为行政部门拥有过多的权力，反过来，行政部门又觉得，由于国会的对应行动，在贯彻它的政策时往往受到阻碍。

社会的保护措施

如果仅仅依靠个体保护措施来防止心理技术的滥用，人们还得不断地遭受难以逃脱的强制性压力。因此，他们创设各种组织的制裁来限制对人类行为的控制。社会性保护措施就能对不适当的控制手段加以限制，并且通过利益均等以促进人们的交互作用，这样，就可以确保每一个体的完整性。要做到这一点，就必须建立正式的机构，由它们通过法律系统、调节部门，并且通过正当的过程和一定的步骤对社会习俗施加交互性影响。社会性交互机构不仅保护人们免受任意的、不合理的控制，而且它们还提供改变社会制度和生活条件的各种手段。在论述心理学知识的意义时，往往忽视了法律和社会规则在人们进行相互控制的程度和形式上所确立的各种限制。

不能因为那些人精通心理技术，就特许他们把自己的意志强加于别人。例如，实业家清楚地知道，按完成工作的数量付酬要比按工作时间的长短付酬具有更高的生产率，但是，他们并不能利用对自己最有利的强化系统。当实业家得到一定的特权时，他们可以给工人按计件工价付酬，并可以随意雇用和解雇他们。减少雇主和雇员之间的权力差异，其结果就会逐步改变合同契约的性质。当工人从集体行动中获得了强制性的经济力量时，他们就能够为所保证过的日薪、月薪，甚至年薪而交涉。每隔一段时期，就要采用双方都能接受的新契约性合同。随着时间的推移，当产生了更好的集体行动方式之后，其他成员将利用他们的影响来改变现有的管理，因为这些管理对某些劳动和工业有利，但却可能对社会其他部分的生活性质产生不利的影响。

正如上面的例子所证明的，增进任何影响行为的知识，并不一定能提高社会控制的水平。如果有什么效果的话，近年来倒确实看到了权力的普及，它为交互影响创造了更多的机会。这就使得人们能向社会不公道挑战，影响体制惯例的变革，抵制对他们的权力的侵犯，以及将上述的程序和正当的法律过程扩展到至今仍在单向控制下进行的各种社会关系的活动中去。更多的人使用权力这一事实本身并不能自然而然地完全地保证一个人道的社会。归根到底，应该着重考虑的是使用权力的目的，而不是权力被怎么分配。有关施加心理影响的手段的知识，也不一定在人际关系中产生刻板划一的反应。不论人们的倾向是什么，他们总是要模仿、说明和强化他们认为有价值的东西。产生于承诺的和目的的行为，并不比临时发出的行动缺少真实性。

有些小说描绘了一些建立在行为原理基础上的独裁主义制度和乌托邦社会，使人产生一种特定的生活方式将会强加给每一个人的恐惧感。乌托邦社会的鼓吹者勾画出他们喜欢的生活方式。因为各人的喜好相差悬殊，所以大多数人要么怀疑在某一乌托邦的具体规划中所反映的价值准则，要么怀疑在整个设想的价值定向中所反映的社会准则。即使那些认为主要的价值准则可以接受的人，也担心在某个单一的社会管理下，是否还存在和谐的生活。另一些人更担心，如果影响手段落入坏人之手，那么它们将被用来操纵公众对独裁统治的附和或者对暴政的称颂。因此，原来的意思只是空想中的一个试验性的社会，却成了一个可怕的图景。

如果有人认为行为原理一定会产生那种乌托邦的单一社会生活形式，正如《瓦尔登湖第二》（*Walden Two*）一书（Skinner，1948）中所描述的那样，那么，他是把用来建设更完善的社会制度的一般技术和宣传某种特定生活方式的技术混淆起来了。其结果是，由于所鼓吹的生活方式不受人欢迎，因而那些用来获得人类最终理想的方法就被抛弃了。通过提供在同样行为原理基础上形成的各种社会生活模式就能将原理从社会习俗中分离出来。在多种形式的管理下，人们就能随意选取他们所追求的生活方式。那些还没有发现一种所爱好的特殊生活方式的人就会尝试其他方式。要实现大规模的操纵是困难的，因为各团体间的价值偏好和影响范围是不同的。如果给予适当的价值选择，社会学习原理就能有效地用于发展多种生活方式。

奥威尔的《一九八四》①这种未来主义噩梦的陈词滥调及其最新翻版，把公众的注意力，从缺少人情味的造成不断威胁人们安宁的那些管理措施中转移开去。大多数社会已经建立于交互系统来阻止这种专横的人的行为控制，当然这些交互系统要受到法律条文和社会调节

---

① 奥威尔（George Orwell）是英国小说家、讽刺作家布莱尔（Eric Arthur Blair, 1903—1950）的笔名，《一九八四》是他的最闻名的作品之一。——译者注

的保护。虽然所建立的权力随着时间的推移也会被滥用，但并不是极权主义的准则构成这种即将来临的危险。这样的危险更多是由于主观上追求个人利益（包括物质的或非物质的），而来自强迫性控制的危险，相比之下就要小得多。即使在一个开放的社会里，当很多人都从社会习俗中谋取私利时，有害的社会习俗就会发生，并且阻碍着变革。举个普通的例子，由于追求私利，对待处于不利条件下的团体的不平等待遇，并不需要专横的规则就能获得社会的支持。

当然在别人掌握下的人们还有比非人性的待遇更甚的事要与之斗争。在其他另外一些方面得到好处的生活方式所产生的那些令人可厌的结果任其保留下来，不知不觉地积累以后，人们就会成为自我毁灭的自愿牺牲者。因此，如果有很多人从那些逐步损害其环境的活动中谋取私利，那么，他们在不准触犯所施加的影响情况下，将最终毁灭他们的环境。

随着人口的不断增长以及强调物质消费的各种生活方式的传播（二者都要消耗有限的资源），人们将不得不学会处理新的现实。普遍追求那些最大限度地扩大个人奖赏的活动会产生有害的结果，必然对所有的人产生影响。这些新的现实就需要人们对一个人的行为的社会结果更加重视和更高度负责。社会压力就会使个人的选择服从于集体的利益。这一挑战将促使共同幸福的社会习俗向前发展，而这些方式仍可维护个人最大可能的自由。

对那些直接有益但最终却有害的社会习俗的修改，不一定需要减少选择的自由。提供更好的选择途径会比强施禁令更有效地改变行为。例如，经济的发展、启迪人们人口过多的害处、计划生育以及出生控制设施的发展，通过这些就无需对性生活加以限制或者规定生养限额，也会大大减少出生率。在这种情况下广义的社会利益与个人利益相一致。在另一些情况下，如果有益的习俗的发展不受既得利益的阻碍，人们也自然会抛弃有害的习俗而赞成有益的习俗。对污染性汽车的过分信赖会消耗大量的物质，如果提供既方便又经济实惠的运输工具就能很快消除这种信赖，而无需每年继续生产数亿辆汽车，建造更多的高速公路，然后再来增加汽车费用和人们的厌恶。由于很多人直接或间接地从大量的汽车中获得暴利，所以对那些产生有害影响的行为的选择加以限制，会得到公众的支持。

上面提到的只是怎样扩大而不是减少个人的选择，来最有效地促进集体的公益习俗的几个例子。通过提供有益的选择途径以及提高那些会产生不利后果的传统习俗的代价，就可最迅速地获得改变。当缺乏获取利益的可选择手段时，人们会很慢地放弃那种对长远幸福不利的行为，即使在面临产生消极后果时，也是如此。

心理学不能告诉人们应当怎样度过一生，但是，它可以给他们提供影响个人变化和社会变化的手段。而且它能帮助他们去评估可供选择的生活方式及社会管理的结果，来作出价值抉择。心理学作为一门科学，它注重其应用的社会效果，所以，它必须有助于人们对心理学问题的理解，因为这些问题对社会政策有影响。对它们的理解可以保证心理学研究成果用来为人类的进步事业服务。

参考文献

Allen, M. K., & Liebert, R. M. "Effects of Live and Symbolic Deviant Modeling Cues on Adoption of a Previously Learned Standard." *Journal of Personality and Social Psychology*, 1969, 11:253-260.

Aronfreed, J. "The Origin of Self-Criticism." *Psychological Review*, 1964, 71:193-218.

Ayllon, T., & Haughton, E. "Control of the Behavior of Schizophrenic Patients by Food." *Journal of the Experimental Analysis of Behavior*, 1962, 5:343-352.

Baer, D. M., & Sherman, J. A. "Reinforcement Control of Generalized Imitation in Young Children." *Journal of Experimental Child Psychology*, 1964, 1:37-49.

Baer, D. M., & Wolf, M. M. "The Entry into Natural Communities of Reinforcement." Paper presented at the American Psychological Association Meeting, Washington, D.C., September 1967.

Baker, N. "The Influence of Some Task and Organismic Variables on the Manifestation of Conservation of Number." Unpublished master's thesis, University of Toronto, 1967.

Baldwin, A. L., & Baldwin, C. P. "The Study of Mother-Child Interaction." *American Scientist*, 1973, 61:714-721.

Bandura, A. "Influence of Models' Reinforcement Contingencies on the Acquisition of Imitative Responses." *Journal of Personality and Social Psychology*, 1965, 1:589-595.

Bandura, A. *Principles of Behavior Modification*. New York: Holt, Rinehart & Winston, 1969.

Bandura A. (Ed.), *Psychological Modeling: Conflicting Theories*. Chicago: Aldine-Atherton, 1971a.

Bandura, A. "Vicarious and Self-Reinforcement Processes." In R. Glaser (Ed.), *The Nature of Reinforcement*. New York: Academic Press, 1971b.

Bandura, A. *Aggression: A Social Learning Analysis*. Englewood Cliffs, N.J.: Prentice-Hall, 1973.

Bandura, A. "Effecting Change Through Participant Modeling." In J. D. Krumboltz & C. E. Thoresen (Eds.), *Counseling Methods*. New York: Holt, Rinehart & Winston, 1976a.

Bandura, A. "Self-Efficiency: Toward a Unifying Theory of Behavioral Change." *Psychological Review*, 1977, 84:191-215.

Bandura, A. "Self-Reinforcement: Theoretical and Methodological Considerations." *Behaviorism*, 1976b, 4:135-155.

Bandura, A., Adams, N. E., & Beyer, J. "Cognitive Processes Mediating Behavioral Change." *Journal of Personality and Social Psychology*, 1977, 35:125-139.

Bandura, A., & Barab, P. G. "Conditions Governing Nonreinforced Imitation." *Developmental Psychology*, 1971, 5:244-255.

Bandura, A., & Barab, P. G. "Processes Governing Disinhibitory Effects Through Symbolic Modeling." *Journal of Abnormal Psychology*, 1973, 82:1-9.

Bandura, A., Blanchard, E. B., & Ritter, B. "The Relative Efficacy of Desensitization and Modeling Approaches for Inducing Behavioral, Affective, and Attitudinal Changes." *Journal of Personality and Social Psychology*, 1969, 13:173-199.

Bandura, A., Grusec, J. E., & Menlove, F. L. "Observational Learning as a Function of Symbolization and Incentive Set." *Child Development*, 1966, 37:499-506.

Bandura, A., Grusec, J. E., & Menlove, F. L. "Some Social Determinants of Self-Monitoring Reinforcement Systems." *Journal of Personality and Social Psychology*, 1967, 5:449-455.

Bandura, A., & Jeffery, R. W. "Role of Symbolic Coding and Rehearsal Processes in Observational Learning." *Journal of Personality and Social Psychology*, 1973, 26:122-130.

Bandura, A., Jeffery, R., & Bachicha, D. L. "Analysis of Memory Codes and Cumulative Rehearsal in Observational Learning." *Journal of Research in Personality*, 1974, 7:295-305.

Bandura, A., & Kupers, C. J. "The Transmission of Patterns of Self-Reinforcement through Modeling." *Journal of Abnormal and Social Psychology*, 1964, 69:1-9.

Bandura, A., Lipsher, D. H., & Miller, P. E. "Psychotherapists' Approach-Avoidance Reactions to Patient's Expressions of Hostility." *Journal of Consulting Psychology*, 1960, 24:1-8.

Bandura, A., & Mahoney, M. J. "Maintenance and Transfer of Self-Reinforcement Functions." *Behaviour Research and Therapy*, 1974, 12:89-97.

Bandura, A., Mahoney, M. J., & Dirks, S. J. "Discriminative Activation and Maintenance of Contingent Self-Reinforcement." *Behaviour Research and Therapy*, 1976, 14:1-6.

Bandura, A., & McDonald, F. J. "The Influence of Social Reinforcement and the Behavior of Models in Shaping Children's Moral Judgments." *Journal of Abnormal and Social Psychology*, 1963, 67:274-281.

Bandura, A., & Menlove, F. L. "Factors Determining Vicarious Extinction of Avoidance Behavior through Symbolic Modeling." *Journal of Personality and Social Psychology*, 1968, 8:99-108.

Bandura, A., & Perloff, B. "Relative Efficacy of Self-Monitored and Externally-Imposed Reinforcement Systems." *Journal of Personality and Social Psychology*, 1967, 7:111-116.

Bandura, A., & Rosenthal, T. L. "Vicarious Classical Conditioning as a Function of Arousal Level." *Journal of Personality and Social Psychology*, 1966, 3:54-62.

Bandura, A., Ross, D., & Ross, S. A. "A Comparative Test of the Status Envy, Social Power, and Secondary Reinforcement Theories of Identificatory Learning." *Journal of Abnormal and Social Psychology*, 1963, 67:527-534.

Bandura, A., Underwood, B., & Fromson, M. E. "Disinhibition of Aggression through Diffusion of Responsibility and Dehumanization of Victims." *Journal of Research in Personality*, 1975, 9:253-269.

Bandura, A., & Walters, R. H. *Adolescent Aggression*. New York: Ronald Press, 1959.

Bandura, A., & Whalen, C. K. "The Influence of Antecedent Reinforcement and Divergent Modeling Cues on Patterns of Self-Reward." *Journal of Personality and Social Psychology*, 1966, 3:373-382.

Barber, T. X., & Hahn, K. W., Jr. "Experimental Studies in 'Hypnotic' Behavior: Physiological and Subjective Effects of Imagined Pain." *Journal of Nervous and Mental Disease*, 1964, 139:416-425.

Barnwell, A. K. "Potency of Modeling Cues in Imitation and Vicarious Reinforcement Activities." *Dissertation Abstracts*, 1966, 26:7444.

Baron, A., Kaufman, A., & Stauber, K. A. "Effects of Instructions and Reinforcement-Feedback on Human Operant Behavior Maintained by Fixed-interval Reinforcement." *Journal of the Experimental Analysis of Behavior*, 1969, 12:701-712.

Bateson, G. (Ed.), *Perceval's Narrative: A Patient's Account of His Psychosis, 1830-1832*. Stanford, Calif.: Stanford University Press, 1961.

Baum, W. M. "The Correlation-based Law of Effect." *Journal of the Experimental Analysis of Behavior*, 1973, 20:137-153.

Bem, D. J. "Self-Perception Theory." In L. Berkowitz (Ed.), *Advances in Experimental Social Psychology*. Vol. 6. New York: Academic Press, 1972.

Bem, D. J., & Allen, A. "On Predicting Some of the People Some of the Time: The Search for Cross-situational Consistencies in Behavior." *Psychological Review*, 1974, 81:506-520.

Benton, A. A. "Effects of the Timing of Negative Response Consequences on the Observational Learning of Resistance to Temptation in Children." *Dissertation Abstracts*, 1967, 27:2153-2154.

Berger, S. M. "Incidental Learning Through Vicarious Reinforcement." *Psychological Reports*, 1961, 9:477-491.

Berger, S. M. "Conditioning through Vicarious Instigation." *Psychological Review*, 1962, 69:450-466.

Berger, S. M. "Observer Perseverance as Related to a Model's Success." *Journal of Personality and Social Psychology*, 1971, 19:341-350.

Berkowitz, L. "Words and Symbols as Stimuli to Aggressive Responses." In J. F. Knutson (Ed.), *The Control of Aggression: Implications from Basic Research*. Chicago: Aldine, 1973.

Blanchard, E. B. "The Relative Contributions of Modeling, Informational Influences, and Physical Contact in the Extinction of Phobic Behavior." *Journal of Abnormal Psychology*, 1970a, 76:55-61.

Blanchard, E. B. "The Generalization of Vicarious Extinction Effects." *Behavior Research and Therapy*, 1970b, 8:323-330.

Blanchard, E. B., & Young, L. B. "Self-Control of Cardiac Functioning: A Promise as Yet Unfulfilled." *Psychological Bulletin*, 1973, 79:145-163.

Bloom, L., Hood, L., & Lightbown, P. "Imitation in Language Development: If, When, and Why." *Cognitive Psychology*, 1974, 6:380-420.

Bolles, R. C. "The Avoidance Learning Problem." In G. H. Bower

(Ed.), *The Psychology of Learning and Motivation* (Vol. 6). New York: Academic Press, 1972.

Bolles, R. C. *Theory of Motivation* (2nd ed.). New York: Harper & Row, 1975.

Bolstad, O. D., & Johnson, S. M. "Self-regulation in the Modification of Disruptive Behavior." *Journal of Applied Behavior Analysis*, 1972, 5:443-454.

Borden, B. L., & White, G. M. "Some Effects of Observing a Model's Reinforcement Schedule and Rate of Responding on Extinction and Response Rate." *Journal of Experimental Psychology*, 1973, 97:41-45.

Borkovec, T. D. "The Role of Expectancy and Physiological Feedback in Fear Research: A Review with Special Reference to Subject Characteristics." *Behavior Therapy*, 1973, 4:491-505.

Bowers, K. S. "Situationism in Psychology: An Analysis and a Critique." *Psychological Review*, 1973, 80:307-336.

Boyd, L. M. "Most Disappointed Men in the World." *San Francisco Chronicle*, March 15, 1969.

Brainerd, C. J. "Learning Research and Piagetian Theory." In L. S. Siegel & C. J. Brainerd (Eds.), *Alternatives to Piaget—Critical Essays on the Theory*. Hillsdale, N.J.: Erlbaum, 1976, in press.

Bridger, W. H., & Mandel, I. J. "A Comparison of GSR Fear Responses Produced by Threat and Electric Shock." *Journal of Psychiatric Research*, 1964, 2:31-40.

Bronfenbrenner, U. *Two Worlds of Childhood: U.S. and U.S.S.R.* New York: Russell Sage Foundation, 1970.

Brown, I. "Modeling Processes and Language Acquisition: The Role of Referents." *Journal of Experimental Child Psychology*, 1976, 22:185-199.

Bruning, J. L. "Direct and Vicarious Effects of a Shift in Magnitude of Reward on Performance." *Journal of Personality and Social Psychology*, 1965, 2:278-282.

Bryan, J. H., & Walbek, N. H. "Preaching and Practicing Generosity: Some Determinants of Sharing in Children." *Child Development*, 1970, 41:329-354.

Buchwald, A. M. "Experimental Alterations in the Effectiveness of Verbal Reinforcement Combinations." *Journal of Experimental Psychology*, 1959, 57:351-361.

Buchwald, A. M. "Effects of 'Right' and 'Wrong' on Subsequent Behavior: A New Interpretation." *Psychological Review*, 1969, 76: 132-145.

Budzynski, T., Stoyva, J., & Adler, C. "Feedback-induced Muscle

Relaxation: Application to Tension Headache." *Journal of Behavior Therapy and Experimental Psychiatry*, 1970, 1:205-211.

Calder, B. J., & Straw, B. M. "Self-Perception of Intrinsic and Extrinsic Motivation." *Journal of Personality and Social Psychology*, 1975, 31:599-605.

Chandler, M. J., Greenspan, S., & Barenboim, C. "Judgments of Intentionality in Response to Videotaped and Verbally Presented Moral Dilemmas: The Medium is the Message." *Child Development*, 1973, 44:315-320.

Chatterjee, B. B., & Eriksen, C. W. "Cognitive Factors in Heart Rate Conditioning." *Journal of Experimental Psychology*, 1962, 64: 272-279.

Church, R. M. "Emotional Reactions of Rats to the Pain of Others." *Journal of Comparative and Physiological Psychology*, 1959, 52: 132-134.

Coates, B., & Hartup, W. W. "Age and Verbalization in Observational Learning." *Developmental Psychology*, 1969, 1:556-562.

Craig, K. D., & Weinstein, M. S. "Conditioning Vicarious Affective Arousal," *Psychological Reports*, 1965, 17:955-963.

Crooks, J. L. "Observational Learning of Fear in Monkeys." Unpublished manuscript, University of Pennsylvania, 1967.

Dawson, M. E. "Comparison of Classical Conditioning and Relational Learning." Unpublished master's thesis, University of Southern California, 1966.

Dawson, M. E., & Furedy, J. J. "The Role of Awareness in Human Differential Autonomic Classical Conditioning: The Necessary-gate Hypothesis." *Psychophysiology*, 1976, 13:50-53.

Debus, R. L. "Observational Learning of Reflective Strategies by Impulsive Children." Unpublished manuscript, University of Sydney, 1976.

Deci, E. L. *Intrinsic Motivation*. New York: Plenum, 1975.

Dekker, E., & Groen, J. "Reproducible Psychogenic Attacks of Asthma: A Laboratory Study." *Journal of Psychosomatic Research*, 1956, 1:58-67.

Dekker, E., Pelser, H. E., & Groen, J. "Conditioning as a Cause of Asthmatic Attacks." *Journal of Psychosomatic Research*, 1957, 2:97-108.

Ditrichs, R., Simon, S., & Greene, B. "Effect of Vicarious Scheduling on the Verbal Conditioning of Hostility in Children." *Journal of Personality and Social Psychology*, 1967, 6:71-78.

Drabman, R. S., Spitalnik, R., & O'Leary, K. D. "Teaching Self-

Control to Disruptive Children." *Journal of Abnormal Psychology*, 1973, 82:10-16.

Dulany, D. E. "Awareness, Rules, and Propositional Control: A Confrontation with S-R Behavior Theory." In T. R. Dixon & D. L. Horton (Eds.), *Verbal Behavior and General Behavior Theory*, Englewood Cliffs, N.J.: Prentice-Hall, 1968.

Dulany, D. E., & O'Connell, D. C. "Does Partial Reinforcement Dissociate Verbal Rules and the Behavior They Might Be Presumed to Control?" *Journal of Verbal Learning and Verbal Behavior*, 1963, 2:361-372.

Ellis, A. *Reason and Emotion in Psychotherapy*. New York: Stuart, 1962.

Endler, N. S., & Magnusson, D. (Eds.) *Interactional Psychology and Personality*. Washington, D.C.: Hemisphere, 1975.

Eriksen, C. W., & Kuethe, J. L. "Avoidance Conditioning of Verbal Behavior Without Awareness: A Paradigm of Repression." *Journal of Abnormal and Social Psychology*, 1956, 53:203-209.

Estes, W. K. "Reinforcement in Human Behavior." *American Scientist*, 1972, 60:723-729.

Feingold, B. D., & Mahoney, M. J. "Reinforcing Effects on Intrinsic Interest: Undermining the Overjustification Hypothesis." *Behavior Therapy*, 1975, 6:367-377.

Felixbrod, J. J., & O'Leary, K. D. "Self-Determination of Academic Standards by Children." *Journal of Educational Psychology*, 1974, 66:845-850.

Flanders, J. P. "A Review of Research on Imitative Behavior." *Psychological Bulletin*, 1968, 69:316-337.

Fuchs, C., & Rehm, L. P. "The Treatment of Depression through the Modification of Self-control Behaviors." Unpublished manuscript, University of Pittsburgh, 1975.

Gale, E. N., & Jacobson, M. B. "The Relationship between Social Comments as Unconditioned Stimuli and Fear Responding." *Behaviour Research and Therapy*, 1970, 8:301-307.

Gardner, R. A., & Gardner, B. T. "Teaching Sign Language to a Chimpanzee." *Science*, 1969, 165:664-672.

Geer, J. H. "A Test of the Classical Conditioning Model of Emotion: The Use of Nonpainful Aversive Stimuli as Unconditioned Stimuli in a Conditioning Procedure." *Journal of Personality and Social Psychology*, 1968, 10:148-156.

Gerbner, G., & Gross, L. "Living with Television: The Violence Profile." *Journal of Communication*, 1976, 26:173-199.

Gerst, M. S. "Symbolic Coding Processes in Observational

Learning." *Journal of Personality and Social Psychology*, 1971, 19:7-17.

Gewirtz, J. L., & Stingle, K. G. "Learning of Generalized Imitation as the Basis for Identification." *Psychological Review*, 1968, 75: 374-397.

Glynn, E. L. "Classroom Applications of Self-Determined Reinforcement." *Journal of Applied Behavior Analysis*, 1970, 3:123-132.

Goldfried, M. R., & Merbaum, M. (Eds.), *Behavior Change through Self-Control*. New York: Holt, Rinehart & Winston, 1973.

Gray, V. "Innovation in the States: A Diffusion Study." *American Political Science Review*, 1973, 4:1174-1185.

Greene, D. Immediate and Subsequent Effects of Differential Reward Systems on Intrinsic Motivation in Public School Classrooms. Unpublished doctoral dissertation, Stanford University, 1974.

Grings, W. W. "The Role of Consciousness and Cognition in Autonomic Behavior Change." In F. J. McGuigan and R. Schoonover (Eds.), *The Psychophysiology of Thinking*. New York: Academic Press, 1973.

Grose, R. F. "A Comparison of Vocal and Subvocal Conditioning of the Galvanic Skin Response." Unpublished doctoral dissertation, Yale University, 1952.

Gutkin, D. C. "The Effect of Systematic Story Changes on Intentionality in Children's Moral Judgments," *Child Development*, 1972, 43:187-195.

Harris, F. R., Wolfe, M. M., & Baer, D. M. "Effects of Adult Social Reinforcement on Child Behavior." *Young Children*, 1964, 20:8-17.

Harris, M. B., & Evans, R. C. "Models and Creativity." *Psychological Reports*, 1973, 33:763-769.

Hart, B. M., & Risley, T. R. "Establishing Use of Descriptive Adjectives in the Spontaneous Speech of Disadvantaged Preschool Children." *Journal of Applied Behavior Analysis*, 1968, 1:109-120.

Hastorf, A. H. "The 'Reinforcement' of Individual Actions in a Group Situation." In L. Krasner & L. P. Ullmann (Eds.), *Research in Behavior Modification*. New York: Holt, Rinehart & Winston, 1965.

Hatano, G. "Subjective and Objective Cues in Moral Judgment." *Japanese Psychological Research*, 1970, 12:96-106.

Hayes, K. J., & Hayes, C. "Imitation in a Home-raised Chimpanzee." *Journal of Comparative and Physiological Psychology*, 1952, 45:450-459.

Hefferline, R. F., Bruno, L. J. J., & Davidowitz, J. E. "Feedback

Control of Covert Behaviour." In K. Connolly (Ed.), *Mechanisms of Motor Skill Development*. New York: Academic Press, 1970.

Herbert, E. W., Gelfand, D. M., & Hartmann, D. P. "Imitation and Self-Esteem as Determinants of Self-Critical Behavior." *Child Development*, 1969, 40:421-430.

Hernandez-Peon, R., Scherrer, H., & Jouvet, M. "Modification of Electric Activity in Cochlear Nucleus during 'Attention' in Unanesthetized Cats." *Science*, 1956, 23:331-332.

Herrnstein, R. J. "Method and Theory in the Study of Avoidance." *Psychological Review*, 1969, 76:49-69.

Hicks, D. J. "Girls' Attitudes toward Modeled Behaviors and the Content of Imitative Private Play." *Child Development*, 1971, 42:139-147.

Hildebrant, D. E., Feldman, S. E., & Ditrichs, R. A. "Rules, Models, and Self-reinforcement in Children." *Journal of Personality and Social Psychology*, 1973, 25:1-5.

Hillix, W. A., & Marx, M. H. "Response Strengthening by Information and Effect on Human Learning." *Journal of Experimental Psychology*, 1960, 60:97-102.

Hinde, R. A., & Hinde-Stevenson, J. *Constraints on Learning*. New York: Academic Press, 1973.

Horn, G. "Electrical Activity of the Cerebral Cortex of the Unanesthetized Cat during Attentive Behavior." *Brain*, 1960, 83:57-76.

Hughes, C., Tremblay, M., Rapoport, R. N., & Leighton, A. H. *People of Cove and Woodlot: Communities from the Viewpoint of Social Psychiatry*. New York: Basic Books, 1960.

Jackson, B. "Treatment of Depression by Self-Reinforcement." *Behavior Therapy*, 1972, 3:298-307.

Jeffery, R. W. "The Influence of Symbolic and Motor Rehearsal on Observational Learning." *Journal of Research In Personality*, 1976, 10:116-127.

Jeffrey, D. B. "A Comparison of the Effects of External Control and Self-Control on the Modification and Maintenance of Weight." *Journal of Abnormal Psychology*, 1974, 83:404-410.

Kanfer, K. H., & Marston, A. R. "Determinants of Self-Reinforcement in Human Learning." *Journal of Experimental Psychology*, 1963, 66:245-254.

Kaufman, A., Baron, A., & Kopp, R. E. "Some Effects of Instructions on Human Operant Behavior." *Psychonomic Monograph Supplements*, 1966, 1:243-250.

Kaye, K. "Learning by Imitation in Infants and Young Children."

Paper presented at the meeting of the Society for Research in Child Development, Minneapolis, 1971.

Kazdin, A. E. "Covert Modeling, Model Similarity, and Reduction of Avoidance Behavior." *Behavior Therapy*, 1974a, 5:325-340.

Kazdin, A. E. "Comparative Effects of Some Variations of Covert Modeling." *Journal of Behavior Therapy and Experimental Psychiatry*, 1974b, 5:225-232.

Kazdin, A. E. "Effects of Covert Modeling and Reinforcement on Assertive Behavior." *Journal of Abnormal Psychology*, 1974c, 83:240-252.

Kazdin, A. E. "Covert Modeling, Imagery Assessment, and Assertive Behavior." *Journal of Consulting and Clinical Psychology*, 1975, 43:716-724.

Kelman, H. C. "Violence Without Moral Restraint: Reflections on the Dehumanization of Victims and Victimizers." *Journal of Social Issues*, 1973, 29:25-61.

Kemp, J. C., & Dale, P. S. "Spontaneous Imitations and Free Speech: A Grammatical Comparison." Unpublished manuscript, Florida State University, 1973.

Kennedy, T. D. "Verbal Conditioning Without Awareness: The Use of Programmed Reinforcement and Recurring Assessment of Awareness." *Journal of Experimental Psychology*, 1970, 84:484-494.

Kennedy, T. D. "Reinforcement Frequency, Task Characteristics, and Interval of Awareness Assessment as Factors in Verbal Conditioning Without Awareness." *Journal of Experimental Psychology*, 1971, 88:103-112.

Kohlberg, L. "Stage and Sequence: The Cognitive-Developmental Approach to Socialization." In D. A. Goslin (Ed.), *Handbook of Socialization Theory and Research*. Chicago: Rand McNally, 1969.

Krane, R. V., & Wagner, A. R. "Taste Aversion Learning with a Delayed Shock US: Implications for the 'Generality of the Laws of Learning.'" *Journal of Comparative and Physiological Psychology*, 1975, 88:882-889.

Kruglanski, A. W. "The Endogenous-Eogenous Partition in Attribution Theory." *Psychological Review*, 1975, 82:387-406.

Kurtines, W., & Greif, E. B. "The Development of Moral Thought: Review and Evaluation of Kohlberg's Approach." *Psychological Bulletin*, 1974, 8:453-470.

Lefkowitz, M.; Blake, R. R.; & Mouton, J. S. "Status Factors in Pedestrian Violation of Traffic Signals." *Journal of Abnormal and Social Psychology*, 1955, 51:704-705.

Lepper, M. R., & Greene, D. "Turning Play into Work: Effects of Adult Surveillance and Extrinsic Rewards on Children's Intrinsic Motivation." *Journal of Personality and Social Psychology*, 1975, 31:479-486.

Lepper, M. R., Greene, D., & Nisbett, R. E. "Undermining Children's Intrinsic Interest with Extrinsic Reward: A Test of the 'Overjustification' Hypothesis." *Journal of Personality and Social Psychology*, 1973, 28:129-137.

Lepper, M. R., Sagotsky, J., & Mailer, J. "Generalization and Persistence of Effects of Exposure to Self-Reinforcement Models." *Child Development*, 1975, 46:618-630.

Leventhal, H. "Findings and Theory in the Study of Fear Communications." In L. Berkowitz (Ed.), *Advances in Experimental Social Psychology*. New York: Academic Press, 1970.

Lidz, T., Cornelison, A., Terry, D., & Fleck, S. "Intrafamilial Environment of the Schizophrenic Patient; VI: The Transmission of Irrationality." *AMA Archives of Neurology and Psychiatry*, 1958, 79:305-316.

Liebert, R. M., Neale, J. M., & Davidson, E. S. *The Early Window: Effects of Television on Children and Youth*." New York: Pergamon Press, 1973.

Lippitt, R. R., Polansky, N., & Rosen, S. "The Dynamics of Power." *Human Relations*, 1952, 5:37-64.

Locke, E. A. "Toward a Theory of Task Motivation and Incentives." *Organizational Behavior and Human Performance*, 1968, 3:157-189.

Locke, E. A., Cartledge, N., & Knerr, C. S. "Studies of the Relationship between Satisfaction, Goal Setting, and Performance." *Organizational Behavior and Human Performance*, 1970, 5:135-158.

Loeb, A., Beck, A. T., Diggory, J. C., & Tuthill, R. "Expectancy, Level of Aspiration, Performance, and Self-Evaluation in Depression." *Proceedings of the 75th Annual Convention of the American Psychological Association*, 1967, 2:193-194.

Lovaas, O. I. "A Behavior Therapy Approach to the Treatment of Childhood Schizophrenia." In J. P. Hill (Ed.), *Minnesota Symposia on Child Psychology* (Vol. 1). Minneapolis: University of Minnesota Press, 1967.

Luria, A. *The Role of Speech in the Regulation of Normal and Abnormal Behavior*. New York: Liveright, 1961.

McArthur, L. Z., & Eisen, S. V. "Achievements of Male and Female

Storybook Characters as Determinants of Achievement Behavior by Boys and Girls." *Journal of Personality and Social Psychology*, 1976, 33:476-473.

Mahoney, M. J. *Cognition and Behavior Modification*. Cambridge, Mass.: Ballinger, 1974.

Mahoney, M. J., & Bandura, A. "Self-Reinforcement in Pigeons." *Learning and Motivation*, 1972, 3:293-303.

Mahoney, M. J., & Thoresen, C. E. *Self-control: Power to the Person*. Monterey, Calif: Brooks/Cole, 1974.

Mann, M. E., & Van Wagenen, R. K. "Alteration of Joint Mother-Child Linguistic Styles, Involving Procedures of Extension, Elaboration, and Reinforcement." Paper presented at the biennial meeting of the Society for Research in Child Development, Denver, April 1975.

Marks, I. M., & Gelder, M. G. "Transvestism and Fetishism: Clinical and Psychological Changes during Faradic Aversion." *British Journal of Psychiatry*, 1967, 113:711-729.

Marmor, J. "Psychoanalytic Therapy as an Educational Process: Common Denominators in the Therapeutic Approaches of Different Psychoanalytic 'Schools.' " In J. H. Masserman (Ed.), *Science and Psychoanalysis* (Vol. 5, *Psychoanalytic Education*). New York: Grune & Stratton, 1962.

Marston, A. R. "Imitation, Self-Reinforcement, and Reinforcement of Another Person." *Journal of Personality and Social Psychology*, 1965, 2:255-261.

Martin, M., Burkholder, R., Rosenthal, T. L., Tharp, R. G.; & Thorne, G. L. "Programming Behavior Change and Reintegration into School Milieu of Extreme Adolescent Deviates," *Behaviour Research and Therapy*, 1968, 6:371-383.

McDavid, J. W. "Effects of Ambiguity of Imitative Cues upon Learning by Observation." *Journal of Social Psychology*, 1964, 62:-165-174.

McGuire, R. J., Carlisle, J. M., & Young, B. G. "Sexual Deviations as Conditioned Behavior: A Hypothesis." *Behaviour Research and Therapy*, 1965, 2:185-190.

McLaughlin, T. F., & Malaby, J. E. "Increasing and Maintaining Assignment Completion with Teacher and Pupil Controlled Individual Contingency Programs: Three Case Studies." *Psychology*, 1974, 2:1-7.

McMains, M. J., & Liebert, R. M. "Influence of Discrepancies between Successively Modeled Self-Reward Criteria on the Adoption of a Self-Imposed Standard." *Journal of Personality and Social Psychology*, 1968, 8:166-171.

Meichenbaum, D. H. "Examination of Model Characteristics in Reducing Avoidance Behavior." *Journal of Personality and Social Psychology*, 1971, 17:298-307.

Meichenbaum, D. H. *Cognitive Behavior Modification*. Morristown, N.J.: General Learning Press, 1974.

Michael, D. N., & Maccoby, N. "Factors Influencing the Effects of Student Participation on Verbal Learning from Films: Motivating versus Practice Effects, 'Feedback,' and Overt versus Covert Responding." In A. A. Lumsdaine (Ed.), *Student Response in Programmed Instruction*. Washington, D.C.: National Academy of Sciences—National Research Council, 1961.

Milgram, S. *Obedience to Authority: An Experimental View*. New York: Harper & Row, 1974.

Miller, N. E. "Learnable Drives and Rewards." In S. S. Stevens (Ed.), *Handbook of Experimental Psychology*. New York: Wiley, 1951.

Miller, N. E. "Learning of Visceral and Glandular Responses." *Science*, 1969, 163:434-445.

Miller, N. E., & Dollard, J. *Social Learning and Imitation*. New Haven: Yale University Press, 1941.

Mischel, W. *Personality and Assessment*. New York: Wiley, 1968.

Mischel, W. "Toward a Cognitive Social Learning Reconceptualization of Personality." *Psychological Review*, 1973, 80:252-283.

Mischel, W., & Liebert, R. M. "Effects of Discrepancies between Observed and Imposed Reward Criteria on Their Acquisition and Transmission." *Journal of Personality and Social Psychology*, 1966, 3:45-53.

Moerk, E. L. "Changes in Verbal Mother-Child Interactions with Increasing Language Skills of the Child." *Journal of Psycholinguistic Research*, 1974, 3:101-116.

Moerk, E. L. "Processes of Language Teaching and Language Learning in the Interactions of Mother-Child Dyads." *Child Development*, 1976, 47:1064-1078.

Moeser, S. D., & Bregman, A. S. "Imagery and Language Acquisition." *Journal of Verbal Learning and Verbal Behavior*, 1973, 12:91-98.

Moser, D. "Screams, Slaps, and Love." *Life*, May 7, 1965, 90A-101.

Murray, E. J. "A Content-analysis Method for Studying Psychotherapy." *Psychological Monographs*, 1956, 70(13), whole no. 420.

Nisbett, R. E., & Valins, S. *Perceiving the Causes of One's Own Behavior*. Morristown, N.J.: General Learning Press, 1971.

Olman, A., Erixon, G., & Lofberg, I. "Phobias and Preparedness: Phobic versus Neutral Pictures as Conditioned Stimuli for Human Autonomic Responses." *Journal of Abnormal Psychology*, 1975, 84:41-45.

Ormiston, L. H. "Factors Determining Response to Modeled Hypocrisy." Unpublished doctoral dissertation, Stanford University, 1972.

Packer, H. L. *The Limits of the Criminal Sanction*. Stanford, Calif: Stanford University Press, 1968.

Parker, E. P. "Information Utilities and Mass Communication." In H. Sackman & N. Nie (Eds.), *Information Utility and Social Choice*. AFIPS Press, Montvale, N.J., 1970.

Patterson, G. R. "The Aggressive Child: Victim and Architect of a Coercive System." In L. A. Hamerlynck, E. J. Mash, & L. C. Handy (Eds.), *Behavior Modification and Families*. New York: Brunner/Mazell, 1975.

Patterson, G. R., & Cobb, J. A. "A Dyadic Analysis of 'Aggressive' Behavior." In J. P. Hill (Ed.), *Minnesota Symposia on Child Psychology* (Vol. 5). Minneapolis: University of Minnesota Press, 1971.

Peterson, D. R. *The Clinical Study of Social Behavior*. Englewood Cliffs, N.J.: Prentice-Hall, Inc., 1968.

Piaget, J. *The Moral Judgment of the Child*. Glencoe, Ill.: Free Press, 1948.

Piaget, J. *Play, Dreams, and Imitation in Childhood*. New York: Norton, 1951.

Piaget, J. "Equilibration and the Development of Logical Structures." In J. M. Tanner & B. Inhelder (Eds.), *Discussions on Child Development* (Vol. 4). New York: International Universities Press, 1960.

Porro, C. R. "Effects of the Observation of a Model's Affective Responses to Her Own Transgression on Resistance to Temptation in Children." *Dissertation Abstracts*, 1968, 28:3064.

Postman, L., & Sassenrath, J. "The Automatic Action of Verbal Rewards and Punishments." *Journal of General Psychology*, 1961, 65:109-136.

Premack, D. "Reinforcement Theory." In D. Levine (Ed.), *Nebraska Symposium on Motivation*. Lincoln: University of Nebraska Press, 1965.

Rachlin, H. "Self-control." *Behaviorism*, 1974, 2:94-107.

Rachman, S. "Sexual Fetishism: An Experimental Analogue." *Psychological Record*, 1966, 16:293-296.

Rachman, S. *The Effects of Psychotherapy.* Oxford: Pergamon, 1971.

Rachman, S. "Clinical Applications of Observational Learning, Imitation, and Modeling." *Behavior Therapy*, 1972, 3:379-397.

Raush, H. L. "Interaction Sequences." *Journal of Personality and Social Psychology*, 1965, 2:487-499.

Raush, H. L., Barry, W. A., Hertel, R. K., & Swain, M. A. *Communication Conflict and Marriage.* San Francisco: Jossey-Bass, 1974.

Redd, W. J., & Birnbrauer, J. S. "Adults as Discriminative Stimuli for Different Reinforcement Contingencies with Retarded Children." *Journal of Experimental Child Psychology*, 1969, 7:440-447.

Reiss, S., & Sushinsky, L. W. "Overjustification, Competing Responses, and the Acquisition of Intrinsic Interest." *Journal of Personality and Social Psychology*, 1975, 31:1116-1125.

Rescorla, R. A. "Informational Variables in Pavlovian Conditioning." In G. H. Bower (Ed.), *The Psychology of Learning and Motivation* (Vol. 6). New York: Academic Press, 1972.

Rescorla, R. A., & Solomon, R. L. "Two-Process Learning Theory: Relationships between Pavlovian Conditioning and Instrumental Learning." *Psychological Review*, 1967, 74:151-182.

Rest, J., Turiel, E., & Kohlberg, L. "Level of Moral Development as a Determinant of Preference and Comprehension of Moral Judgments Made by Others." *Journal of Personality*, 1969, 37:225-252.

Revusky, S. H., & Garcia, J. "Learned Associations over Long Delays." In G. H. Bower (Ed.), *The Psychology of Learning and Motivation* (Vol. 4). New York: Academic Press, 1970.

Riesman, D. *The Lonely Crowd.* New Haven: Yale University Press, 1950.

Robertson, T. S. *Innovative Behavior and Communication.* New York: Holt, Rinehart & Winston, 1971.

Rogers, E. M., & Shoemaker, F. *Communication of Innovations: A Cross-cultural Approach* (2nd. ed.). New York: Free Press, 1971.

Rosekrans, M. A., & Hartup, W. W. "Imitative Influences of Consistent and Inconsistent Response Consequences to a Model on Aggressive Behavior in Children." *Journal of Personality and Social Psychology*, 1967, 7:429-434.

Rosenbaum, M. E. "The Effect of Stimulus and Background Factors on the Volunteering Response." *Journal of Abnormal and Social Psychology*, 1956, 53:118-121.

Rosenbaum, M. E., & Hewitt, O. J. "The Effect of Electric Shock on Learning by Performers and Observers." *Psychonomic Science*, 1966, 5:81-82.

Rosenhan, D., Frederick, F., & Burrowes, A. "Preaching and Practicing: Effects of Channel Discrepancy on Norm Internalization." *Child Development*, 1968, 39:291-301.

Rosenthal, T. L., & Zimmerman, B. J. *Social Learning and Cognition*. New York: Academic Press, 1977, in press.

Ross, M. "Salience of Reward and Intrinsic Motivation." *Journal of Personality and Social Psychology*, 1975, 32:245-254.

Ross, M. "The Self Perception of Intrinsic Motivation." In J. H. Harvey, W. J. Ickes, & R. F. Kidd (Eds.), *New Directions in Attribution Research*. Hillsdale, N.J.: Erlbaum, 1976.

Sandler, J., & Quagliano, J. "Punishment In a Signal Avoidance Situation." Paper read at Southeastern Psychological meeting, Gatlinburg, Tenn., 1964.

Schwartz, B. "On Going Back to Nature: A Review of Seligman and Hager's Biological Boundaries of Learning." *Journal of the Experimental Analysis of Behavior*, 1974, 21:183-198.

Schwartz, G. E. "Cardiac Responses to Self-Induced Thoughts." *Psychophysiology*, 1971, 8:462-467.

Seligman, M. E. P. "Phobias and Preparedness." *Behavior Therapy*, 1971, 2:307-320.

Seligman, M. E. P., & Hager, J. L. *Biological Boundaries of Learning*. New York: Appleton-Century-Crofts, 1972.

Shapiro, D., & Schwartz, G. E. "Biofeedback and Visceral Learning; Clinical Applications." *Seminars in Psychiatry*, 1972, 4:171-184.

Sherman, J. A. "Imitation and Language Development." In P. Lipsitt & C. C. Spiker (Eds.), *Advances in Child Development*. Vol. 6. New York: Academic Press, 1971.

Siegel, A. E. "The Influence of Violence in the Mass Media upon Children's Role Expectation." *Child Development* 1958, 29:35-56.

Skinner, B. F. *Walden Two*. New York: Macmillan, 1948.

Skinner, B. F. *Beyond Freedom and Dignity*. New York: Knopf, 1971.

Snow, C. E. "Mother's Speech to Children Learning Language." *Child Development*, 1972, 43:549-565.

Soule, J. C., & Firestone, I. J. "Model Choice and Achievement

Standards; Effects of Similarity in Locus of Control." Unpublished manuscript, University of Wisconsin (Milwaukee), 1976.

Spielberger, C. D., & De Nike, L. D. "Descriptive Behaviorism versus Cognitive Theory in Verbal Operant Conditioning." *Psychological Review*, 1966, 73:306-326.

Stone, L. J., & Hokanson, J. E. "Arousal Reduction via Self-punitive Behavior." *Journal of Personality and Social Psychology*, 1969, 12:72-79.

Stotland, E. "Exploratory Investigation of Empathy." In L. Berkowitz (Ed.), *Advances in Experimental Social Psychology* (Vol. 4). New York: Academic Press, 1969.

Stouwie, R. J., Hetherington, E. M.. & Parke, R. D. "Some Determinants of Children's Self-Reward Behavior after Exposure to Discrepant Reward Criteria." *Developmental Psychology*, 1970, 3:313-319.

Sullivan, E. V. "The Acquisition of Conservation of Substance through Film-Mediated Models." In D. W. Brison & E. V. Sullivan (Eds.), *Recent Research on the Acquisition of Conservation of Substance*. Education Monograph. Toronto: Ontario Institute for Studies in Education, 1967.

Testa, T. J. "Causal Relationships and the Acquisition of Avoidance Responses." *Psychological Review*, 1974, 81:491-505.

Thoresen, C. E., & Mahoney, M. J. *Behavioral Self-control*. New York: Holt, Rinehart & Winston, 1974.

Toch, H. *Violent Men*. Chicago: Aldine, 1969.

Truax, C. B. "Reinforcement and Nonreinforcement in Rogerian Psychotherapy." *Journal of Abnormal Psychology*, 1966, 71:1-9.

Turiel, E. "An Experimental Test of the Sequentiality of Development Stages in a Child's Moral Judgments." *Journal of Personality and Social Psychology*, 1966, 3:611-618.

Uzgiris, I. C. "Situational Generality of Conservation." *Child Development*, 1964, 35:831-841.

Valentine, C. W. "The Psychology of Imitation with Special Reference to Early Childhood." *British Journal of Psychology*, 1930, 21:105-132.

Valins, S., & Nisbett, R. E. *Attribution Processes in the Development and Treatment of Emotional Disorders*. Morristown, N.J.: General Learning Press, 1971.

Wallace, I. "Self-Control Techniques of Famous Novelists." *Journal of Applied Behavior Analysis*, 1976, in press.

Walters, R. H., & Parke, R. D. "Influence of Response Consequences to a Social Model on Resistance to Deviation." *Journal of Experimental Child Psychology*, 1964, 1:269-280.

Walters, R. H., Parke, R. D., & Cane, V. A. "Timing of Punishment and the Observation of Consequences to Others as Determinants of Response Inhibition." *Journal of Experimental Child Psychology*. 1965, 2:10-30.

Walton, D., & Mather, M. D. "The Application of Learning Principles to the Treatment of Obsessive-Compulsive States in the Acute and Chronic Phases of Illness." *Behavior Research and Therapy*, 1963, 1:163-174.

Watson, J. B., & Rayner, R. "Conditioned Emotional Reactions." *Journal of Experimental Psychology*, 1920, 3:1-14.

Weiner, H. "Real and Imagined Cost Effects upon Human Fixed-Interval Responding." *Psychological Reports*, 1965, 17:659-662.

Weisz, A. E., & Taylor, R. L. "American Presidential Assassinations." In D. N. Daniels, M. F. Gilula, & F. M. Ochberg (Eds.), *Violence and the Struggle for Existence*. Boston: Little, Brown, 1970.

White, R. W. "Motivation Reconsidered: The Concept of Competence." *Psychological Review*, 1959, 66:297-333.

Whitehurst, G. J., & Vasta, R. "Is Language Acquired through Imitation?" *Journal of Psycholinguistic Research*, 1975, 4:37-59.

Wilson, W. C. "Imitation and Learning of Incidental Cues by Preschool Children." *Child Development*, 1958, 29:393-397.

Yalom, I. D., & Yalom, M. "Ernest Hemingway—A Psychiatric View." *Archives of General Psychiatry*, 1971, 24:485-494.

Yussen, S. R. "Determinants of Visual Attention and Recall in Observational Learning by Preschoolers and Second Graders." *Developmental Psychology*, 1974, 10:93-100.

Zimbardo, P. G. "The Human Choice: Individuation, Reason, and Order versus Deindividuation, Impulse, and Chaos." In W. J. Arnold & D. Levine (Eds.), *Nebraska Symposium on Motivation*. Lincoln: University of Nebraska Press, 1969.

Zimmerman, B. J., & Rosenthal, T. L. "Observational Learning of Rule Governed Behavior by Children." *Psychological Bulletin*, 1974, 81:29-42.

Zimring, F. *Deterrence. The Legal Threat in Crime Control*. Chicago: Chicago University Press, 1973.

主题索引

(所注页码为英文原书页码,即本书边码)

Abstract modeling　抽象示范过程
 in conceptual learning, 40 - 42　概念学习中的~
 influenced by
  complexity of input, 90 - 91　受复杂的输入影响的~
  contrasting modeling, 44, 48 - 49　受对比示范影响的~
  differential feedback, 41, 90 - 91, 138　受分化反馈影响的~
  semantic referents, 41 - 42　受语义参照物影响的~
 in language learning, 41, 174 - 180　语言学习中的~
 in moral reasoning, 42 - 47　道德推理中的~

Achievement motivation, 1, 143, 162 - 163　成就动机

Aggression, 6, 8, 24, 55, 63, 86, 119 - 120, 157 - 158, 170, 198, 200　攻击

Antecedent determinants　先行决定因素
 of aggression, 63　攻击性的~
 by anticipated consequences, 10 - 11, 13, 36 - 37, 47 - 48, 52, 55, 85 - 90, 96, 149, 153 - 155, 161, 165 - 167　由期待结果引起的~
 of autonomic responses, 59 - 67　自主反应的~
 of avoidance behavior, 60 - 63, 65 - 67　回避行为的~
 cognitive mediation of, 10 - 11, 60, 63 - 64, 67 - 72, 96, 161　~的认知中介物
 development of, 59 - 67, 85 - 87　~的发展

of instrumental behavior, 85 - 87, 198　工具性行为的~

of self-reinforcement, 146 - 147　自我强化的~

of sexual arousal, 64　情绪性触发的~

Anticipatory mechanisms　焦虑机制

in avoidance behavior, 10 - 11, 60 - 63, 153, 167 - 170　回避行为中的~

in classical conditioning, 10 - 11, 59 - 72, 165　经典条件作用中的~

in motivation, 3, 18, 161　动机中的~

in operant conditioning, 11, 18, 85 - 87, 165 - 167　操作条件作用中的~

and self-produced realities, 77, 167, 185 - 187, 197 - 198, 203　~与自我生成的实在

in self-regulation, 13, 58 - 59, 109, 149 - 150, 153 - 155, 198　自我调节中的~

Anxiety　焦虑

and autonomic arousal, 61, 82 - 83　~与自主性情绪触发

and dual process theory, 60 - 61　~与双重加工理论

elimination by

cognitive restructuring, 68, 70 - 71, 79 - 83　~被认知重构消除

extinction, 67 - 68, 70 - 71　~被消退作用消除

participant modeling, 82, 186　~被参与者示范作用消除

symbolic modeling, 81, 126　~被符号性示范作用消除

generalization of, 72, 78　~的泛化

peripheral theory of, 60 - 61, 67　~的边缘理论

role of in defensive behavior, 61, 82 - 83　~在防御行为中的作用

and self-arousal mechanisms, 61 - 62, 66 - 72, 79 - 83　~与自我情绪触发机制

transmitted through modeling, 65 - 66, 76, 126　~通过示范作用

而转移

Attention 注意

 in conceptual learning, 90 - 91 概念学习中的~

 and contingency recognition, 17 - 21, 71 - 72 ~与偶联性再认

 as influenced by

  affective valence, 24 受情感效价影响的~

  arousal level, 23 受情绪触发水平影响的~

  association preferences, 24 受联想偏好影响的~

  distinctiveness, 24 - 25 受显著性影响的~

  functional value, 24, 85, 89 - 90 受功能价值影响的~

  perceptual set, 23, 71, 91 受知觉定式影响的~

  performance feedback, 17 - 21, 90 - 91, 128 受操作反馈影响的~

  sensory capacities, 23, 25 受感觉能量影响的~

  vicarious reinforcement, 122 受替代性强化影响的~

 in observational learning, 23 - 25, 32, 37 - 38 观察学习中的~

 in operant conditioning, 19 - 21 操作条件作用中的~

 in regulation of biological functions, 100 生物功能调节中的~

 and televised modeling, 24 - 25 ~与电视示范性作用

Attribution processes 归因过程

 and avoidance behavior, 82 - 83 ~与回避行为

 and motivation, 107 - 112 ~与动机

 and self-reinforcement, 132 - 133 ~与自我强化

Avoidance behavior 回避行为

 acquisition of, 10 - 11, 60 - 63 ~的获得

 explained by

  control of aversive events, 61 - 62 用可厌性事件的控制解释的~

  dual process theory, 60 - 61 用双重加工理论解释的~

resistance to change, 62, 153, 167-170, 186　～拒绝改变

Awareness　觉知

　　of antecedent events, 67-70　先行事件的～

　　as belief conversion, 4-5　作为信息转变的～

　　definition of, 19-21　～的定义

　　influence on

　　　　classical conditioning, 67-72, 165, 171　～对经典条件作用的影响

　　　　extinction, 67-70　～对消退作用的影响

　　　　operant conditioning, 19-21, 165, 171　～对操作条件作用的影响

　　　　performance, 19-21, 171　～对操作的影响

　　measurement of, 19-21　～的测量

　　and partially correlated hypotheses, 20-21, 188　～与部分相关假设

　　of reinforcement contingencies, 19-21, 165-167, 171　强化偶联的～

　　of responses, 19　反应的～

　　and routinization of performance, 171　～与操作常规化

　　of stimulus registration versus stimulus recognition, 71-72　刺激记录与刺激再认的～

　　and unobservable consequences, 20　～与不可观察的结果

　　verbally induced, 68　言语诱导的～

　　see also Insight　亦可参见顿悟

Behavior reproduction　行为再现

　　and availability of components, 27-28　～与子成分的有效性

　　central integration in, 27-28, 35-36　～中的中枢整合作用

　　feedback influences on

　　　　augmented, 28　延缓的反馈影响

proprioceptive, 28　本体感受的反馈影响

verbal, 28　言语的反馈影响

visual, 28　视觉的反馈影响

and representational matching, 27-28　～与表象性匹配作用

and self-observation, 28　～与自我观察

Behavioral standards　行为标准

acquired by

modeling, 43-44, 134-138　从示范过程中获得～

selective reinforcement, 133-135, 146, 148　从选择性强化中获得～

and competence disparities, 134-135　～与能力差异

and discrepancies between modeling and precept, 137　～与示范同言教之间的脱节

and discrepant modeling, 44, 135-137　～与不一致的示范

generalized, 137-138　概化的～

and level of self-satisfaction, 106-107, 132, 135, 137, 139-141, 162　～与自我满足的水平

in self-motivation, 103-107, 131-133, 161-165　自我动机中的～

in self-reinforcement, 106-107, 131-145　自我强化中的～

and vicarious reinforcement, 135-136, 148-149　～与替代性强化

Beliefs　信念

contingency, 68-70, 97, 165-167, 187　偶联性～

delusional, 141-142, 152, 167-170, 181　妄想性～

Biofeedback control　生物反馈机制

of bodily functions, 99　身体机能的～

compared with self-relaxation, 100　～与自我松弛相比较

mediated through

attentional mechanisms, 100　以注意机制为中介的～

cognitive activities, 100 - 101 以认知活动为中介的~

muscular mechanisms, 100 以肌肉控制为中介~

motivational versus reinforcement process, 101 动机与强化过程的~

Coercive control 强迫性控制

 in authoritarian societies, 202, 211 极权社会中的~

 in development of aggression, 199 - 200 攻击的发展中的~

 and institutions of freedom, 202 ~与自由的制度

 reciprocal, 199 - 200 交互的~

 safeguards against

  individual, 208 - 209 保卫个人的~

  social, 202, 209 - 212 保卫社会的~

Cognitive determinants 认知决定因素

 of associative learning, 9 - 10, 60, 63 - 64, 67 - 72, 165 联想学习的~

 of behavioral inhibitions, 79 - 83 行为抑制的~

 of emotional behavior, 67 - 72, 79 - 83, 100 - 101 情绪行为的~

 externalization of, 10 - 11 ~的外化

 of extinction, 68 消退作用的~

 in modeling, 25 - 27, 29 - 33, 37, 46 - 47, 170 - 171 示范过程中的~

 of motivation, 160 - 165 动机的~

 in operant conditioning, 10 - 11, 17 - 21, 37, 96 - 97, 165, 170 - 171 操作条件作用中的~

 of psychotic behavior, 140 - 141, 167 - 170 精神病行为的~

Competence motivation 胜任动机

 and self-efficacy, 165 ~与自我功效

>> 209

and self-evaluative mechanisms, 161 - 165　～与自我评价机制

as a universal drive, 164　作为一种普遍驱力的～

Conceptual learning　概念学习

through abstract modeling, 41 - 42, 182 - 183　抽象示范过程中的～

hypothesis testing in, 90 - 91　在～中检验假设

multidimensional, 46, 90 - 91　多维度的～

through response feedback, 90 - 91　反馈学习中的～

and rule learning, 90 - 91　～与规则学习

stimulus saliency, 91　刺激显著性

Correctness feedback　矫正性反馈

learning function, 163　学习机能

motivational function, 163　动机机能

Creative modeling, 48 - 49　创造性示范

Deductive reasoning, 160, 172, 181 - 182, 185 - 186　演绎推理

Defective contingency learning, 77 - 78, 91 - 93　缺陷性偶联学习

Dehumanization, 157 - 158　去人性化作用

Depression, 141 - 142　抑郁症

Determinism　决定论

environmental, 5 - 6, 196, 203 - 204, 206　环境的～

and freedom, 200 - 208　～与自由

personal, 196, 203 - 204, 206　人的～

reciprocal, 9 - 12, 149 - 150, 195 - 208　交互的～

and self-influence, 149 - 150, 200 - 208　～与自我影响

Diffusion of innovation　创新事物的扩散

acquisition distinguished from adoption, 50 - 51　获得与采纳的区别

and communication technology, 55　～与交往技术

fads and fashions distinguished, 52　一时的爱好与时尚的区别

influenced by

　　external reinforcement, 51-52, 54-55　受外部强化影响的～

　　modeling, 50-51, 55　受示范作用影响的～

　　self-generated consequences, 53-54　受自我生成结果影响的～

　　vicarious reinforcement, 51, 54　受替代性强化影响的～

and intercultural change, 55　～与跨文化改变

personality correlates of, 53-54　～的人格相关物

specificity of, 54　～的特异性

temporal course of, 50, 52-53, 55　～的时间进程

Disengagement of self-evaluative consequences　自我评价结果的分离

　　attribution of blame, 158　归因于谴责

　　dehumanization, 157-158　去人性化作用

　　diffusion of responsibility, 133, 157　责任分散

　　displacement of responsibility, 133, 156-157　责任推诿

　　euphemistic labeling, 156　委婉性标定

　　misrepresentation of consequences, 133, 157　结果的曲解

　　moral justification, 44, 47-48, 53, 63, 133, 155-156　道德的辩护

　　palliative comparison, 156　掩饰性比较

Disinhibition, 49, 80-83, 119-121, 155-158　解除抑制

Dispositional-situational controversy, 6-10　素质的与情境的争论

Drive theory of motivation, 2-4, 60-61　动机的驱力理论

Dual process theory　双重加工理论

　　and avoidance behavior, 60-61　～与回避行为

　　deficiencies of, 61-62　～的缺陷

Dysfunctional expectancy learning　功能失调的期待学习

>> 211

coincidental association, 77　巧合的联结

inappropriate generalization, 78　不适当的泛化

Dysfunctional self-evaluative systems, 140-142　功能失调的自我评价系统

Empathy, 66　移情作用

Equilibrium theory of motivation, 33, 42-43, 163-165　动机的平衡理论

Event-specific versus general process learning, 73-75　事件特定学习与一般过程学习

Expectancy learning　期待学习

    experiential, 10-11, 59-64, 72, 75-76, 81, 166-167　经验的～

    symbolic, 63-65, 72, 75-76, 82, 167　符号的～

    vicarious, 65-67, 72, 75-76, 81-82, 118-126, 167　替代的～

Fads, 52　一时的爱好

Fantasy, 173　幻想

Foresight, 13, 18, 75　预见

Freedom　自由

    defined, 201　～的定义

    and determinism, 202-208　～与决定论

    institutions of, 202　～的制度

    limited by

        behavioral and cognitive deficits, 201　受行为和认知缺陷限制的～

        discriminatory practices, 202　受不同习俗限制的～

        dysfunctional self-restraints, 201　受功能失调自我约束限制的～

        societal prohibitions, 201　受社会禁令限制的～

and reciprocal mechanisms, 200 - 208　～与交互作用的机制

Goal-setting　目标设置
　　see Behavioral standards　参见行为标准

Human nature, 13　人的本性

Imagery　表象
　　compared with verbal coding, 26　～与言语编码相比较
　　defined, 25　～的定义
　　development of, 25　～的发展
　　as guides in response reproduction, 12, 25 - 27, 31 - 32　作为在反应再现中的指导的～
　　in observational learning, 25 - 27　观察学习中的～
　　and response retention, 25 - 27　～与反应保持
Images of reality, 40, 184　现实的表象
Imitation　模仿
　　see Modeling, Observational learning, Social facilitation　参见示范过程、观察学习、社会促进
Incentives　诱因
　　activity, 103, 114　活动
　　development of, 101 - 107　～的发展
　　material, 101, 113, 114, 145　物质的～
　　predictive function of, 101 - 102　～的预示性功能
　　self-evaluative, 103 - 107, 113, 115, 133, 139 - 140　自我评价的～
　　sensory, 105 - 106, 114　感觉的～
　　social, 97 - 98, 101 - 103, 114　社会的～

symbolic，101，113，145　符号的～

Inductive reasoning，185　演绎推理

Inequitable reinforcement，118，123-124　不公道的强化

Innovation　革新

 determinants of，48-49，207　～的决定因素

 and reinforcement conditions，49，207　～与强化条件

 self-motivation in，154，207　～中的自我动机

Insight　觉察

 effect of selective reinforcement on，5，19-21　选择性强化对～的影响

 into hypothetical inner causes，4-5　假设的内部原因中的～

 and performance change，4-5，19-21　～与操作改变

 into reinforcement contingencies，19-21，165-167　强化偶联中的～

 as a social conversion process，4-5　～作为一种社会转变性过程

 into stimulus contingencies，67-72，165　刺激偶联中的～

 and therapeutic change，4-5　～与疗法的改变

 see also Awareness　亦可参见觉知

Interaction　相互作用（互动）

 partially bidirectional，9　部分双向的～

 reciprocal，9-10，195-208　交互的～

 unidirectional，9，194　无定向的～

Intrinsic motivation　内在动机

 alternative explanations of，109-112　～的各种解释

 conceptions of，107-109　～的概念

 effects of reinforcement on，107-112　强化对～的影响

 measures of，108-109　～的测量

Intrinsic reinforcement，104 – 107　内在强化

Knowledge of results　结果的知悉
 see Correctness feedback　参见矫正性反馈

Language　语言
 acquisition of，175 – 179　～的获得
 enactive referents，41 – 42，177　具体参照物
 functionalism，178　功能主义
 nativism，175 – 176　先天论
 performance-competence distinction，174 – 175　操作与能力的区别
 pictorial referents，41 – 42，177　形象化参照物
 production of，179 – 180　～的生成
 role of
  cognitive competence，176 – 177　认知能力的作用
  complexity and redundancy of modeled input，177 – 178　示范输入的复杂性和冗余性的作用
  corrective feedback，175，177 – 178　矫正反馈的作用
  event invariance，176　事件不变性的作用
  imitation，179　模仿的作用
  observational learning，12，41 – 42，174 – 178　观察学习的作用
  reinforcement，92 – 93，174 – 175，177 – 179　强化的作用
  semantic referents，41 – 42，176 – 178　语义参照物的作用
 rule learning in，41 – 42，175 – 179　～中的规则学习
 structuralism，178　结构主义
 universals，175 – 176　普遍性
Learning-performance distinction in　学习与操作

>> 215

　　　　diffusion of innovation, 49　在创新事物扩散中的区别

　　　　moral judgments, 46-47　在道德判断中的区别

　　　　social learning theory, 28, 33, 35-36, 38-39, 174-175　在社会学习理论中的区别

Legal deterrents, 121-122　法律上的威慑因素

Locus of operation　操作位点

　　　　of reinforcement, 11, 17-21, 96, 165-167　强化的～

　　　　of response integration, 35-36, 38　反应整合的～

　　　　of stimulus control, 10-11, 59, 67-72　刺激控制的～

Mass media　大众媒体

　　　　influence of, 39-40, 44, 51, 181, 184　～的影响

　　　　role of in diffusion of innovation, 51, 55　～在创新事物扩散中的作用

　　　　symbolic models in, 24-25, 39-40, 51　～中的符号性原型

Measurement of reinforcement effects　强化效果的测量

　　　　intergroup comparison, 165-166　内群体比较

　　　　multiple baseline design, 99　多相基线设计

　　　　reversal design, 97-98　逆向设计

Meditation procedures, 100　冥思程序

Memory codes　记忆代码

　　　　imaginal, 25-26, 33　想象的～

　　　　verbal, 25-26, 33　言语的～

　　　　see also Representational systems　亦可参见表征系统

Modeling　示范过程

　　　　abstract, 40-44, 174　抽象的～

　　　　of conceptual behavior, 41-42, 182-183　概念行为的～

　　　　conflicting, 44-46　冲突的～

of covert cognitive processes，189-190　内隐的认知过程的～

creative，48-49　创造的～

delayed，27，29-30，33-34，36　延缓的～

effects of

 disinhibition，49-50，81-82　解除抑制的影响

 emotional arousal，50　情绪触发的影响

 inhibition，49-50　抑制的影响

 learning，12-13，22-28，31　学习的影响

 response facilitation，49-50　反应促进的影响

 stimulus enhancement，50　刺激增强的影响

of emotional responses，39　情绪反应的～

and legal deterrence theory，121-122　～与法律的威慑理论

of linguistic behavior，12，173-180　语言行为的～

and mass media，24-25，39-40，184　～与大众媒体

modes of

 behavioral，39-40　～的行为形式

 pictorial，39-40，44，51　～的形象形式

 verbal，39-40，51　～的言语形式

of moral judgments，42-48　道德判断的～

of novel responses，12，22-28，31，35，38-39，48-50　新异反应的～

participant，83-85　参与者的～

referential，41-42，179　参照的～

role in diffusion of innovation，50-51，55　～在创新事物扩散中的作用

scope of

 mimicry，30，40，174-175，179　模拟的范围

 rule learning，40-44，174-178　规则学习的范围

>> 217

    of self-control patterns，119-120，133-138　自我控制模式的～

    of self-evaluative responses，43-44，134-135　自我评价反应的～

    of social behavior，12，39　社会行为的～

    of standards of self-reinforcement，43-44，134-138　自我强化标准的～

    symbolic，25-26，44，81-82　符号的～

    of value preferences，44-47　价值偏好的～

Moral codes and conduct，47-48　道德准则与道德行为

Moral reasoning　道德推理

    measures of，45-46　～的测量

    multidimensional，46　多维度的～

    theories of

        social learning，43-48　社会学习的有关理论

        stage，42-45　阶段的有关理论

Motivation　动机

    anticipatory mechanisms，3，18，161　期待的机制

    cognitively based，13，18，160-165　以认知为基础的～

    competence，164　胜任～

    extrinsic，107-112　外在～

    and goal setting，161-165　～与目标设置

    intrinsic，107-112　内在～

    response-inferred，2-3　反应推论的～

    self-evaluative processes in，130-133，161-165　～中的自我评价过程

    theories of

        drive，2-4，60-61，104　驱力理论

        equilibrium，33，42-43，163-165　平衡理论

incentive, 3, 18, 114, 125 - 126, 139, 161　诱因理论

self-evaluative, 101, 113, 128 - 133, 135, 139 - 140, 142 - 148, 161 - 165　自我评价理论

stimulus intensity, 160　刺激强度理论

trait, 6 - 8　素质理论

Observation learning　观察学习

 in animals, 34　动物中的～

 comparative analysis of, 34　～的比较分析

 compared with trial- and-error learning, 12, 22, 34, 39 - 40, 87　～与尝试错误学习相比较

 developmental prerequisites, 27, 29 - 34, 40, 175　发展的先决条件

 and discriminability of modeled activities, 25, 33　～与原型活动的识别力

 effect of

  attentional processes on, 23 - 25, 32, 37, 46, 122　注意过程的影响

  coding process in, 23, 25 - 27, 37　编码过程的影响

  cognitive organization on, 23, 25 - 27, 31 - 33, 35, 37　认知组织的影响

  motivational processes on, 23, 28 - 29, 32 - 34, 36 - 39　动机过程的影响

  rehearsal processes on, 23, 26 - 27, 37　复述过程的影响

  response reproduction processes in, 23, 27 - 28, 32, 35 - 36　反应再现过程的影响

 in language development, 12, 173 - 180　语言发展中的～

 measures of, 35 - 36　～的测量

 and model characteristics, 24, 31, 88, 137　～与原型特征

in moral reasoning, 42-48　道德推理中的~

and observer characteristics, 23-24, 81-82, 89-90, 137　~与观察者特征

role of reinforcement in, 28-29, 32, 36-39, 88-90　~中强化的作用

role of representational systems in, 23, 25-27, 29-32, 37-38　~中表征系统的作用

and vicarious reinforcement, 122　~与替代性强化

see also Abstract Modeling, Modeling　亦可参见抽象示范过程、示范过程

Operant conditioning　操作条件作用

and awareness of contingencies, 19-21, 71-72　~与偶联的觉知

as a cognitively based process, 11, 17-21, 38　~作为一种以认知为基础的过程

effects of goal-setting on, 163　目标设置对~的影响

Participant modeling　参与者的示范作用

and efficacy expectations, 84-85　~与功效期待

relative power of, 83　~的相对力量

response induction aids in

graduated tasks, 84　逐级任务中的反应诱导支柱物

graduated time, 84　累计时间中的反应诱导支柱物

joint performance, 83-84　联合操作中的反应诱导支柱物

modeling, 83　示范过程中的反应诱导支柱物

protective condition, 84　保护条件中的反应诱导支柱物

threat reduction, 84　威胁减弱中的反应诱导支柱物

Phenomenology, 112-113, 138-139　现象学

Preceptive learning, 91　教导性学习

Predictive stimuli 预示性刺激

and correlation between events,10-11,58-67,76-77,85-87,101-102 ~与事件间的相关

for environmental events,10-11,56-68,101 对环境事件的~

established by

differential consequences,11,85-87,125,146-147,186,198 通过分化性结果形成的~

instruction,60,86 通过讲授形成的~

modeling,65-67,86-90,125 通过示范作用形成的~

paired stimulation,10-11,59-64 通过配对刺激形成的~

for response consequences,11,58,63,85,87,146-147,198 对反应结果的~

Preparedness 先天准备

and arbitrary contingencies,75 ~与任意性偶联

and classical conditioning,73 ~与经典条件作用

cross-species comparisons,73-74 交叉种系比较

and defensive of learning,75-76 ~与防御性学习

and ease of learning,73-75 ~与学习的容易性

evolutionary,73,76 演化的~

experiential,74-75 经验的~

general process versus event-specific learning,73-75 一般过程学习与事件特定性学习

neurological,73 神经学的~

and taste aversions,73-75 ~与味觉可厌性

Problem solving 问题解决

see Thinking 参见思维

Punishment 惩罚

>> 221

informative, 121-122　信息性的～

inhibitory, 117, 119-120, 122, 125, 128, 146, 154, 198　抑制性的～

and valuational effects, 126-127, 128　～与评价影响

Reciprocal determinism　先行决定因素

and aggression, 158, 186-187, 198-200　～与攻击性

conceptions of, 9-10　～的概念

and freedom, 201-208　～与自由

and limits on social control

individual, 208-209　个人角度的～与社会控制的限制

social, 202, 209-212　社会角度的～与社会控制的限制

and self-direction, 149-150, 200-208　～与自我定向

and situational-dispositional controversy, 9-10, 109　～和情境与素质的论争

social learning analysis of, 9-12, 194-208　～的社会学习分析

Reinforcement　强化

aggregate, 11, 96-97　聚集的～

arbitrary, 105-106, 178　任意的～

automaticity view of, 17, 19, 21, 96, 103　～的自动观点

of autonomic responses, 99-100　自主反应的～

of avoidance behavior, 61-62, 153, 167-170　回避行为的～

beliefs versus, 97, 165-167, 187　信念与～

cognitive view of, 11, 17-21, 96-97　～的认知观点

contrast effects, 109, 117-119, 123-124　～对比效应

delay of, 103, 150, 212　～的延缓

developmental changes in, 101-104, 114-115　～的发展变化

of deviant behavior, 92-93, 141-142, 200　偏常行为的～

in diffusion of innovation, 51-52 创新事物扩散中的～

explanation in terms of

 informative function, 17-18, 21, 96-97, 104, 128, 163 信息功能解释

 motivational function, 17, 21, 37, 96, 101, 104, 114, 128, 161, 163 动机功能解释

 response-strengthening function, 17, 19-21, 104 反应加强功能解释

extrinsic, 101-105 外在的～

and goal-setting, 163 ～与目标设置

group, 116-117 群体～

of hypotheses, 188 假设的～

inequitable, 118, 123-124 不公道的～

intrinsic, 104-107, 178 内在的～

and knowledge of results, 163 ～与结果的知悉

in language learning, 173-174, 178-179 语言学习中的～

in observational learning, 28, 33-34, 36-39 观察学习中的～

partial, 115-116, 125-126 部分的～

relational properties of, 109-110, 117-118 ～的关系特性

response-contingent versus time-contingent, 93, 111 反应偶联与时间偶联

schedules of, 115, 125-126 ～的时间表

self-reinforcement, 13, 97, 128-158 自我强化

self versus external, 103-104, 142-143, 153-155 自我的与外在的～

sensory, 105-106, 114 感觉的～

social, 97-98, 114 社会的～

>> 223

as social exchange，103　～作为社会改变

symbolized versus actual，145　符号化的与实际的～

vicarious，97，117-118　替代性～

see also Schedules of reinforcement，Self-reinforcement，Vicarious reinforcement　亦可参见强化时间表、自我强化、替代性强化

Representational systems　表征系统

 learning of，25，31-32　～的学习

 modes of

  imaginal，25-26，33　想象的模式

  verbal，25-26，33　言语的模式

 in observational learning，24-27，29-35，36-37，170-171　观察学习中的～

 in operant conditional，17-18，170-171　操作条件作用中的～

Resistance to deviation　抗拒偏常

 and response consequence to model，119-120　～与原型的反应结果

 and self-generated deterrents，43，47-48　～与自我生成的威慑物

Retention　保持

 effect of coding operations on，13，25-26，170-171　编码操作对～影响

 effect of organizational processes on，25-26　组织过程对～的影响

 and overt rehearsal，26　～与外显性复述

 role of reinforcement in，37　～中的强化的作用

 and symbolic rehearsal，26-27　～与符号性复述

Rule learning　规则学习

 in conceptual development，90-91　概念发展中的～

 by differential consequences，21，41，90-91，138，188-189　由

分化性结果引起的～

by instruction, 91, 182　由讲授引起的～

in language development, 41-42, 173-180　语言发展中的～

by modeling, 40-44, 138, 182-183, 188　由示范作用引起的～

in moral reasoning, 42-47　道德推理中的～

multidimensional, 46, 90-91　多维度的～

sequential processes in, 90-91　～中的系列过程

Schedules of reinforcement　强化时间表

believed versus actual compared, 97, 165-167　信念中的～与实际的～相比较

and persistence of behavior, 11, 97, 115-116, 125-126　～与行为的坚持

self-imposed, 132-138　自我规定的～

see also reinforcement, Self-reinforcement　亦可参见强化、自我强化

Self-actualization, 102-103, 206　自我实现

Self-arousal process　自我情绪触发过程

in classical conditioning, 67-72　经典条件作用中的～

cognitive mediation of, 61-62, 66-72, 79-80, 100-101　～的认知中介作用

and contingency recognition, 69　～与偶联性认知

in defensive behavior, 61-62, 79-80　防御行为中的～

in vicarious learning, 66-67　替代性学习中的～

Self-concept, 138-139　自我概念

Self-efficacy　自我功效

defined, 79　～定义

derived form

>> 225

performance accomplishments, 79, 81, 84 - 85, 144, 162　源自操作成就的～

physiological arousal, 83 - 84　源自生理情绪触发的～

verbal persuasion, 82　源自口头说服的～

vicarious experience, 81　源自替代性经验的～

as determinant of behavior change, 79 - 80, 85　～作为行为改变的决定因素

efficacy and outcome expectations differentiated, 79, 84　功效期待与结果期待的分化

microanalysis of

generality, 84 - 85　普遍性的微型分析

level, 84 - 85　水平的微型分析

strength, 85　力量的微型分析

and modeling treatments, 81 - 82　～与示范性治疗

and participant modeling, 83　～与参与者示范作用

and situational factors, 83　～与情境因素

Self-evaluation　自我评价

see Self-concept, Self-punishment, Self-reinforcement　参见自我概念、自我惩罚、自我强化

Self-motivation　自我动机

through anticipated consequences, 13, 18, 161　通过期待性结果的～

by conditional self-evaluation, 103 - 107, 130 - 133, 135, 139, 142 - 148, 161 - 165　由条件性自我评价引起的～

and performance standards, 101, 131 - 140, 161 - 165　～与操作标准

social learning and Piagetian theories compared, 33 - 34, 163 - 165　～的社会学习理论与皮亚杰理论相比较

Self-punishment　自我惩罚
　　disengagement of，155 – 158　～的分离
　　maintained by
　　　　conditioned relief，150 – 151　由条件性解除维持的～
　　　　external reinforcement，152 – 153　由外部强化维持的～
　　　　reduction of thought-produced distress，153　由思虑产生的忧虑的解除维持的～
　　in psychopathology，140 – 142　心理病理学中的～
　　in self-regulation，128 – 133，143 – 145，153 – 155　自我调节过程中的～
Self-regulation　自我调节
　　achieved through
　　　　alteration of antecedents，13，144，205　通过先行条件的改变达到～
　　　　anticipated consequences，11，13，18，58 – 59，85 – 86，150，165 – 166，198　通过期待性结果达到～
　　　　attentional shifts，188　通过注意转移达到～
　　　　cognitive aids，13，144，205　通过认知支柱达到～
　　　　competing activities，188　通过积极竞争达到～
　　　　differential reinforcement，11，13，17 – 21，85 – 86　通过分化性强化达到～
　　　　modeling，47 – 48　通过示范作用达到～
　　　　self-instruction，189 – 190　通过自我教育达到～
　　　　self-reinforcement，13，103 – 107，128 – 133，142 – 150，153 – 155，205　通过自我强化达到～
　　of biological functions，99 – 101　生物功能的～
　　and delayed reinforcement，103　～与延缓强化
　　disengagement of，155 – 158　～的分离

>> 227

and reciprocal determinism, 9-10, 149-150, 200-208　～与交互决定论

of thought processes, 13, 17-21　思维过程的～

Self-reinforcement　自我强化

and behavioral standards, 130-145　～与行为标准

of cognitive activities, 189　认知活动的～

compared with external reinforcement, 103-104, 142-143　～与外部强化相比较

component processes in, 130-133　～中的子过程

conflicting with external reinforcement, 153-154　～与外部强化相冲突

covert, 129　内隐的～

cross-cultural comparisons in, 138　～中的跨文化比较

defined, 130　～定义

developed through

modeling, 43-44, 134-138　～通过示范作用而发展

selective reinforcement, 133-135, 146, 148　～通过选择性强化而发展

and discrepant modeling, 135-137　～与不一致的示范作用

disengagement from behavior, 133, 155-158　从行为中分离

dysfunctional, 140-142　功能失调的～

and effects of informative feedback, 163　～与信息反馈的影响

in innovative behavior, 154, 207　革新行为中的～

and performance attribution, 132-133　～与操作归因

performance maintenance function, 142-145, 153-154　操作维持功能

in psychopathology, 140-142　心理学病理学中的～

referential comparisons in
    self-comparison, 132　自我比较中的参照性比较
    social comparison, 131-132, 140　社会比较中的参照性比较
    standard norms, 131　标准常模中的参照性比较
selective activation, 146-147, 155-157　选择性激活
and self-concept, 139　～与自我概念
and self-esteem, 132, 135, 140-141, 143-144　～与自尊
in self-regulation, 13, 28-29, 43, 47-48, 103-107, 142-145
    自我调节中的～
supporting conditions
    modeling supports, 149　支持性条件中的示范性支持物
    negative sanctions, 146　支持性条件中的消极制裁
    personal benefits, 147-149　支持性条件中的个人利益
    predictive situational determinants, 146-147　支持性条件中的
        预示的情境决定因素
Social change　社会改变
    achieved by
        calculating future consequences, 212　通过估计未来结果而达到～
        creating better alternatives, 212-213　通过创造更好选择条件
            而达到～
        imposing prohibitions, 212　通过强加的抑制而达到～
    and coercive power, 210　～与强迫性力量
    by collective action, 197, 204, 210　由集体行动引起的～
    resistance to, 213　对～的抗拒
    and vested interests, 213　～与既得利益
Social comparison processes　社会比较过程
    in self-reinforcement, 131-132, 140　自我强化中的～

in vicarious reinforcement，118，123-124　替代性强化中的～

Social control　社会控制

    coercive，208-209　强迫性～

    and distribution of power，210-211　～与权力的分配

    governed by

        awareness，208　受觉知掌控的～

        personal safeguards，208-209　受个人防卫掌控的～

        reciprocal mechanisms，209-210　受交互机制掌控的～

        social safeguards，209-210　受社会防御掌控的～

    and institutions of freedom，202　～与自由的制度

    through positive reinforcement，6，113，211-212　通过积极强化的～

Social exchange，103　社会交换

Social facilitation　社会促进

    distinguished from observational learning，49　～与观察学习的区别

    influenced by

        model attributes，88-89　～受原型属性的影响

        observer characteristics，88-89　～受观察者特征的影响

        reinforcement contingencies，88-89　～受强化偶联的影响

    and predictive modeling cues，87-88　～与预示性示范线索

Social learning theory of　社会学习理论

    anxiety，79-83　焦虑的～

    classical conditioning，59，62，67-72　经典条件作用的～

    diffusion of innovation，50-55　创新事物扩散的～

    freedom and determinism，194-206　自由与决定论的～

    human nature，13　人的本性的～

    interaction，9-10　相互作用的～

language development，173－180　语言发展的～

moral reasoning，43－47　道德推理的～

observational learning，22－29　观察学习的～

reinforcement，17－21　强化的～

self-concept，138－139　自我概念的～

self-motivation，160－165　自我动机的～

self-regulation，128－133　自我调节的～

therapeutic change，78－85　治疗改变的～

thought，172，180－186　思维的～

thought verification，181－186　思维验证的～

values，139－140　价值观念的～

Stage theory　阶段理论

assumptions in，42－45，183　～的假定

of cognitive development，183　认知发展的～

critique of，43－45，183－184　～的批评

of moral reasoning，42，44　道德推理的～

Stimulus enhancement，50　刺激增强

Structural contingencies　结构性偶联

collective，116－117，132　集体的～

in familial interactions，199－200　家庭互动中的～

hierarchical ranks，116，124　层次等级的～

individualistic，116－117，132，140　个人主义的～

interdependent，116　互相依赖的～

management of，116－117　～的安排

Symbolic capacity，13，22，25，29－30，34，73，171　符号化能力

Symbolic modeling，24－25，39－40，44，51，81－82，181，184　符号性示范作用

Theoretical systems　理论系统
  efficacy of change procedures，4-5　改变程序的功效
  explanatory power，4　解释性力量
  predictive power，4-5　预示性力量
Therapeutic efficacy　治疗性功效
  psychodynamic approaches，4-5　心身动力性研究
  social learning approaches，79，84-85，141，200　社会学习研究
Thinking　思维
  and biased verification process，182-186　～与偏向性验证过程
  and cognitive development，180-186　～与认知发展
  conceptual，41-42，46，90-91　概念性～
  conditioning of emotions to，106，187-188　情绪对～的制约作用
  controlled by
    attentional change，188　受注意变化控制的～
    competing thoughts，188　受竞争的思维控制的～
    external reinforcement，188-189　受外部强化控制的～
    punishment，189　受惩罚控制的～
    self-instruction，189-190　受自我教导控制的～
    self-reinforcement，145，189　受自我强化控制的～
  deductive，160，172，181-182，185-186　演绎～
  delusional，140-141，152，167-170　妄想型～
  evaluation of response consequences，166　反应结果的评价
  inductive，185　归纳～
  inhibition of，188　～的抑制
  intrusive，188-189　闯入～
  and learning of cognitive operations，172-173，189-190　～与认知操作学习

and linguistic factors, 172 - 173　～与语言因素

modified under naturally and socially functional contingencies, 188 - 189　在自然的和社会的功能偶联中改变的～

in operant conditioning, 11, 17 - 21　操作条件作用中的～

production of behavioral alternatives, 171 - 173　行为选择的产物

propositional, 181 - 182　命题～

in regulation of biological functions, 100 - 101　生物功能调节中的～

verification processes in

 enactive, 32, 180 - 182, 184　规定性的～验证过程

 logical, 181 - 182, 185 - 186　逻辑性的～验证过程

 social, 181, 186　社会性的～验证过程

 vicarious, 32, 181 - 182, 184　替代性的～验证过程

Trait theory, 6 - 8　素质理论

Transsituational consistency, 6 - 9　交叉情境的一致性

Utopian societies　乌托邦社会

 differentiation of behavioral principles from social practices, 211　行为原理与社会习俗的分化

 and homogenization or diversification of lifestyles, 211　～和生活风格的同质性与异质性

 value orientations of, 211　～的价值定向

Values　价值观念

 as incentive preferences, 139　作为诱因偏好的～

 as self valuation, 139 - 140, 153 - 154　作为自我评价的～

 transmitted by modeling, 43 - 47, 126 - 127, 134 - 138　通过示范作用而转变的～

Verification of thought　思维的验证
 enactive，32，180-182，184　规定性的～
 logical，181-182，185-186　逻辑性的～
 social，181，186　社会性的～
 vicarious，32，181-182，184　替代性的～

Vicarious expectancy learning　替代性期待学习
 as a function of
  arousal level，67　～作为一种情绪触发水平的功能
  attentional and cognitive activities，67　～作为一种注意和认知活动的功能
  attribute similarity，66　～作为一种属性相似的功能
  outcome similarity，65-67　～作为一种结果相似的功能
 role in vicarious reinforcement，118-126　～在替代性学习中的作用

Vicarious punishment，52，117，119-122　替代性惩罚

Vicarious reinforcement　替代性强化
 comparative effectiveness of observed and experienced consequences
  learning，122　观察到的与经验到的学习结果的相对有效性
  performance，120-123　观察到的与经验到的操作结果的相对有效性
 in diffusion of innovation，52　创新事物扩散中的～
 explained in terms of
  emotional learning function，126　用情绪学习功能来解释～
  incentive function，125-126　用诱因功能来解释～
  influenceability function，127-128　用有影响力的功能来解释～
  informative function，122，125　用信息功能来解释～
  valuation function，126-127　用评价功能来解释～
 and incentive contrast effects，117-118，123-124　～与诱因的对

比效应

and inequitable reinforcement, 118, 123 - 124　～与不公道强化

interaction of observed and experienced consequences, 117 - 118, 123 - 124, 127 - 128　观察到的与经验到结果的相互作用

and resistance to deviation, 119 - 120　～与对偏常的抵制

role of social comparison processes in, 118, 123 - 124　～中社会比较过程的作用

in rule learning, 41　规则学习中的～

of self-reinforcement standards, 135 - 136　自我强化标准的～

Walden Two, 211　《瓦尔登湖第二》

Authorized translation from the English language edition, entitled Social Learning Theory, 1e, 9780138167448 by Albert Bandura, published by Pearson Education, Inc., Copyright © 1977 by Prentice Hall, Inc.

All rights reserved. No part of this book may be reproduced or transmitted in any form or by any means, electronic or mechanical, including photocopying, recording or by any information storage retrieval system, without permission from Pearson Education, Inc.

CHINESE SIMPLIFIED language edition published by CHINA RENMIN UNIVERSITY PRESS CO., LTD. Copyright © 2019.

本书中文简体字版由培生教育出版公司授权中国人民大学出版社出版, 未经出版者书面许可, 不得以任何形式复制或抄袭本书的任何部分。

本书封面贴有Pearson Education（培生教育出版集团）激光防伪标签。无标签者不得销售。

图书在版编目（CIP）数据

社会学习理论/（美）班杜拉著；陈欣银，李伯黍译.—北京：中国人民大学出版社，2014.11
（西方心理学大师经典译丛/郭本禹主编）
书名原文：Social learning theory
ISBN 978-7-300-20275-4

Ⅰ.①社… Ⅱ.①班…②陈…③李… Ⅲ.①学习-研究 Ⅳ.①B842.3

中国版本图书馆CIP数据核字（2014）第256534号

西方心理学大师经典译丛
主编 郭本禹
社会学习理论
〔美〕阿尔伯特·班杜拉 著
陈欣银 李伯黍 译
Shehui Xuexi Lilun

出版发行	中国人民大学出版社	
社　　址	北京中关村大街31号	邮政编码　100080
电　　话	010-62511242（总编室）	010-62511770（质管部）
	010-82501766（邮购部）	010-62514148（门市部）
	010-62515195（发行公司）	010-62515275（盗版举报）
网　　址	http://www.crup.com.cn	
经　　销	新华书店	
印　　刷	运河（唐山）印务有限公司	
规　　格	155 mm×230 mm　16开本	版　次　2015年1月第1版
印　　张	17 插页3	印　次　2023年12月第6次印刷
字　　数	213 000	定　价　59.80元

版权所有　侵权必究　　印装差错　负责调换